AF504340

ÉTUDES ROCHELAISES.

HISTORIENS

DE LA ROCHELLE

ÉTUDES

LUES A LA SOCIÉTÉ LITTÉRAIRE DE LA ROCHELLE,

DE 1853 A 1860.

Par L. DELAYANT.

Professeur au Lycée, Bibliothécaire de la ville.

LA ROCHELLE,

TYPOGRAPHIE DE G. MARESCHAL, IMPRIMEUR DE LA PRÉFECTURE.

—

1863

INTRODUCTION.

Il y a une histoire de la Rochelle, non pas seulement parce que plusieurs livres portent ce titre, mais aussi, mais surtout parce que la Rochelle a eu son individualité, sa vie propre, qui la distingue de toute autre ville; parce que les événements y ont développé des institutions, des préjugés, des mœurs qui à leur tour ont produit les événements, et que, pendant le temps qui constitue réellement cette histoire, un citoyen de la Rochelle devait sur bien des points, sentir, parler, agir autrement qu'un autre homme.

Mais, comme ces intérêts et ces sentiments particuliers n'ont point eu leur expression par l'art ou par les lettres, il n'y a ni art ni littérature rochelaise. La Réforme elle-même, qui a trouvé à la Rochelle son principal boulevard, n'y a pas fondé une école de théologie ou de science; on dit très-bien l'école de Montauban ou de Saumur, on ne saurait dire l'école de la Rochelle.

Les écrivains dont je vais parler, qui tous ont vécu à la Rochelle et tous en ont écrit l'histoire, ne sauraient appeler de cette sentence. Ils n'ont dans la forme rien qui les réunisse entre eux et les sépare des autres ; ils n'ont point de qualités d'artistes : mais ils ont au contraire des caractères communs dans leur manière de voir et de sentir, qui font que d'autres peuvent enseigner, que nul ne peut faire comprendre comme eux l'histoire de ce pays. La tournure, l'accent de leurs idées est lui-même un commentaire utile de leurs récits.

Cela n'est vrai toutefois que d'une première série qui commence avec Mérichon et finit avec Tessereau. Ceux-là seuls sont des Rochelais, et en fait l'histoire de la Rochelle finit en 1628. Les cinq écrivains qui suivent ont écrit par des mobiles différents et sous l'empire d'autres idées. Leurs préjugés et leurs passions viennent de leur temps et de leur caractère propre ; ils ne leur viennent plus de leur pays. Mais comme ils ont essayé de faire sciemment et de parti pris, ce que les autres faisaient naturellement et à leur insu, de concevoir et de mettre en saillie l'individualité de la cité rochelaise, je les ai compris parmi les historiens de la Rochelle.

Quelques-uns de ces écrivains suffiront, et de reste, à ceux qui ne voudront que prendre une idée de la Rochelle ; même réunis, ils ne suffiront pas à ceux qui en voudront faire une étude approfondie, eussent-ils au plus haut degré ce don précieux de retrouver la vie sous une image morte, d'apprendre d'un historien ce que lui-même n'a pas su. Ceux-là auront besoin d'interroger ceux qui ont regardé les faits d'un autre point de vue, les historiens qui en parlant de la France ou de l'Angleterre ont rencontré la Rochelle, et cette foule de documents originaux, chartes, priviléges, traités, instruments de l'histoire, ou de petits écrits contemporains, tout empreints de la passion du moment, infidèles, mais féconds révélateurs.

Les premiers sont assez faciles à trouver réunis dans nos grandes collections ; au besoin d'ailleurs on pourrait en extraire la liste des notes du livre de M. Massiou où bien peu ont été omis. Quant aux seconds, ils ont été l'objet spécial de ma Bibliographie rochelaise, catalogue que j'ai fait aussi complet que j'ai pu, qu'eût rendu plus aisé à faire et que supplée en grande partie le catalogue, publié depuis sa rédaction, des livres sur l'histoire de France à la bibliothèque impériale.

Je pourrais me borner à renvoyer à ces deux sources. Je veux cependant essayer de montrer sommairement comment ces documents peuvent se grouper.

Toute division est en quelque chose arbitraire. Je crois qu'on pourrait diviser l'histoire de la Rochelle en prenant pour époques celles des siéges qu'elle a subis. Non seulement ce sont là des dates bien déterminées, mais il est assez probable, à *priori*, que le siége d'une ville qui est à elle seule un Etat, constitue ou résout une crise et marque ses révolutions.

Le premier siége de la Rochelle, celui de 1224, l'enleva pour toujours à ses seigneurs féodaux et ne la laissa plus comptable de son autonomie qu'envers les rois de France ou d'Angleterre. Jusque-là elle avait été dans la main des comtes de Poitiers ou de leurs héritiers, qu'ils se trouvassent ou non rois d'un autre pays ; dès-lors elle devient ville libre et peut invoquer des traités, limite mais aussi garantie de son indépendance. La première époque de son histoire est donc celle qui précède cette date en remontant jusqu'à sa fondation, que personne ne place au-delà de 930.

Des historiens spéciaux de la Rochelle, le plus ancien est de la fin du XVe siècle, et quoiqu'ils aient en général montré beaucoup de sens et quelquefois de réserve, ils ont plus de patriotisme et d'entente des affaires que d'érudition et de critique. Pour des raisons diverses, nos historiens savants eux-mêmes n'ont pas complètement éclairci cette époque. Il faut donc l'étudier presque tout entière d'après les historiens contemporains et d'après les documents conservés dans les cartulaires. J'ai énuméré ceux qu'avait accumulés Jaillot, avec une fidélité qui nous permet d'apprendre de lui plus que n'en a dit son collaborateur Arcère, et auxquels il reste beaucoup à demander sur la vie politique, bien plus sur la vie civile et sur la vie commerciale de nos ancêtres.

Des efforts récents ont ajouté à ces richesses. J'ai plaisir à citer le statut primitif de la commune, retrouvé par notre collègue M. Jourdan, dans les archives de Bayonne; je regrette seulement que cette pièce si importante et la dissertation à laquelle elle sert d'appui n'aient pas reçu de publicité. Il y a aussi des documents utiles dans les chartes de Fontevraud, concernant l'Aunis et la Rochelle, qu'a publiés un de nos correspondants, M. Marchegay.

Quant aux historiens originaux, ils sont à-peu-près tous réunis dans les tomes XII à XVII de la grande collection des historiens de la France, commencée par les Bénédictins, continuée par l'Institut. Il faut seulement ajouter qu'ils contiennent des pages intéressantes que n'ont pu connaître nos historiens du XVIIIe siècle et qui jettent un jour singulier sur les faits de cette époque. Je n'en donnerai qu'un exemple. La légende d'Aufrédi donnait une haute idée de la richesse de la Rochelle au XIIe siècle; mais c'était une légende, suspecte par cela même tout au moins d'exagération. Voilà qu'un moine de Poitiers, Richard, dans des fragments négligés par D'Achéry, publiés dans le XIIe vol. des historiens de France, vient confirmer ces richesses, en n'y trouvant qu'un texte à des imprécations :
« Redoutant ce jour vengeur, vainement la Rochelle élargira
» ses fossés, doublera ses murailles ; vainement la mer l'en-
» ceindra de toutes parts.... Gémissez, vaisseaux de la Rochelle,
» car votre port sera détruit.... Malheur à vous, riches de la
» Rochelle, qui mettez votre confiance en vos trésors, etc. »

Un siècle et demi s'écoule entre ce siége de 1224 et celui qui, en 1372, réunit pour toujours la Rochelle à la France. Objet tour à tour des séductions et des menaces du roi de France et du roi d'Angleterre, cette ville tend de tous ses efforts à se rattacher au premier; mais l'événement est devenu, en 1628, et est resté un sujet de controverse. La Rochelle délivrée par elle-même du gouverneur anglais s'est-elle donnée au roi de France, ou, retombée sous le joug qu'elle voulait fuir, a-t-elle été conquise par les armées de ce souverain ? Par suite, a-t-elle imposé des conditions ou reçu des grâces ? Des récits différents sont invoqués à l'appui de prétentions différentes ? Peut-être pourrait-on soutenir les droits des Rochelais, même en adoptant le récit des chroniques de Saint-Denis, que font valoir les écrivains royalistes : mais la question historique n'en resterait pas moins entière. Les autorités rochelaises comptent ici pour peu, non seulement parce qu'elles sont suspectes de partialité, mais surtout parce qu'elles ne font en réalité qu'adopter tel ou tel récit, sans y rien ajouter qui leur soit propre, qui leur soit personnellement connu même par tradition. L'étude des priviléges qui portent cette date est utile en elle-même, mais sans éclaircir le point controversé. Là encore, il faut donc avoir recours aux historiens qui sont ou qui seront recueillis dans la grande collection des historiens de France ; mais elle n'a point atteint ce terme, puisque le XXIe volume, le dernier que je sache avoir été publié, s'arrête à 1320. En attendant on peut indiquer un document qui n'y a point été inséré, et qui jette un grand jour sur le rôle adopté par la Rochelle dès le début de cette époque. Je veux parler de la Lettre adressée à la reine Blanche par un habitant de la Rochelle, que M. Léopold Delille a fait connaître en 1856. On pourrait encore citer comme document nouvellement mis au jour la chronique en vers de Duguesclin, par Cuvelier ; mais elle n'ajoute pas beaucoup à l'histoire qu'en avait donnée Mesnard-d'Auvigny. Tous les historiens de l'époque de Charles V devront être rapprochés de Froissart, et il est fort possible que les tomes XXII et XXIII des historiens de la France nous en apportent de peu connus et d'entièrement inédits. J'ai rappelé dans ma Bibliographie deux pièces de théâtre fondées sur la ruse de Chaudrier. Le journal la *Charente-Inférieure* a donné en 1836 des recherches de M. Callot sur ce personnage lui-même.

L'unité de l'histoire de la Rochelle est, à mon gré, dans ses efforts pour la fondation et pour le maintien de son indépendance. Après s'être appuyée sur les rois de France pour s'affranchir de ses seigneurs et des rois d'Angleterre, elle fait tout pour se défendre contre eux, tantôt cédant, tantôt suppliant, tantôt luttant; elle résiste de toutes manières aux usurpations, tantôt perfides, tantôt dédaigneuses, que tentent ses maîtres, jusqu'à ce qu'enfin cette lutte devienne une guerre ouverte, en 1572.

De 1572 à 1628, cette guerre est interrompue par des trèves, mais elle dure toujours : elle continue même sous Henri IV.

Je sais bien qu'en ne faisant, dans l'histoire de la Rochelle, qu'une époque des deux siècles écoulés de 1372 à 1572, en ne prenant pas pour point de division l'introduction de la Réforme, je paraîtrai n'obéir qu'à un caprice, ou du moins sacrifier par trop au désir d'aller de siége en siége. Je suis convaincu cependant que la conversion des Rochelais à la Réforme n'est qu'un épisode de leur lutte contre leur souverain en faveur de leur autonomie. Les Rochelais ont cherché des alliés dans les chefs Huguenots : ils y ont quelquefois trouvé des maîtres, mais seulement dans les moments de nécessité suprême, et ils ne les ont jamais acceptés comme tels. Les intérêts de la cause, comme disaient les Réformés, c'est-à-dire de la cause protestante, ont plus d'une fois prévalu sur ceux de la cause rochelaise ; ils ne l'ont jamais fait oublier. La Rochelle n'a abdiqué devant aucune autorité.

Je mettrai toutefois, si l'on veut, cette manière de partager notre histoire sous la protection de ce que je disais en commençant : toute division est en quelque chose arbitraire. Ce n'est plus le recueil de dom Bouquet et de ses successeurs qui nous fournira ici des matériaux ; mais il sera remplacé par nos grandes collections de mémoires, celles de Guizot et de Petitot, ou de ses rééditeurs. Du reste à quelque source qu'on s'adresse, l'histoire de la Rochelle est pauvre pendant la guerre de cent ans : l'attention des Rochelais eux-mêmes se porte ailleurs que sur eux. A dater de Louis XI, les historiens de la Rochelle proprement dits, apparaissent ; on peut alors, on doit recourir aux historiens et aux auteurs des mémoires, pour les rectifier, les compléter, les contrôler, en un mot ; mais ils deviennent, sans contredit, la source principale. Il ne faudra pas négliger toutefois Bouchet et Besly, les historiens de l'Aquitaine et du Poitou, et, le moment venu, les mémoires de la Ligue et ceux qui s'y rapportent. Il n'y a pas besoin de signaler les rapports de l'histoire des guerres de religion avec celle de la Rochelle. On oublierait plus facilement des opuscules sur les voyages à la Rochelle des rois François Ier et Charles IX.

L'histoire de la Rochelle de 1573 à 1628 n'est complète que dans ses historiens spéciaux ; mais pendant cette période elle touche à toute l'histoire de France : pendant un moment elle est l'objet principal de l'attention de l'Europe. J'ai énuméré dans ma Bibliographie plus de cinq cents opuscules dont elle est l'objet particulier ; mais nul historien de cette époque n'y est indifférent, et il faudrait pour tout lire chercher en Angleterre, en Allemagne, en Italie, en Espagne, et jusque dans beaucoup d'écrits en apparence étrangers à l'histoire, l'expression de l'opinion contemporaine.

Convaincu que l'histoire de la Rochelle finit en 1628, j'ai pourtant cherché à faire connaître ceux qu'on peut appeler ses historiens jusqu'en 1685. Cette position spéciale d'une ville en disgrâce, qui veut reconquérir la faveur du maître, donne quelque intérêt aux récits qui furent faits et publiés à la Rochelle de la part qu'elle prit aux troubles de la Fronde, *Le Mercure rochelais*, *L'Espion de la Rochelle*, et quelques autres.

La vie de la Rochelle depuis que, dépouillée de toute individualité politique, elle est rentrée au rang de toutes les villes, pourrait être l'objet d'une histoire tout autre que celle dont j'ai parlé jusqu'ici. Ceux qui ayant écrit l'histoire de cette ville en général l'ont poussée jusqu'à leur temps, ont recueilli quelques notes à cet égard, mais ils n'ont pas réellement tenté ce récit, ou plutôt ce tableau. Il paraîtra toujours trop pâle, après les terribles événements qui précèdent; il faudrait l'en détacher, pour en faire l'objet d'une monographie, qui, écrite avec simplicité, mais faisant ressortir avec détails des efforts variés dans les voies du commerce et de la littérature, aurait encore son intérêt.

Ce n'est pas dans cette voie que se sont dirigés les travaux contemporains. L'histoire naturelle et la statistique ont seuls été étudiés dans le présent. M. Lafaille au siècle dernier, M. Fleuriau de Bellevue dans celui-ci, ont publié des mémoires pleins d'intérêt ; M. Gautier a réuni beaucoup de documents, plus étendus et plus variés que ceux qu'avait laissés M. Masse, quoiqu'il ait moins vu de ses propres yeux.

L'histoire n'a pas été négligée, mais c'est l'histoire d'un passé assez éloigné. J'ai eu occassion de citer l'ouvrage de M. Callot, sur Guiton. Il a dispersé dans nos journaux et plus encore gardé dans ses cartons des notes curieuses. M. Jourdan, l'homme probablement qui a jamais le mieux connu la topographie de la vieille Rochelle, a consigné un nombre considérable de faits et de détails de tout genre dans des lettres, dans des articles de journaux, où malheureusement tant de connaissances ne sont pas présentées dans l'ordre le plus favorable pour les graver dans l'esprit. Nous avons certainement beaucoup à attendre de lui. Aucun ouvrage n'est venu encore ratifier les espérances qu'avaient fait concevoir les travaux annoncés de M. l'abbé Cholet sur la Rochelle avant l'introduction du protestantisme : mais il n'y a pas lieu d'y renoncer.

Après tant de noms, ce serait de l'injustice que de ne pas rappeler, malgré toute la divergence, pour ne pas dire toute l'antipathie qu'il y a entre leurs opinions et les miennes, la *Biographie saintongeaise*, de M. Rainguet, l'*Histoire de l'église santone et aunisienne*, de M. l'abbé Briand.

A lire ces écrivains d'une époque où il semble que tous les hommes se ressemblent, on est encore frappé de tout ce qui sépare ceux qui sont Rochelais de ceux qui ne le sont pas. Ces différences aideront à concevoir ce que pouvaient être leurs devanciers, dans des temps où l'individualité rochelaise était si tranchée.

I.

JEAN MÉRICHON,

NÉ A LA ROCHELLE. — 1410 ? — 1498 ?

Le livre que rédigea ou fit rédiger Jean Mérichon, en 1468,
année de sa cinquième mairie, et qu'il déposa au trésor de la
ville, est le modèle qu'ont suivi, la source où ont puisé tous
nos annalistes. C'est donc par ce personnage que doivent commencer nos recherches.

Jehan Mérichon, sieur d'Uré, de la Gort, du Breuil-Bertin en
Aunis et des Halles de Poitiers, naquit à la Rochelle, au commencement du quinzième siècle, de Jehan Mérichon, sieur
d'Uré, et de Jehanne Berland.

Le lieu de sa naissance est clairement établi, puisque Amos
Barbot et Bruneau, en rapportant que Louis XI conserva à
Mérichon la charge de gouverneur de la Rochelle, ajoutent que
les habitants en furent fort aises, parce qu'étant originaire, dit
le premier, natif, dit le second, de cette ville, et étant du corps

de ville, il en saurait mieux maintenir et faire observer les priviléges.

J. Mérichon le père fut maire de la Rochelle en 1419 et en 1426. Dans la première année, il présida l'assemblée où les Rochelais prirent cette vigoureuse résolution de ne recevoir dans leurs murs de troupes ni des Armagnacs, ni des Bourguignons, et de se protéger eux-mêmes dans les circonstances les plus difficiles qu'on puisse imaginer. Il était de son chef seigneur d'Uré ; il tenait de sa femme le fief des Halles de Poitiers, qui appartenait depuis plus de deux siècles à la famille Berland ; Jeanne n'en étant héritière qu'en partie, les deux époux acquirent le reste de ce fief de leur sœur Guillemette Berland, et de François Guérinet, son mari.

Jean semble avoir été leur seul enfant, puisqu'il réunit tous les titres que prenait son père. Sa naissance ne peut guère se placer qu'entre 1400 et 1415. D'un côté, il fut co-élu du maire de la Rochelle en 1441, maire lui-même en 1443, et il est difficile de croire qu'il eût obtenu cette haute dignité élective avant l'âge de trente ans : pour admettre même qu'il y fût parvenu aussi jeune, il faut songer à toute l'influence qu'avaient acquise alors à la Rochelle un petit nombre de familles, qui se partageaient, pour ainsi dire, les charges municipales. D'un autre côté, on ne peut lui supposer à cette époque plus de 40 ans, si l'on considère qu'il mariait une fille vingt-trois ans plus tard et que nous le retrouverons en 1492 exerçant encore des fonctions politiques.

Il épousa Marie de Parthenay-Soubize, dont il eut au moins deux enfants : Olivier, qui porta le titre de chevalier et de seigneur des Halles, et qui était du corps de ville de la Rochelle en 1472, et Guyonne, qui épousa en 1466 Louis de Montberon, seigneur de Fontaine et de Chalandray.

Un bref du pape Sixte IV, tiré des archives du château de Benon, et publié par M. Massiou, nous fait connaitre qu'en 1484 le monastère de Marie de la Grâce-Dieu, dans le diocèse de Saintes, avait pour abbé un Nicolas Mérichon ; mais je ne puis déterminer si c'était un fils, un frère ou même un parent de Jehan Mérichon.

Il semble pourtant que celui-ci ait eu d'autres enfants ; car dans la liste des biens que Guyonne répartit aux siens, au nombre de douze, en 1501, après avoir hérité de son père et de son frère, et quelque temps avant de se faire elle-même religieuse au couvent de Saint-François, à Fontenay, on ne trouve ni le domaine d'Uré ni celui du Breuil-Bertin. Elle leur laisse en partage les domaines d'Auzances, du Portal, de Sigon, de Puissale, de Fronzac, de Bré (peut-être faudrait-il lire d'Uré?), de la Gort, de Saint-Georges, de la Caillère, de Meung-sur-Charente, d'Andilly-les-Marais, du petit Fief-le-Roy, du fief et maison noble des Halles de la ville de Poitiers, de Paillé, de Guillebaut ; divers domaines à Laleu et à Croix-Chapeau, la seigneurie de Féolles en Anjou, les Moureaux, les Censes d'Aspremont et d'Exideuil, des maisons à Puy-le-Borreau et à la Rochelle, entre autres le Logis-Neuf, qui passa à son quatrième fils, Antoine de Montberon, seigneur de Beauregard.

Il résulte de ces actes que Jean Mérichon était mort en 1501 : c'est en 1492 qu'il figure pour la dernière fois dans notre histoire. C'est donc entre ces deux dates qu'il faut placer son décès. Il faudra le mettre avant 1496, époque où son fils Olivier passe une transaction comme seigneur des Halles, si l'on n'admet pas qu'il l'ait porté avant la mort de son père. Jean Mérichon devait avoir à sa mort au moins quatre-vingts ans.

Quant à Olivier il était, comme je l'ai dit, décédé avant 1501, sans enfants. Sa veuve, Marguerite de Combora, épousa son neveu, l'aîné des fils de Guyonne, Louis de Montberon, seigneur d'Auzances.

Que la famille Mérichon fût ou non éteinte, son nom ne reparaît pas dans notre histoire.

Puisque je suis entré dans ces détails de famille, je ne les quitterai pas sans discuter un passage qui paraît avoir induit Arcère en erreur.

En racontant comment en 1475, Louis XI, étant à Compiègne, choisit tout à coup l'obscur Mérindot, pour le transformer en héraut et l'envoyer à la cour d'Angleterre, Comines s'exprime ainsi : « Il me dit en l'oreille que j'envoyasse quérir un valet » qui était à monseigneur des Halles, fils de Mérichon de la » Rochelle, et que je parlasse à lui, etc. » Bouchet raconte le même fait en ces termes : « De ce adverty, le roi Loys envoya » ung simple serviteur, valet de messire Olivier Mérichon, » pour parler au roy d'Angleterre. » Arcère croit que Bouchet s'est trompé sur les prénoms et que ce seigneur des Halles était Jean Mérichon ; les mots Mérichon de la Rochelle désigneraient alors le maire de 1419 et 1426 : mais comment Comines eût-il songé à ce personnage, qui n'avait jamais eu de rapports avec Louis XI ou avec sa cour, et qui était probablement mort avant l'avénement de ce prince ? Il semble bien plus vraisemblable que Mérichon ait donné à son fils, dès son vivant et en dot, ce fief des Halles dont lui-même paraît avoir pris le titre avant la mort de son père.

En effet la matricule des maires de la Rochelle ne le qualifie, en 1443, que de honorable homme et sage maître, licencié en lois, conseiller du roy. Dans un acte de 1454, il prend avec les titres de conseiller et maître des requêtes du roi, élu en Xaintonge et échevin de la Rochelle, celui de seigneur des Halles ; en 1457, il est devenu dans la matricule seigneur du Breuil-Bertin et des Halles, conseiller, etc. En 1460, il porte en outre, probablement par suite de la mort de son père, les titres de seigneur d'Uré et de la Gort, qu'il conserve en 1463. En 1468, il est de plus qualifié de bailli d'Aunis, mais il ne prend plus le nom de seigneur des Halles de Poitiers. L'avait-il, dans l'intervalle, cédé à Olivier ?

On conçoit alors comment c'est à Olivier que Louis XI permet,
en 1478, de faire et dresser halles au vieux marché de Poitiers.
Il est bien vrai qu'il reste encore quelques difficultés. Dans une
charte publiée par M. Lecointre-Dupont sous la date de 1474,
mais dont une copie, qui figure dans les notes manuscrites du
P. Jaillot, porte celle du 29 novembre 1472, Louis XI concède à
son amé et féal conseiller et chambellan, maître Jean Mérichon,
gouverneur de la Rochelle, l'usage et exploit de plusieurs forêts
pour bâtir et édifier son hôtel d'Ouzance et les halles de Poitiers :
en 1478, des marchands qui s'étaient abstenus d'étaler aux
halles aux deux foires de cette année sont poursuivis au nom de
Jean Mérichon. Mais ces faits prouvent-ils que Jean Mérichon
n'eût pas dès lors cédé à son fils la propriété et surtout le titre
de la seigneurie des Halles ? Ajoutons enfin que toujours, hors
de la Rochelle, si l'on excepte ce passage dont le sens est
douteux, Jean Mérichon est désigné sous le seul titre de seigneur
d'Uré.

Quant à ce que dit Amos Barbot, que Mérindot était serviteur
de Jean Mérichon, le serviteur du père pouvait fort bien accompagner le fils, et ce n'est pas une objection. Je regarde donc
comme à-peu-près certain que le monseigneur des Halles dont
parle Comines était Olivier.

J'ai peut-être insisté outre mesure sur un point d'une si
minime importance ; mais il ne pouvait guère être traité ailleurs,
et une notice biographique, si elle n'exige pas, tolère au
moins ces minuties. Quoi qu'il en soit, le facile enchaînement
des faits ne laisse aucune difficulté de ce genre sur la carrière
politique de Jean Mérichon, qu'il est temps d'aborder.

Jean Mérichon le jeune fut en 1441 un des trois élus que le
corps de ville présenta pour la mairie. Ce fut Guillaume Vincent
que choisit l'agent du pouvoir royal. Mérichon était donc dès
lors un des échevins ou au moins un des pairs de la commune,
personne alors ne débutant par la dignité suprême dans l'exer-

cice des fonctions municipales. On arrivait à la pairie soit par
l'hérédité, soit par l'élection, soit par une cession, même après
une transaction pécuniaire. Nos matricules ne remontent pas
assez loin pour nous indiquer par quelle voie l'obtint Mérichon.
Mais et par sa fortune et par la considération de sa famille et
sans doute par ses talents, il avait acquis de l'influence, puisqu'en 1443 il fut de nouveau proposé et, cette fois, choisi pour
maire. Il avait pour co-élus sire Jean Ragot et sire Hector
Maugiron.

La principale difficulté de l'administration venait alors,
comme toujours peut-être, de la pénurie des finances : mais des
difficultés particulières l'avaient accrue cette année. Les grands
de l'Etat faisaient contre Charles VII, au nom de son jeune fils
le Dauphin, cette guerre que, plus tard, ils firent, au nom d'un
prétendu bien public, contre ce Dauphin devenu le roi Louis XI.
Si l'oppression était partout, l'ordre du moins était avec le roi :
les communes l'appuyaient. La Rochelle était fidèle à Charles
VII contre les seigneurs comme elle le lui avait été contre les
Anglais. Pour fortifier la ville et la lui conserver, il avait fallu,
en 1441, réparer les remparts et lever de nouvelles impositions.
L'année suivante le roi, après avoir mis la main sur Taillebourg,
les îles d'Oleron et de Marennes et plusieurs places qui appar-
tenaient aux seigneurs rebelles, était venu dans sa ville de la
Rochelle. Il y avait été reçu avec tant d'allégresse, dit un vieux
chroniqueur, qu'il est impossible de le pouvoir réciter, et par
reconnaissance il leur avait laissé l'entière garde de leur ville,
sans garnison ; mais les témoignages d'allégresse n'avaient pas
diminué la gêne financière ; au contraire. Il fallait de nouveaux
impôts ; le maire avait à obtenir que les aides que la Rochelle
payait fussent en partie employées aux besoins de la ville. Il y
réussit, et Charles VII reconnut par lettres données à Parthenay,
que le subside appelé barrage des portes, qui était de quatre
deniers sur chaque charrette chargée ou vide, pour chaque
cheval à bât un denier, et pour chaque âne une maille, appar-

tenait à la ville, avec le droit de le bailler à ferme à telles personnes et pour tel prix qu'aviseraient ses magistrats. Les rois faisaient sans trop de peine ces concessions, d'autant plus que les bourgeois et habitants des villes n'en souffraient que plus aisément les nouvelles aides et que les agents des rois savaient bien dans la suite en reprendre leur part, sous une forme ou sous une autre. Ainsi en arriva-t-il encore cette fois et dès l'année suivante, le corps de ville payait aux élus et receveurs pour le roi, une somme de 2,500 fr. pour une transaction qui le laissait user en paix des levées d'impositions dont on lui contestait la jouissance.

Je n'écris que la biographie de Mérichon, et non pas l'histoire des maires de la Rochelle. Il faut m'arracher à ces vieux annalistes, si secs dans leur forme et chez lesquels pourtant les hommes de ce temps vivent de leur vie propre bien mieux que chez leurs modernes historiens. Treize ans s'écoulèrent entre les deux mairies de Mérichon. Ce temps ne fut pas perdu pour sa fortune particulière. Vouloir des hommes insouciants de leurs intérêts, actifs et soigneux pour ceux du public, c'est demander une contradiction. On s'élevait alors en influence et en considération par l'acquisition des terres nobles et des charges. Nous avons déjà vu qu'en 1454 il prenait le titre d'Élu en Saintonge et en la ville et gouvernement de la Rochelle. A ce titre, il fut délégué, en 1455, pour choisir un maire parmi les co-élus. Le maire de cette année, Laurent Desnort, envoyé à Bourges auprès du roi pour les intérêts de la ville, et entre autres pour obtenir la prorogation de la concession de ce droit de barrage fait à la ville sous la mairie de Mérichon, était mort pendant l'accomplissement de sa mission, après avoir exprimé le vœu que son cœur fût rapporté dans sa chère Rochelle et déposé en l'église de Saint-Sauveur, dont il avait été paroissien. Ce pieux souhait exaucé avec de grands honneurs par les Rochelais, il fallut choisir un maire pour la fin de l'année, et ce fut Mérichon, qui, en l'absence du gouverneur de justice et sénéchal, le

seigneur de Montsoreau , désigna et accepta Guillaume de
Combes , s'essayant ainsi aux fonctions auxquelles il devait un
jour être appelé.

Lui-même fut élu et choisi pour maire en 1457. Les circonstances fournissaient des éléments à son zèle et à son activité. Il
fit d'abord dresser un état exact des rentes et revenus de la
ville ; puis il en augmenta les domaines. Il acquit la prée hors
de la Porte-Neuve et la ferme du pesage des blés : après d'assez
grands débats avec les bouchers, il les amena à céder à la ville
la petite boucherie et à accepter de nouveaux règlements. En
même temps il ne négligeait pas les fortifications : les murs
furent relevés et réparés le long des moulins de Saint-Sauveur
et du quai, vers la tour de Moureilles et vers les Moyneaux ,
entre les deux douves, depuis l'arceau de la Verdière jusqu'à la
porte Rambault.

C'est qu'en effet les temps ne permettaient guère d'oublier
ses moyens de défense. Cette année même un combat contre
des navires anglais eut lieu sur la côte de Laleu. Repoussés ,
les Anglais allèrent rançonner le bourg de La Flotte, à l'île de Ré,
et revinrent tenter une descente sur le continent. Mais les forces
organisées par les soins du gouverneur Montsoreau et ceux de
Mérichon les contraignirent de se rembarquer promptement.
Les maires de la Rochelle étaient en même temps capitaines de
la ville et tenaient à se montrer dignes de ce titre qu'on leur
disputait. Mérichon fit faire les montres, comme on disait alors,
c'est-à-dire passa la revue des troupes rochelaises, animées de
ce zèle que donnent la nécessité de se défendre et le succès. Il
fit de nouveaux règlements pour la garde des côtes. En même
temps il pourvoyait au moyen de subvenir à ces dépenses toujours
nouvelles. Il fit décider par le corps de ville assemblé en
l'échevinage que désormais nul ne serait reçu bourgeois s'il ne
payait en entrant, « s'il était de qualité basse comme mécanique
» ou d'aucun métier , trois écus ; de moyenne condition six

» écus, et ceux qui seraient puissants et de grande faculté à
» l'ordonnance de messieurs au-dessus de six écus. » Cette
espèce d'impôt progressif mérite d'être remarquée. Ces fonds
joints à ceux des dix, quinze ou vingt livres versées par les
pairs, échevins et maires à leur entrée en charge, devaient être
enfermés sous double clé, dont l'une restait entre les mains du
second élu de l'année, l'autre en celle du maître de l'artillerie,
la caisse en fer étant elle-même sous la garde du maire, et n'en
sortir que pour le service de l'artillerie ou des autres munitions
de guerre, sans en pouvoir être distraits pour quelle cause ou
condition que ce fût.

Mérichon fut rappelé à la mairie après deux ans d'intervalle,
en 1460. Des soins du même genre l'occupèrent ; la tour de
Moureilles fut réparée ; la tour du Garot, commencée depuis
quinze ans, fut avancée. Il donna suite aux arrangements qui
avaient été pris avec les bouchers pendant sa précédente mairie.
et la grande boucherie terminée devint pour la ville la source
d'un revenu de six-vingts livres. En même temps le maire
poursuivait la révision et la confirmation par le roi des priviléges de la ville. Il les fit aisément vidimer ; mais leur interprétation offrait de plus grandes difficultés. Les gens et officiers
du roi, au dire du corps de ville, empiétaient sur les droits
assurés au maire quant à la reddition de la justice. Ils pour-
suivaient l'échevinage lui-même au sujet d'une levée de deniers
que, en 1442, dans des besoins urgents il avait imposée.
indûment, disait-on, aux habitants. Le corps de ville avait
même été condamné par la cour de parlement à une amende
de soixante livres parisis. L'affaire était assez importante pour
que le maire se fût rendu lui-même à Bourges, où était alors
le roi Charles VII, pour tâcher d'obtenir sur ces deux points
une solution favorable.

Les circonstances le secondaient. Charles VII demandait aux
Rochelais d'équiper trente navires pour soutenir la guerre

contre les Anglais , et pour aider à ce service il leur offrait
annuellement le prix de l'entretien de cent lances. Mérichon
obtint qu'une commission composée de Montsoreau, gouverneur
de la Rochelle , Henri de Marle et Joachim Luart , du conseil
du roi , vînt à la Rochelle prendre connaissance du débat. Soit
que le corps de ville eût droit, soit que Mérichon eût plus
habilement présenté l'affaire, soit que le besoin qu'on avait des
Rochelais plaidât pour eux , l'arrêt du parlement fut cassé ,
l'amende fut remise et la juridiction du maire fut déclarée
s'étendre sur toutes les causes criminelles et civiles des bourgeois ;
sa haute coopération fut assurée dans celles entre les bourgeois
et les étrangers et *l'appointement de Marle* devint un des titres
de la municipalité rochelaise.

C'est sous cette mairie de Mérichon qu'eut lieu à Saint-
Barthélémy le miracle par lequel Bertrand Leclerc après avoir
reçu la communion recouvra la parole qu'il avait perdue à l'âge
de sept ans. Mérichon lui-même rapporte le fait dans le livre
qui nous a porté à nous occuper de lui.

Son habileté et son bonheur en affaires le recommandaient
au corps de ville. En 1463 il fut appelé pour la quatrième fois
à la mairie. Il reçut comme chef de la cité le serment de respect
à ses priviléges prêté par le nouveau gouverneur, Jean de Rohan,
seigneur de Montauban , amiral et grand maître des eaux et
forêts de France, et , cette cérémonie accomplie, il le conduisit
dans son propre logis. Il se montra digne du choix de la ville ,
en continuant de servir activement ses intérêts. Malgré les
concessions obtenues, ou plutôt achetées, du roi relativement aux
tailles et aides, sept paroisses de la banlieue de la ville, Forges,
Aigrefeuille, Saint-Médard, Montroy, Vérines, Saint-Christophe
et Angliers étaient pressurées et poursuivies à cet égard.
Mérichon défendit et fit reconnaître leur droit; il fit plus, il
obtint de Louis XI la remise d'un subside qui, établi d'abord
dans des circonstances difficiles, se levait encore après que les

besoins qui l'avaient fait consentir avaient cessé , usage qui
n'est pas encore tout à fait aboli. Aussi un de nos annalistes
remarque-t-il à cette occasion que « le roi Louis XI , quoiqu'il
» ait été remarqué et connu par actions privées amateur de
» subsides et impositions, se trouva toujours benin envers cette
» ville et porté à la liberté et franchise d'icelle. »

Ces succès des maires avaient d'autant plus de mérite qu'ils
étaient le plus souvent dus à leur influence personnelle ; or,
quelque grande qu'elle fût, la bénignité de Louis XI était rarement désintéressée. Cette année même, par exemple , s'étant
obligé envers le roi de Castille au paiement de cinquante mille
doubles ducats à la bande, il en donnait pour cautions , qu'ils
y consentissent de plus ou moins bonne grâce , les maire et
jurats de Bordeaux , les maire , échevins et pairs de la Rochelle.
Deux ans après, en 1465 , en échange de ses concessions gratuites , il obtenait de la ville de la Rochelle un don , gratuit
aussi, de 4,000 écus, et Jean Mérichon, Jean Jouhet et quelques
autres membres du corps de ville étaient obligés d'en garantir
le paiement en leur propre et privé nom.

En 1466, le gouverneur Jean de Rohan étant mort eut pour
successeur Louis de Beaumont , et celui-ci ne pouvant venir de
suite à la Rochelle, donna procuration spéciale à Jean Mérichon
pour prendre possession de sa charge. Mérichon eut alors à
prêter, comme gouverneur , le serment qu'il avait reçu comme
maire trois ans auparavant. La position était assez singulière,
parce que les prétentions des gouverneurs et celles des maires
étaient opposées ; tous deux en effet prenaient le titre de capitaine de la ville. Quelques favoris des rois avaient même tenté
de se faire nommer directement par eux maires de la Rochelle;
mais ces tentatives avaient toujours été repoussées avec succès
par la commune. Quant au titre de capitaine , il était toujours
en litige et, en attendant une décision, on le prenait de part et
d'autre, de part et d'autre on protestait, et l'on n'en vivait pas

moins en bonne intelligence. Son serment prêté, Mérichon reçut
à son tour le serment de fidélité du maire de cette année, Jean
Darçons. Six mois après Louis de Beaumont arrivant lui-même,
cette double prestation de serment fut renouvelée, et ce ne fut
qu'ensuite que le gouverneur put être reçu dans la maison de
Mérichon, qui semble désormais consacrée à être le logement
de tous les grands personnages qui viennent à la Rochelle.

A toutes ces occasions l'histoire rédigée par Mérichon ou par
ses soins, reproduit la formule du serment, et dans cette seule
année 1466 elle la répète trois fois avec la fidélité des messagers
homériques. Je ne la suivrai pas si loin, mais je crois que cette
formule vaut qu'on la donne : ce sera en même temps l'occasion
de faire connaître sinon le style, du moins la langue de Mérichon.
Je transcris donc :

« Illec mondit sieur le gouverneur fit serment à monsieur le
maire sur la sainte Paterne pour et en nom du commun de
ladite ville, en foy de chevalier, lequel serment il fit solennel-
lement et le lui fist faire monsieur le maire en cette sorte :

» Monseigneur, vous promettés et jurés sur les saints qui cy
sont, en foy de chevalier, à moy comme maire, et pour et au
nom du commun de la ville de la Rochelle, de garder et entre-
tenir tous les priviléges, droits, usages, franchises, libertés et
longues observances de cette ville dont il vous apperra duement
en temps et en lieu, sans aulcunement les enfreindre ; le tout
selon la forme et manière qu'ont accoutumé jurer et faire
messieurs vos prédesseurs, comme vrai conservateur d'iceux, à
ce commis et ordonné par le roy, notre souverain seigneur.

» Et en cette forme le promist et jura mondit seigneur le
gouverneur et, ce fait, entrèrent ensemble en ladite ville, et le
conduisit mondit sieur le maire et lesdits sieurs jusqu'à l'hôtel
de mondit sieur d'Uré, où ledit monseigneur le gouverneur
descendit. Le lendemain suivant, qui fut le mardy treizième jour

dudit mois (janvier 1666 ; on sait que l'année rochelaise commençait à la Quasimodo), mondit seigneur le gouverneur alla en l'auditoire du roy notre sire et là s'assit en la chaire pour tribunal, et, lui étant en icelle, ledit sieur Jean Darçons, pour et en nom de la ville de la Rochelle et de tout le commun, et aussi en son propre et privé nom, fit serment à mondit sieur le gouverneur, promist et jura aux saints évangiles, au roy notre sire, en la personne du mondit sieur le gouverneur, comme ayant le gouvernement et jurisdiction pour luy de ladite ville, banlieue, chastellenie et ressort d'icelle, qu'il seroit à luy et à ses hoirs masles successeurs en la couronne de France, bon, loyal et obéissant subjet et vassal ; sa vie, son corps et membres garderoit et aussi son profit, biens, choses, ses droits, mesmement ladite ville de la Rochelle, à luy et à son obéissance, de ses hoirs masles et successeurs en la couronne de France, à son loyal pouvoir comme à son souverain seigneur, sans jamais avoir ne recognoistre autre seigneur souverain et aussi à mondit sieur le gouverneur et aux autres gouverneurs et ministres, qui pour le temps à venir seront pour luy et ses parties pour et en nom de luy, feroit les obéissances et sermens accoutumés et tels qu'ils appartiennent, et que bon et loyal conseil il donneroit, quand par luy et ses autres ministres il en seroit requis, et ses conseils et secrets tiendroit sans les révéler à nulluy et ainsi que Dieu et les saincts lui veuillent aider.

» Après lequel serment ainsi fait de féaulté par mondit sieur le maire au roy notre seigneur en la personne de mondit seigneur le gouverneur, iceluy mondit seigneur le gouverneur fit aussi serment aux saints évangiles de Dieu, au commun de ladite ville en la personne de mondit seigneur le maire et de mesdits sieurs assistant audit auditoire de les garder et observer en leurs priviléges, droits, usages, franchises, libertés, desquels il lui apperra sans iceux enfreindre en quelque manière que ce soit.

» Après lequel serment ainsi fait, honorable homme, sage

maître Jehan de Lacroix, licencié en loix, procureur de ladite ville
et commune, a dit que mondit seigneur le maire estoit capitaine
de ladite ville de la Rochelle , et que d'icelle capitainerie luy et
ses prédécesseurs avoient joui et usé par tel si long temps qu'il
n'estoit mémoire du contraire, et pour ce protestoit et de fait a
protesté affin que le nom que monsieur le gouverneur prend et
met en son titre qu'il est capitaine de ladite ville ne préjudicie
à mondit sieur le maire et à ladite ville , ne au procès qui de
long temps est pendant pour cette cause en la court de parlement, laquelle protestation lui a été fournie, et lui en a été
donné acte par monsieur le gouverneur. »

La confiance du gouverneur n'excluait pas celle des Rochelais,
et ceux-ci en donnèrent la preuve en choisissant, l'année suivante, Mérichon pour un de leurs députés aux États de Tours ;
les deux autres furent sire Guillaume de Combes et maître
Jean Jouhet. C'est aussi une preuve que dès lors Mérichon était
agréable à Louis XI ; car on sait que ce prince eut l'habileté de
faire envoyer par les villes aux États généraux des hommes sur
lesquels il pût compter. Toujours attentifs aux intérêts de la
ville, les députés eurent soin en cette occasion de faire vérifier
par la chambre des comptes les lettres et priviléges de la
commune.

Peu de temps après , en 1468 , Mérichon fut appelé pour la
cinquième fois à la mairie, honneur qu'il a partagé avec un bien
petit nombre de ses concitoyens. Son zèle ne s'était pas affaibli,
et il semblait au contraire redoubler de soins et d'activité. Dès
son entrée en fonctions , il fit reprendre les travaux à la tour
du Garot, qu'on avait négligés depuis quelque temps , et il la
fit, sinon achever, puisque la dernière main n'y fut mise qu'en
1476, du moins mettre en état de servir. La pointe et l'aiguille
étaient élevées et le phare y put être allumé : le service de cette
tour, soit comme secours pour la navigation , soit comme fortification , fut dès cette année complètement organisé. Aussi
Mérichon y fit-il sculpter ses armoiries. La tour porte en effet

les traces de plusieurs écussons; mais ils ont été soigneusement
martelés. Une note extraite par le P. Jaillot, du cabinet de M.
de Clérembault, indique qu'elles étaient d'argent à la panthère
passant, accolée de gueule, accompagnée de trois couronnes
d'olivier de sinople, et des dessins conservés à la Bibliothèque
ne démentent pas cette assertion, quoiqu'ils soient trop irrégu-
liers et trop confus pour servir à la confirmer. Il semble du
reste que Mérichon portât à la tour du Garot un intérêt tout
spécial et, pour ainsi dire, de famille. Lui-même fait remarquer
qu'elle avait été commencée vingt-trois ans auparavant, en la
mairie de Pierre Bragier, et qu'ils avaient épousé les deux sœurs.
Si la concentration des honneurs municipaux dans un petit
nombre de familles avait des inconvénients, elle avait aussi
l'avantage de créer des traditions et de faire naître une sorte
d'émulation.

Par ses soins encore, un abreuvoir d'eau douce pour les chevaux
et un lavoir furent faits à l'arceau de la Verdière jusques au
pont de l'Horloge, avec une entrée par la ville, du côté de
Chef-de-Ville, et ce fut regardé par les habitants comme un
grand bienfait. La rue de Baillac ou de Baillory (aujourd'hui
rue des Augustins), et plusieurs autres rues furent pavées; la
place devant les Augustins fut déblayée et nettoyée, et tous
ces services durent d'autant plus être imputés à Mérichon,
qu'ils ne furent pas dus seulement à sa diligence, mais aussi
aux avances qu'il fit de ses deniers. En même temps il écartait
des finances de la ville l'onéreuse surveillance des agents
royaux, et faisait prévaloir le droit qu'avaient les magistrats
rochelais de n'être comptables qu'au corps de ville de l'emploi
de leurs deniers. Pour rendre sérieuse cette reddition de comptes,
on en confia la surveillance à trois contrôleurs, et l'on ordonna
qu'un des trois exercerait ces fonctions deux ans de suite. Soit
par reconnaissance, soit par confiance, selon les termes du
statut, en son expérience en fait de compte, le corps de ville
donna en faveur de Mérichon une grande extension à ce règle-

ment, en le nommant contrôleur perpétuel, et un statut de
1475 montre que le titre même de gouverneur ne mit pas fin à
ces fonctions.

Ce n'était pas cependant au milieu des loisirs de la paix que
se développait cette sollicitude. La guerre était partout, et la
guerre à cette époque menaçait à chaque instant chaque lieu
d'une invasion aussi funeste que subite. Le maire de la Rochelle
avait cette année commission de Louis XI de repousser du Poitou,
de l'Aunis et de la Saintonge, les attaques des Anglais et des
Bretons. Il trouva moyen, pour employer ses propres expressions,
de mettre sus dix ou douze gros navires de guerre, bien armés,
équipés et avitaillés, et mieux que navires que l'on vit jamais
saillir du pays. Il en passa la revue, ou, comme on disait, en
fit la montre le 1er août, à Chef-de-Baie, et, ne pouvant comme
maire abandonner la ville, en remit la conduite à Guillaume de
Combes, sieur de Lhoumée. Il rend justice à la vaillance que
déploya ce chef pendant deux mois dans de grandes et hon-
nêtes entreprises, qui contribuèrent à forcer le duc de Bretagne
de rentrer dans l'obéissance due au roi. Il le fait avec autant
de franchise que de brièveté, mais sous cette brièveté même on
sent percer un noble regret d'avoir été retenu par son devoir
loin de cette armée.

Le maire ne pouvait s'éloigner de la ville que pour les
affaires communales, et ce furent elles qui, sur la fin de sa mairie,
le conduisirent à Tours où était Louis XI. Avant de quitter la
Rochelle, il déposa dans son trésor cette première histoire, qu'il
venait d'extraire des anciens livres et cartulaires, et de rédiger
en mémoire perpétuelle, et qui en effet est parvenue jusqu'à
nous. Il eut pour successeur à la mairie ce Guillaume de
Combes auquel il avait confié la flotte rochelaise.

Auprès de Louis XI il *besogna grandement* pour les affaires
de la ville, et avec assez d'habileté pour inspirer au roi le désir
de l'employer à son propre service. Ce prince, qui avait eu si

souvent à combattre contre la noblesse, continuait de l'affaiblir
en introduisant des bourgeois dans ses rangs, en les recevant à
la cour, en leur confiant des missions. Il cherchait le mérite
partout, et aimait à choisir celui qui ne pouvait rien sans son
appui. Il chargea Mérichon d'accompagner le cardinal d'Alby
dans son ambassade en Espagne, et le maire de la Rochelle
partit en effet aussitôt que l'année de sa mairie fut terminée,
c'est-à-dire au commencement de 1469. On sait que l'année
commençait alors à Pâques, et pour la mairie rochelaise à la
Quasimodo. Ce fut peut-être alors qu'il reçut le titre de chambellan du roi.

Il ne resta pas longtemps dans son ambassade; car cette
même année 1469, lorsque le duc de Guyenne, après bien des
pourparlers et des objections de la part des Rochelais; après
qu'ils eurent reçu l'ordre positif du roi, son frère; après avoir
lui-même prêté serment, à genoux devant la sainte Paterne, de
respecter les priviléges de la ville, vit enfin tomber devant lui
ce cordon de soie, que protégeaient les portes dont la fermeture
subite avait, quelques jours auparavant, forcé le sire de Lescun
et ses cent cinquante chevaux de s'en aller coucher honteuse-
ment à Marans; lors, dis-je, que le duc de Guyenne reçu enfin
dans la Rochelle, le fut du moins avec les plus grands honneurs,
Mérichon était un des six qui portaient le dais sous lequel le
prince fit son entrée. C'est dans son hôtel que le duc fut conduit.

L'an 1471, Thierry, seigneur de Lénoncourt, gouverneur de
la Rochelle pour le duc de Guyenne, étant mort, Jean Mérichon,
désormais qualifié de noble et puissant, fut choisi pour le remplacer et nommé gouverneur à justice et sénéchal de la Rochelle.
Le duc était pourtant alors plus que jamais en hostilité avec
son frère; mais Louis XI eut toujours le talent de maintenir
auprès de ce prince, qui fut l'instrument de ses ennemis plus
que son ennemi, des hommes sur lesquels il pouvait garder
quelque influence. Rien n'indique du reste que Mérichon ait

conservé sa faveur auprès du roi aux dépens de ses devoirs
envers le duc : mais il ne perdit pas cette faveur. Pour les particuliers comme pour les communes la ligne était difficile à
suivre au milieu des devoirs presque contradictoires que leur
imposaient les restes d'institutions féodales ; mais les souverains
ne gardaient jamais une longue rancune à des hommes dont ils
avaient sans cesse besoin.

L'année suivante, Louis XI vint redemander une obéissance
immédiate aux Rochelais qui ne s'en étaient détachés que sur
ses ordres précis. Le gouverneur Mérichon partagea sans doute
toutes les hésitations des membres du corps de ville, sollicités
en sens opposés par leur seigneur et par le roi qui leur avait
commandé de lui obéir, redoutant la vengeance de l'un et de
l'autre : il eut sa part de cette terrible colère que laissa éclater
Louis XI, ou qu'il affecta peut-être, et qui se changea après
vingt-quatre heures en une prudente bienveillance. Mais lorsque
le roi fut reçu dans la ville, lorsque la mort de son frère, cette
mort dont beaucoup d'historiens ont cru Louis innocent, dont
aucun ne l'a cru incapable, eut mis fin à toutes les difficultés,
le roi entrant dans la ville sans accepter de fêtes, parce qu'il
entrait en maître dans une ville soumise, ne dédaigna pas
cependant de loger dans l'hôtel de Mérichon, et le confirma
dans ses fonctions de gouverneur à justice et de sénéchal de la
ville. Les Rochelais virent dans ce choix un signe de grâce et
s'en réjouirent vivement. C'était à un des leurs et à un des
plus dévoués qu'étaient confiées la surveillance et la conservation
de leurs priviléges.

Louis XI du reste semblait de plus en plus admettre Mérichon
dans sa faveur. En lui concédant pour lui et ses hoirs et successeurs le droit d'usage du bois de ses forêts de Molière, Gastine
et Chassepoil pour bâtir son hôtel d'Auzances et les halles de
Poitiers, il déclare qu'il le fait « ayant considération aux bons,
» agréables et continuels services que lui a par ci-devant faiz et
» fait chacun jour son ami et féal conseiller et chambellan,

» maistre Jehan Mérichon , gouverneur de la Rochelle , en
» plusieurs manières, et qu'il espère qu'encore fasse au temps à
» venir. »

Nous savons aussi, par une lettre que nous a conservée Brantôme, qu'il voulait acheter l'hôtel de Mérichon à la Rochelle ,
pour être plus près des Rochelais et les faire tenir du pied : il
voulait que le marché se fît sans qu'il parût. Bonne finesse !
s'écrie Brantôme ; finesse assez vulgaire pourtant et à l'usage
de tous les acheteurs qui craignent qu'on ne leur fasse payer la
convenance.

A voir cet hôtel de Mérichon revenir si souvent dans nos
annales, on se demande naturellement où il était situé et s'il
en reste quelque chose. A cet égard les renseignements sont
insuffisants, mais ils donnent pourtant quelques indications.

Nos vieux annalistes se bornent , en racontant les faits du
règne de Louis XI , à nommer le logis d'Uré. Bruneau dit seulement qu'en sortant de l'église Notre-Dame-de-Cougne , ce
prince monta à cheval et alla le long de la Grande-Rue jusqu'à
l'hôtel de M. d'Uré , où il fut logé. Mais en rendant compte de
la réception faite à François Ier. en 1542, ils s'expliquent un
peu davantage. Là ils nous apprennent qu'on conduisit le roi en
son logis , qu'on nomme le logis d'Uré (ce qui semble indiquer
qu'alors il n'appartenait plus aux seigneurs d'Uré et à la famille
Mérichon), près l'église Saint-Barthélémy ; qu'on accommoda
un théâtre au logis du roi, sous la galerie qui était dans la cour
du logis.

En 1567 ce même logis d'Uré fut le premier siége des juges-
consuls qu'on venait d'établir , et plusieurs chroniques le
désignent comme étant situé rue Bazoges ; une autre ajoute
qu'il joignait par derrière la maison de Gilles Bretineau ,
enquêteur de la ville. Or, un acte contenu dans le registre des
Insinuations de 1576 indique en effet comme propriété et comme

demeure de Gilles Bretineau une grande maison à faîte couvert
d'ardoises avec cour et jardin, tenant d'un côté à la rue par
laquelle on va et vient du carrefour de Montconseil à la place
du Château, d'autre à la rue par laquelle on va de la porte
Neuve au couvent des Augustins, et d'autre aux maisons où se
tiennent les grandes écoles de cette ville, laquelle maison avait
été endommagée du canon durant le siége. A. Barbot dit pourtant qu'on donna aux juges-consuls la place où ils exerçaient
encore de son temps qui fait, dit-il, partie du couvent des
Augustins

De ces détails il semble qu'on peut conclure que le logis
d'Hiré, la maison de Mérichon, occupait un espace considérable
compris entre les rues Bazoges, du Palais et des Augustins, où
il ne reste aujourd'hui nulle trace de cet ancien hôtel.

Le rôle du gouverneur de la Rochelle était bien moins actif
que celui du maire et Mérichon avait passé l'âge où l'on cherche
à agrandir sa sphère d'action. Aussi ne le voyons-nous plus
qu'exercer tranquillement ses fonctions, et nos annales ne le
nomment plus que pour dire qu'il a choisi le maire entre les
trois élus ou qu'il a donné ses lettres d'attache à quelques priviléges du souverain. Peut-être seulement son accord avec les
maires leur rendait-il ceux-ci plus faciles à obtenir.

Il continuait aussi à servir la ville de sa fortune et à y faire
des fondations regardées comme utiles par les mœurs du temps.
Ainsi en 1472, Louis XI étant à Fontenay, il faisait verser entre
les mains de ce prince, par son fils Olivier, alors pair de la
commune, la somme de trois mille livres, dont il avait, conjointement avec Pierre Le Furgon, garanti le paiement au nom de
la ville. Ainsi vers le même temps il faisait aux clergeons de
l'église Saint-Barthélémy le don annuel de dix pipes de vin à
prendre dans les îles de Ré, d'Ars et de Loix, et la ville déchar-
geait ces denrées de tout droit d'entrée, sous la condition que
ces clergeons, le dimanche de la Quasimodo, immédiatement

avant l'élection du maire, chanteraient le répons *Veni creator*,
le verset *Emitte spiritum*, et l'oraison au Saint-Esprit. En 1474,
quand les Cordeliers, après avoir tenu à Lafont un chapitre
provincial, vinrent en procession solennelle à la Rochelle, c'est
Mérichon qui alla, accompagné du maire et du corps de ville,
les recevoir à la porte de Cougne, et cet honneur lui était dû à
double titre ; car c'était lui qui, treize ans auparavant, avait
fondé à Lafont ce couvent de religieux de l'étroite observance
de Saint-François.

Ses largesses ne se bornaient pas à la Rochelle. Il avait donné
une chapelle à l'église cathédrale de Luçon, et Pierre de Sacierge
en faisant, en 1508, marché avec un brodeur pour la sienne,
convint qu'elle serait plus belle que celle donnée par Jean
Mérichon.

En 1483, Mérichon fut, comme gouverneur de la Rochelle,
désigné comme un des conservateurs de la paix perpétuelle
conclue par Charles VIII avec les marchands de la Hanse teu-
tonique et comme un des arbitres dans les différends qui
pourraient exister entre ces négociants et les sujets français.

Il eut l'année suivante la preuve que sa considération n'avait
en rien diminué à la Rochelle ; car il fut désigné comme un des
six députés de la ville et du gouvernement auprès des Etats
généraux assemblés à Tours. Il put y voir commencer une
nouvelle ère.

Louis XI, qui avait eu tant à lutter contre les princes du sang
et la haute noblesse, s'était appuyé sur les hommes influents
des communes : « Philippe-le-Bel avait introduit le Tiers-état
» aux Etats-généraux ; Louis XI l'introduisit à la cour, » dit
M. Monteil. Si les petits pâtissent des divisions des grands, ils
en profitent aussi quelquefois pour s'élever. La Rochelle avait
dû plusieurs de ses priviléges à l'ardeur avec laquelle se la dis-
putaient les rois de France et ceux d'Angleterre, et quelques-
uns de ses maires durent leur agrandissement à l'appui qu'ils

purent donner au roi contre les grands seigneurs. Mais désormais
les rois étaient hors de page, et affranchis de leurs alliés autant
et plus que de leurs rivaux. La noblesse militaire, désormais
moins hostile aux rois, en était accueillie et entendait bien
prendre sa revanche au moins contre les communes. Mérichon
vécut assez pour le comprendre.

En l'année 1491, le comte d'Angoulême, Charles de Valois,
était venu à la Rochelle ; on lui préparait un brillant accueil,
lorsque s'arrêtant à Aytré, il envoya son beau-frère, le comte de
Taillebourg, demander qu'on lui présentât les clés, comme au
roi lui-même, déclarant que sans cet hommage il n'entrerait
pas dans la ville. Les bourgeois lui répondirent avec leur fière
humilité habituelle, en le suppliant de leur faire l'honneur
d'entrer chez eux, mais en refusant net de lui présenter les clés
de la ville. Le comte entra, reçut leurs politesses et leurs
présents ; mais c'était une dernière étincelle. Charles de Valois
allait être le père de ce roi qui devait peu d'années après
entrer à la Rochelle en coupant le cordon de soie de son épée,
en foulant aux pieds ses priviléges et en jetant dans le cœur de
ses habitants une terreur qu'ils n'avaient point connue depuis
que Robert de Montmirail avait été leur premier maire.

A la fin de cette année 1491, Gaston II de Foix, comte de
Candale, gouverneur de Guienne et du gouvernement duquel
ressortissait la Rochelle, était dans cette ville, par l'ordre du
roi ; il voulut y passer ses troupes en revue ; le maire s'y opposa
et réussit à forcer le comte de faire sa montre hors des murs ;
mais quand la mairie dut être renouvelée, le comte de Candale
prétendit que le choix entre les élus lui appartenait. Mérichon
le revendiqua, et, dans ce conflit, l'élection fut ajournée, et
suspendue pendant plusieurs mois. Enfin le roi décida contre le
seigneur d'Uré. Les gouverneurs devaient être désormais les
surveillants jaloux et non plus les protecteurs des villes. C'est
le dernier acte qui nous soit connu de Mérichon. Il y avait alors

quarante-neuf ans qu'il avait été maire pour la première fois et il devait avoir environ quatre-vingts ans. J'ai dit pour quelle raison sa mort doit se placer vers cette époque, et au plus tard en 1500. Des lettres-patentes de 1498 confèrent au comte de Candale le titre de gouverneur de la Rochelle, ville qu'il regardait pourtant comme comprise dans son gouvernement militaire. Était-ce un nouveau moyen de décider la question, et serait-ce l'année de la mort de Jean Mérichon ?

Quoi qu'il en soit, l'année 1492 marque la fin de sa vie politique, et il ne nous reste plus qu'à l'apprécier comme historien.

Ce nom peut sembler bien ambitieux pour la tâche qu'a remplie Mérichon. Lorsqu'en 1468 il déposa aux archives de la ville ce que j'appelle son histoire, il crut sans doute faire moins qu'il n'avait fait en 1457 en y laissant *le livre des rentes et revenus de la ville, auquel sont contenus les rentes et revenus de cette ville, des quatre aumôneries et la déclaration des chapelles et provisions étant en la collection de ladite ville.* Cependant si l'ordre dans les finances est utile, le soin des traditions, le souvenir et le culte des ancêtres, l'émulation dans le bien ne sont pas moins féconds

Rien de plus modeste que le titre donné à ce travail. Le voici en entier : *NOMS et surnoms de tous les maires et recteurs de la communité de cette ville de la Rochelle, depuis la fondation et institution d'icelle ; rédigés par écrit et extrais des anciens livres et cartulaires de cette ville en mémoire perpétuelle, par noble homme et sage maitre Jean Mérichon, seigneur d'Uré, Lagort et le Breuil-Bertin, conseiller du roy et bailli d'Aulnis, en sa quinte mairie, mil-quatre-cent-soixante-et-huit.* A. Barbot dit que ce livre était nommé *Paterne*, parce qu'il contenait les noms des maires de la ville, qui en peuvent véritablement être appelés les pères. Je ne sais par quelle corruption ce nom s'était changé au temps de Jaillot et d'Arcère en celui dénué de sens de livre de la Poterne

Ce même Barbot apprécie assez bien ce travail ; tout en louant grandement ceux qui l'ont entrepris et accompli , il y remarque quelques défauts , « pour ne représenter les mouvements et » considérations des usances et priviléges , ni les motifs des » conseils et polices dont doist despendre toute leur grâce et » vigueur. » En effet c'est pour les deux premiers siècles une nomenclature fort sèche : au quinzième , les faits locaux sont plus soigneusement notés ; toutefois l'auteur ne détaille guère que les constructions de remparts ou d'édifices : les détails de cette nature semblent devenir plus nombreux et laisser glisser quelques notes plus personnelles dans les dix dernières années. Toutefois il y a toujours dans ces notes une extrême sobriété.

Bien que Mérichon n'eût fait que reprendre un projet formé dès 1317 , par Jean de Mauléon , les maires des premières années ne sont pas indiqués , et Barbot a dû les prendre dans d'autres notices. Cette abstention de ce qui pouvait dès lors rester douteux et n'être pas officiellement constaté semble garantir une critique sévère. Ce recueil, formé de simples notes, sans transitions , sans réflexions , n'a point de valeur littéraire, point de style ; on a pu juger par le fragment que j'ai cité de la langue de Mérichon; c'est bien celle des écrivains de son temps, avec son vocabulaire incertain , ses constructions encore embarrassées et résistant à l'analyse; c'est une langue qui se forme. Ces caractères de l'œuvre laissent peu d'intérêt à la question de savoir si Mérichon en fut lui-même le rédacteur; le titre le présente comme tel ; d'un autre côté un de ses continuateurs dit qu'il fit rédiger ce recueil : mais peu importe , puisqu'ici l'exécution n'est presque rien , la pensée est presque tout. Mérichon n'est certainement pas notre Tite-Live ; mais Rome se souvenait aussi de Fabius Pictor.

Et en effet nous lui devons plus que son œuvre : nous lui devons l'exemple qu'il donna. L'ouvrage fut continué. Nous n'avons pas l'original du livre Paterne. S'il existe , il est avec

tous ces documents sur notre histoire que Richelieu vainqueur
fit enlever, pour ôter tout aliment et tout titre à l'orgueil communal des Rochelais. L'original est pour nous une copie faite
vers 1610, où les continuations, au moins en partie, paraissent
pouvoir être attribuées à Conain, maire en 1516, et à Salbert,
maire en 1604. Mais il semble qu'il y eut de nombreuses copies
qu'en firent des membres du corps de ville, qu'en conservèrent
leurs familles, dans un temps où la vraie patrie, celle à laquelle
on donnait tous ses soins, dont on attendait toute sa considération, était la commune. L'examen attentif de nos chroniques
leur identité dans la plupart des pages, détruite seulement
parce que quelques-unes ont admis des détails moins directement relatifs à la commune que quelques autres ont repoussés ;
les distances de temps auxquelles les rédacteurs parlent à la
première personne, trop considérables pour qu'on y voie un
même homme ; les différences de points de vue et les inégalités
dans le choix des détails, tout me porte à croire que sous la
diversité apparente de nos manuscrits, nous n'avons qu'une
histoire écrite par plusieurs historiens ; nous n'avons que la
continuation de l'œuvre de Mérichon.

Qu'on me permette de terminer cette notice par une remarque
en l'honneur des Lettres. Jean Mérichon fut certainement un
père de famille habile à gérer ses intérêts, à acquérir des
honneurs et à entourer de considération le nom qu'il espérait
transmettre aux siens ; un magistrat vigilant, actif, courageux,
n'épargnant pour ses concitoyens ni sa fortune, ni son temps,
ni ses peines, et pourtant ce n'est qu'à quelques pages qu'il a
écrites qu'il doit ce faible et tardif hommage que je viens de lui
rendre. Mais ce qui reste des morts peut-il encore entendre nos
hommages et sentir nos pleurs ?

II.

AMOS BARBOT,

NÉ ET MORT A LA ROCHELLE. — 1566 — 1625.

Parmi les historiens de la Rochelle, Amos Barbot est celui qui, par la date et l'importance de son ouvrage, a le plus de droits à notre attention et à nos hommages. Malheureusement c'est un de ceux sur la personne desquels nous avons le moins de renseignements. Mes recherches ont été infructueuses et ne m'ont presque rien fourni à ajouter aux détails que nous ont conservés Jaillot et Arcère.

Arcère dans ses conjectures a fait Amos trop jeune, en le faisant naître vers 1568. Né à la Rochelle de Jehan Barbot et de Mathurine Bousseau, il y fut baptisé le 9 novembre 1566, et eut pour parrain le maire, Amateur Blandin. Un Jehan Barbot fut pair en 1572 et mourut cette année même ; un autre Jean, sieur du Treuil-Gras, fut maire en 1577. Guillaume était, comme Jean, pair en 1572 et comme lui mourut en 1572, Jacques, sieur de l'Ardenne, était maire en 1581.

Cette famille occupait donc une grande place au corps de
ville. Lorsque Amos y entra, en 1599, au lieu de Jean Bergier,
il y trouva quatre personnes de sa maison, ou du moins de son
nom : Jean Barbot, son frère, et Jacques, échevins; Pierre et
Daniel, pairs, qui avaient succédé à leurs pères Jean et Jacques.
Amos lui-même nous apprend, et cela a bien l'air d'un détail
de famille, qu'en 1562 François Barbot ayant acheté de Louis
de Bourbon, prince de Condé, l'office de commissaire-priseur à
la Rochelle, ne put en jouir à cause de l'opposition des sergents
et officiers de la mairie qui furent soutenus par les chefs de la
commune; peut-être tous se rattachaient-ils à Louis Barbot,
fabriqueur de Saint-Jean du Perrot, échevin en 1538. — Des
membres du corps de ville de 1599, Daniel fut remplacé dans la
pairie par son frère Abel; Jacques, sieur de l'Ardenne, qui
avait commandé une partie des troupes qui chassèrent Limaille
de la rade de la Rochelle, fut maire en 1605; Jean, sieur de
Buzay, fut maire en 1610, et eut pour co-élu son frère, notre
Amos, qui n'est jamais désigné par aucun nom de terre.

Cette famille ajoutait encore à sa puissance dans le corps de
ville par ses alliances; on trouve en effet un André Barbot qui
épouse Marguerite Guyet, veuve d'Antoine Prévost; et un
Antoine Barbot, mari de Jacquette Deschamps : or, dans ce
même corps de ville de 1599, il y avait un Baptiste Guyet,
échevin; un Jean Deschamps et un François Prévost, pairs.

Cette place si grande qu'occupait la famille Barbot dans le
corps de ville fut bientôt vide; Jean, mort peu de temps avant
son frère, fut remplacé par Pierre Ozeau; Amos lui-même, mort
en 1625, le fut par Jacques Riffault; en 1627, il ne restait plus
au Conseil de la commune qu'un Abel Barbot. La famille n'était
cependant pas éteinte. Les registres des baptêmes nous montrent en 1631 et en 1639 un Jean Barbot, un Amos Barbot, un
Claude Barbot. Quelques-uns étaient catholiques; on trouve
dans les registres de l'église Notre-Dame un Jean Barbot, écuyer,
sieur de Saint-Sauveur, signant comme parrain en décembre

1640. La marraine est une Suzanne Barbot. On voit encore au 2 octobre 1648 un Amos Barbot, garde de la monnaye de cette ville. D'autres étaient restés protestants, et à ceux-ci il faut sans doute, avec M. Barbot de la Trésorière, rattacher Jean Barbot, qui, avec son frère Jacques et son neveu, aussi du nom de Jacques, passa en 1685, après la révocation de l'Edit de Nantes, en Angleterre. Tous trois avaient auparavant navigué au service de la compagnie française des Indes occidentales. Et leurs voyages écrits en français, traduits par eux-mêmes en anglais, font partie du tome v de la collection des voyages et navigations donnée à Londres par Churchill, 1732, 7 vol. in-folio. Barbot y donne des instructions nautiques pour se rendre aux côtes d'Afrique en partant de la Rochelle, ce qu'on peut regarder comme un indice de son lieu de naissance.

Il y a encore à la Rochelle des personnes du nom de Barbot; mais si elles sont de cette famille, elles n'en ont pas conservé le crédit et l'influence. Elle paraît au contraire s'être encore élevée dans l'Angoumois. M. le vicomte André-Amos Barbot de la Trésorière, vient de publier la première livraison d'un ouvrage de son père, M. Marc-André Barbot de la Trésorière, qu'il intitule : *Annales historiques des anciennes provinces d'Aunis, Saintonge, Poitou, Angoumois, Périgord, Marche, Limousin et Guienne*, qu'il donne comme complément de la chronique d'Amos Barbot. Il retrouve l'origine de sa famille en Bretagne, en 1080; y rattache un Guillaume Barbot, chevalier du Temple, arrêté en 1310; y compte les différentes branches de Buzay, de l'Ardenne, de Romagné, de la Trésorière, de Sillac, de Pendry, d'Hauteclaire, de Chement, en Aunis et en Angoumois, à quoi on pourrait ajouter le Treuil-Gras et le Verger que donnent nos annales; en fait descendre dans des temps plus récents des capitouls de Toulouse, des chevaliers de Saint-Louis, des généraux de l'Empire. La position de famille de M. Barbot donne sans doute de la valeur à ces documents, quoiqu'ils ne soient appuyés d'aucune justification ; peut-être toutefois y pourrait-on désirer un peu près de critique, peut-être fonder l'illustration d'une famille à la fois sur des templiers et sur des marchands et bourgeois de la Rochelle, est-ce plus obéir à l'esprit du dix-neuvième siècle qu'à celui des temps féodaux, et même réellement monarchiques.

J'aurais pu sans doute abréger beaucoup ces incertitudes généalogiques; elles font voir toutefois quelles ressources Barbot pouvait avoir pour une histoire dont les matériaux étaient bien moins dans les livres que dans les souvenirs personnels.

Pour les employer avec intelligence, il fallait encore qu'il pût comprendre et voir dans leur action les idées de son temps; or, ici encore nous en savons assez sur sa vie pour répondre affirmativement.

En 1589, il était juge baillif du grand fief d'Aunis, c'est-à-dire chargé de l'importante juridiction communale, sauf dans les affaires criminelles qui appelaient l'action directe du maire, et il l'était avant l'âge. On voit en effet par les registres du gouvernement que le 16 août 1589, Pierre Guillaudeau, avocat, soutient que ledit Amos Barbot, écuyer, licencié et lecteur ès-contrats, avocat au siége présidial, ne peut être juge, n'ayant exercé trois ans suivant l'ordonnance; lequel n'est avocat que depuis six mois et n'a pas l'âge requis pour juger. Ces difficultés furent pourtant levées, puisque le 2 novembre de la même année, maître Amos Barbot, *juge baillif du grand fief d'Aunis,* remettait au greffe du gouvernement le sac et les pièces d'un procès, déclarant avoir été récusé de la part des défendeurs. Depuis, Barbot et son adversaire de toute à l'heure, Guillaudeau, paraissent avoir exercé conjointement cette juridiction.

En 1599, il fut nommé pair de la commune; il devint depuis un de ses conseillers; il fut, en 1610, présenté à maire, conjointement avec son frère Jean, qui fut choisi. — Il ne prit pas moins de part aux affaires extérieures de la ville : en 1601, il fut un des deux députés que les Rochelais envoyèrent à l'assemblée générale des églises réformées qui se tenait à Sainte-Foy ; en 1602 , il fut envoyé avec Jean Gorribon auprès de Henri IV, pour réclamer contre la perception prolongée de l'impôt transitoire connu sous le nom de pancarte ; en 1605, il fit partie de la députation de cinq membres envoyée à Châtellerault pour faire la révérence à Henri IV ; en 1611 , il fut choisi pour assister à l'assemblée ecclésiastique de Saumur, où il fut chargé , avec Rivet et Bertheville, d'un rapport sur les griefs des provinces.

Ainsi Amos Barbot, s'il n'eut jamais une influence prépondérante sur les affaires, y prit pourtant une part active. Dans le petit nombre des registres du corps de ville qui nous ont été conservés, on le voit habituellement aux séances jusqu'à celles du 12 février 1625, sous la mairie d'André Touppet, la dernière où il figure. La mort vint probablement rapidement pour lui , puisque dès le 22 du même mois , sur la présentation de trois candidats faite par les Quarante-huit , Jacques Riffault est choisi pour pair de la commune , au lieu de feu Amos Barbot; le 1er mars suivant, Simon Thévenin fut chargé de le remplacer comme conseiller de la commune , et comme conseiller des hôpitaux de Saint-Barthélémy et des Ladres. Amos Barbot , au moment de sa mort, n'avait pas cinquante-huit ans et demi.

C'est dans les dix ou douze dernières années de sa vie qu'il composa son histoire. C'est par une erreur évidente que le père Lelong , dans la première édition de sa bibliothèque historique de la France, avait placé en 1574 la rédaction de ce livre. Il avait pris pour la date de sa composition celle de l'année à laquelle il s'arrête. Parmi les motifs qui l'ont mu à écrire , Barbot, dans sa dédicace, fait entrer l'honneur qu'il a d'être un des conseillers de la ville ; il ne l'était certainement pas en 1605 ; il ne le fut probablement qu'après avoir été co-élu au maire, en 1610. — Dans son avant-propos, il cite De Thou dont l'histoire parut de 1604 à 1609, et il s'en réfère expressément à des actes de l'année 1613. On en peut conclure que, s'il avait auparavant préparé son travail , ce ne fut pourtant qu'après cette époque qu'il se mit à le rédiger.

Ainsi nous avons ici l'œuvre d'un homme dans la maturité de l'âge ; dont la famille avait joué un rôle à la Rochelle pendant tout le XVIᵉ siècle ; qui prenait et vivait au milieu de gens qui prenaient ou avaient pris une grande part aux affaires de la ville ; les témoignages écrits officiels lui étaient tous abordables , et il pouvait les contrôler et les expliquer par les témoignages verbaux. Quel usage a-t-il su faire de tous ces avantages ? C'est maintenant à son livre de répondre.

Amos Barbot n'est pas seulement un homme qui recueille des notes ou qui veut fixer par écrit ses souvenirs. Il veut être historien. Il l'est , non pas seulement parce qu'il s'efface complètement de son récit, parce que prenant la ville à son origine il la suit jusqu'en juillet 1574 , mais surtout parce qu'une pensée constante domine son œuvre. Cette pensée le titre la fait pressentir, la dédicace l'indique, le livre y obéit. Le titre dans toute son étendue est celui-ci : « *Inventaire des titres , chartes et priviléges de la Rochelle et pays d'Aunis, depuis l'establissement du corps de ville avec les illustres maisons qui ont tiré leur origine de la mairrie de la Rochelle jusques en 1574 , par Amos Barbot, escuier, bailly du grand fief d'Aulnis, advocat au parlement et siége présidial de la Rochelle, l'un des pairs et conseil ordinaire des maire, eschevins et pairs de la Rochelle.* »

Ce titre est encore fortifié par une espèce de sous-titre où l'auteur explique qu'il a commenté les priviléges par les usances et longues observances de la ville , qu'il a consulté, outre les documents publics, les mémoires manuscrits et les instructions certaines qui ont pu se trouver ès mains des particuliers.

La commune, c'est là, pour Barbot, ce qui constitue l'unité : les priviléges et chartes empêchent qu'elle ne soit absorbée dans cette unité plus puissante, le royaume. Pour lui , la Rochelle n'est pas une partie de la France ; elle est un tout , qui a des rapports déterminés avec l'Angleterre d'abord , puis avec la France ; rapports que la violence peut changer , mais qui sont le droit de la ville et qu'elle maintient avec courage. Aussi est-ce aux maire , eschevins , conseillers et pairs de la Rochelle qu'il dédie son livre ; est-ce dans l'honneur qu'il a d'être l'un d'eux qu'il trouve son droit comme ses moyens de l'écrire.

Pour Barbot , la commune est l'idéal , le pouvoir municipal est la *magistrature la plus bénigne et supportable qui soit en la Société des hommes ;* » toutefois il en prévoit la chute , il en sent déjà la décadence. C'est ce sentiment qu'il exprime tout d'abord en commençant le discours ou avant-propos consacré à la recherche des origines de la ville , par lequel il ouvre son histoire. Cet exorde n'est pas sans gravité , et je le cite d'autant plus volontiers que j'aurai peu d'occasions de transcrire textuellement Barbot :

« Il est des villes et cités, voire des républiques, royaumes et empires , qui ne sont qu'un amas de plusieurs hommes vivant sous mêmes lois , police et domination , comme de l'homme même et de toute autre chose considérée en son particulier , savoir , qu'en certain temps elles n'ont pour tout point été , et prenant leur estre et commencement en autre , que c'est en telle faiblesse et infirmité qu'elles ne croissent qu'avec le temps, qui les porte en leur suprême période et grandeur, pour, étant parvenues au plus haut et relevé de leur condition, prendre finalement le penchant de leur décadence et ruine , selon que tout revient à son non être , ce qui se verra en la naissance et progrès de cette ville , par la suite de ces discours et écrits, autant que de nulle autre de ce royaume , et Dieu veuille que de longtemps ou plutôt jamais l'on n'en puisse voir l'anéantissement entier , dont le déclin et la cheute ne se remarquent que par trop encommencées et advancées. »

Consacrer tous ses efforts au maintien de la commune , c'est

la leçon qu'il tire de l'histoire, et voici les devoirs qu'il en
déduit, en terminant cet avant-propos, la seule partie de son
livre où il ait explicitement et en son nom exprimé ses pensées :
« La dite communauté étant un bénéfice le plus excellent de
» tous, pour contenir une concession d'autorité et magistrature
» la plus bénigne et supportable qui soit en la société des
» hommes, cette ville est obligée à Dieu et à la mémoire de
» ceux qui lui ont octroyé, et fasse le Tout-Puissant, qui en a
» rendu les commencements et progrès autant heureux que de
» nulle autre ville du royaume, il soit ainsy de la fin pour en
» témoigner à l'exemple de nos pères la fidélité, l'obéissance et
» le service qui en est deu au roy et à son état ; la gloire et
» l'honneur qu'on en doit à Dieu, à la conservation de son
» église, au maintien et garde de cette ville, des priviléges
» d'icelle, des libertés et des biens des habitants. »

Du reste l'avant-propos qui est encadré entre ces deux pages
expansives est une dissertation savante qui, pour un temps où
l'esprit critique ne faisait guère que de naître, ne manque certainement pas de critique. Barbot y recherche l'état de la ville
dans les temps antérieurs au XIIIᵉ siècle, et sa condition sous
ses seigneurs féodaux. Quelque ami qu'il soit de sa ville, les
origines prétentieuses le séduisent peu. Qu'il discute des conjectures ou des étymologies, il se tient toujours au plus près du
bon sens : ses conclusions sont encore aujourd'hui les plus vraisemblables, comme ses notions topographiques sur la vieille
ville restent les plus précieuses. On voit aussi par la citation
qu'il fait des auteurs contemporains qu'il était au courant de la
littérature de son temps. Malgré des détails minutieux, le ton
de cette dissertation est aussi animé que le permettent le genre
et le sujet.

Il l'est beaucoup moins pendant les trois premiers siècles de
cette histoire. De l'année 1199, où elle commence, à l'année
1460, on peut justement la trouver sèche et monotone. Barbot
y suit rigoureusement et froidement l'ordre des années. Il

commence toujours par nommer le maire , et, quand il le peut,
ses co-élus : à chaque année, il rapporte les chartes. les priviléges, les titres quelconques qui ont été obtenus ou confirmés , ou
même simplement reproduits et vidimés, renvoyant à chaque
fois à la case des archives de la ville où la pièce se trouve , au
numéro qui la désigne. Il dit , quand il le peut , par quelles
circonstances , par quels efforts ils ont été obtenus , signalant
avec plus de soin l'action commune que les influences individuelles. On voit assez combien cette marche est monotone. mais
on voit aussi sans peine tout ce qu'elle donne de sécurité et
d'instruction. En même temps et sous chaque année , il note en
peu de lignes les faits généraux de l'histoire d'Angleterre ou de
France qui ont pu influer sur les intérêts de la Rochelle ou sur
les dispositions des princes envers elle. Mais ces notes. toujours
rapides, ne sont qu'un résumé des livres en crédit de son temps.
les annales de Nicole Gilles ou de Belleforêt , les chroniques de
Froissart, l'histoire de Bretagne de d'Argentré , dont il fait
gran l usage. Assez souvent même, il renvoie à ces historiens; à
moins toutefois que ces renvois ne soient des gloses que le copiste
aurait introduites dans le texte.

Il ne sort pas de ce rôle de compilateur même lorsqu'il a des
détails locaux à donner , et je ne crois pas qu'on eût deux faits
à lui emprunter pour l'histoire générale de la France. On ne
trouve aux années du règne de Saint-Louis aucun détail qui
vienne à l'appui de cette remarquable lettre d'un habitant de la
Rochelle à la reine Blanche, que M. Léopold Delille a récemment
publiée ; son récit du retour des Rochelais à Charles V. et de la
ruse de Chaudrier est tout entier emprunté à Froissart: les
démêlés entre La Trémouille et le vicomte de Thouars. à propos
de Benon, de Marans, de l'île de Ré. sont pris chez d'Argentré.
Un seul fait, l'accident qui menaça la vie de Charles VII dans
une maison de la Rochelle, en 1422 . est raconté d'après la tradition rochelaise et d'après les *mémoires de ce temps et de cette
ville.* Barbot mentionne aussi , en 1429 , la lettre que Charles

VII écrivit aux Rochelais pour leur annoncer les succès qu'il devait à Jeanne la pucelle , et les marques d'une pieuse joie qu'ils donnèrent. Il s'arrête un peu plus que d'ordinaire en parlant des exploits de la sainte héroïne , qui , *par inspiration et révélation divine était établie de Dieu* pour déliver Orléans et faire sacrer le roi. Sa courte narration ne se distingue que par une animation bien naturelle et n'ajoute rien à ce que l'on voit partout : toutefois je n'en retrouve pas certainement la source ; et il n'est pas impossible qu'il l'ait puisée dans la lettre même du roi, *qui avait été employée tout au long en l'ancien papier des maires de cette ville.*

Il me paraît donc établi que les Rochelais du xvie siècle n'avaient gardé aucun souvenir particulier de ces longues luttes entre l'Angleterre et la France , auxquelles ils avaient été si directement intéressés , et qu'ils ne les savaient comme nous que par les historiens.

C'est, comme on l'a vu , en 1468 seulement que Mérichon , reportant les yeux sur le passé , fit recueillir les *noms et surnoms de tous les Maires* de la Rochelle et traça ainsi les premiers rudiments de notre histoire. Sans doute auparavant la vie avait été trop pénible et trop disputée pour qu'on songeât à autre chose qu'au présent. C'est à partir de 1460 que Barbot, sans cesser de donner une grande attention au mouvement des priviléges , en accorde une plus grande aux débats des rois et aux faits proprement dits. On peut donner une preuve matérielle de cette différence. Tandis que les 261 années de 1199 à 1459 n'occupent que 193 pages du manuscrit , il y en a 289 consacrées au siècle écoulé de 1460 à 1561 , époque de l'établissement public du culte réformé à la Rochelle ; les 23 années suivantes en remplissent 500.

Bien qu'il eût plus à lutter contre la noblesse que contre les bourgeois et qu'il s'appuyât même volontiers sur ceux-ci , Louis XI ne se laissait pas arrêter par un respect superstitieux

pour leurs priviléges, et il viola ceux de la Rochelle lorsqu'il
la mit au pouvoir de son frère, Charles de Guyenne. De là
l'intérêt direct et vif que Barbot prend aux démêlés des deux
frères. D'ailleurs l'esprit communal n'est pas un républicanisme
hostile aux rois ; la bourgeoisie défend contre eux ses libertés et
sa bourse, sans s'étonner et même sans s'indigner lorsqu'ils
froissent les unes, ou mettent un peu violemment les mains
dans l'autre. Elle cède alors avec élasticité et attend de meilleurs jours. La présence du souverain l'inquiète bien un peu,
mais lui en impose toujours et ne lui déplaît pas. Elle aime
même à lui montrer sa richesse.

Barbot est abondant en détails, que je crois originaux, sur le
séjour de Louis XI à la Rochelle en 1472 ; comme il le sera plus
tard sur celui de François 1er en 1542.

Ce siècle est un siècle de crise pour ce pouvoir municipal si
cher à notre historien : il est attaqué par en haut comme par
en bas. Il y a parmi les bourgeois et habitants de la Rochelle
des gens mal contents du corps de ville, qu'ils attaquent d'abord
par procédure, puis par des voies de fait du peuple, séduit par
des promesses de liberté et d'affranchissement. Barbot n'est pas
favorable à cette révolution ; il la repousse pourtant bien moins
en elle-même qu'il ne gémit des violences, et surtout des nou-
veautés illégales auxquelles elle entraîne.

Entre des sujets qui veulent des changements et un pouvoir
qui ne sait pas les faire à temps, c'est ordinairement la force
qui décide; mais ici il y avait un pouvoir supérieur, dont
l'intervention pouvait être utile, mais non n'être pas dangereuse. Le prince qui se félicitait que Louis XI eût mis les rois
hors de page n'était pas homme à se laisser arrêter par un
cordon de soie. François Ier en vint à confisquer la mairie élective et à y substituer la mairie perpétuelle. Ce ne sont plus ici
pour Barbot des débats intestins, c'est une véritable usurpation
d'un pouvoir étranger; aussi s'il ne s'écarte pas du respect

envers le roi il en ménage peu les agents. La haine contre le seigneur de Jarnac, la haine bien plus forte et le mépris envers un membre du corps de ville qui se sépare des siens pour se faire le ministre d'une autorité usurpée trouvent en lui un fidèle interprète.

D'ordinaire, Barbot expose les faits sans prétendre les expliquer. Après avoir raconté des exactions, il raconte des révoltes, sans y chercher un lien ; il dit les sévérités des répressions de François Ier, puis il détaille longuement les fêtes qui accueillirent sa venue à la Rochelle, les témoignages d'affabilité qui lui conquirent les cœurs, mais qui n'empêchèrent point la lutte de continuer. L'historien en reprend le récit avec une certaine impassibilité, n'étalant pas son opinion, ne la cachant pas toutefois, déclarant juste la douleur qu'inspirent aux habitants des homicides impunis, mais ajoutant tout simplement qu'avec le temps lesdits habitants s'adoucirent ; montrant le maire et les échevins envoyant supplier très-humblement le roi de ne pas permettre à ses ingénieurs de forcer et de prendre les maisons, mais avouant que ces remontrances s'appuyaient de l'exemple, qu'on commençait à suivre, d'un propriétaire qui avait garni ses fenêtres de fauconneaux qu'il tirait sur les ingénieurs ; après quoi il ajoute naïvement qu'il se peut voir par les années suivantes que lesdites remontrances ne furent point mal à propos.

Il ne faut pas demander à Barbot de dire explicitement jusqu'à quel point cette résistance à la tyrannie seconda le mouvement vers la réforme. Il raconte ; à d'autres de chercher la liaison et les conséquences des faits. Il note soigneusement les progrès et les différentes phases de l'établissement de la réforme jusqu'à ce que, en 1561, elle devienne hautement et publiquement la religion de la majorité des Rochelais. Barbot ne doute pas que le calvinisme soit l'expression de la vérité, la véritable voie pour servir Dieu ; mais dans ses récits il ne voilera pas un des méfaits auxquels les mauvaises passions l'ont fait servir. Il flétrit d'un mot, mais d'un mot ferme, dans la populace, la turbulence, l'amour du désordre, la soif du pillage ; dans la bourgeoisie et dans les grands la même rapacité à peine dissimulée et une ambition plus réfléchie. Ce n'est pas qu'il s'indigne beaucoup ; il juge peu, il ne peint guère ; mais son récit suffit pour donner la vérité et la vie.

Le point de vue de Barbot n'est pas changé par l'établissement de la Réforme. Elle est pour lui une croyance, non pas un parti. C'est toujours le pouvoir municipal qui est le héros de son livre. Or, l'appui que lui prétaient peut-être les protestants contre la royauté n'était pas moins dangereux que la royauté elle-même. L'histoire de la Rochelle depuis le jour où Chaudrier avait chassé les Anglais du château pouvait se réduire à ce problème : La Rochelle aura-t-elle une citadelle ? Recevra-t-elle une garnison ? Il se posait encore dans ces termes, en 1572, entre les Rochelais et Biron. Le protestantisme pose le même problème dans des termes à peine différents. Les protestants seront-ils les maîtres ou les auxiliaires des Rochelais ? Qui commandera à la Rochelle, les capitaines protestants où le Maire ?

Cet état de la question n'est nulle part plus saisissable que dans les pages de Barbot. Il ne s'occupe des affaires du parti protestant, que comme il s'est occupé des affaires générales de la France, autant qu'elles intéressent la Rochelle. Pour lui, ces intérêts se mêlent souvent, ils ne se confondent pas. C'est là ce qui anime ses récits pendant ces quinze ans, c'est là ce qui fait la vie, l'unité, l'intelligibilité parfaite de sa narration du siége de 1573 qui remplit un volume. Il ne sait ou ne comprend qu'imparfaitement ce qui se passe à l'armée assiégeante ; quoiqu'il eût peut-être dans son enfance aidé les femmes de la ville à donner le branle à cet encensoir, la terreur des ennemis, d'autres connaissent mieux que lui les mouvements militaires des assiégés ; mais nul ne sait aussi bien, nul ne fait aussi bien comprendre tout ce qui concerne les finances, la police, en un

mot le gouvernement intérieur de la ville. C'est à lui qu'il faut
demander l'explication de ce que Cauriana savait et disait mieux
qu'il ne le comprenait : « En crainte et en suspicion de leurs
» auxiliaires eux-mêmes, les bourgeois de la Rochelle défen-
» dirent souvent par les armes et gardèrent jusqu'à la fin l'em-
» pire de leur cité. »

Barbot s'arrête après avoir exposé les dernières suites de ce
siége, en juillet 1574. Il ne fait pas de résumé de son livre, il
n'en tire pas de conclusion. Seulement avant de le fermer, il
porte ses regards plus au dehors qu'il ne l'a fait jusque-là ; il le
clot par un tableau général, assez ferme et assez pénétrant, de
l'état de la France à cette époque. Mais, ce qui est à la fois une
faute de composition et un trait caractéristique, cela fait, il
s'arrête encore pour recueillir quelques détails tout locaux, qui
pourraient faire croire que son ouvrage est plutôt interrompu
que fini.

A ne considérer que la dernière date des annales de Barbot,
le pouvoir municipal, qui lui est si cher, pouvait paraître à
son apogée. Il avait maintenu l'armée protestante et repoussé
l'armée royale. Mais il ne faut pas oublier que Barbot écrivait
sous Louis XIII, peut-être sous Richelieu. Qu'il avait vu se
poursuivre et s'envenimer les discussions entre les bourgeois et
le corps de ville ; qu'il avait vu, dans des circonstances moins
pressantes, Rohan et Soubise, moins grands que Coligny, plus
maîtres que lui dans la Rochelle ; qu'il avait vu, à défaut d'une
citadelle, s'élever le fort Louis ; qu'il n'est guère mort que deux
ans avant le siége de 1628, et qu'il pouvait pressentir où serait
conduite la municipalité rochelaise, et quelle serait l'infaillible
issue de son héroïque opiniâtreté. La commune en effet succomba
plus tôt et plus complètement que le protestantisme.

Ces pensées ne se font guère jour dans les récits de Barbot ;
il les contient, mais il ne les écarte pas et ce sont elles sans
nul doute qui lui dictaient cette prière mélancolique : « Dieu

veuille que de longtemps ou plutôt jamais l'on n'en puisse voir l'anéantissement. »

On le voit assez ; mon jugement sur Barbot n'est pas tout à fait celui d'Arcère. Arcère est loin de méconnaître l'utilité dont lui a été son devancier ; non seulement il la proclame, mais il lui rend l'hommage le moins suspect en répétant sans cesse son nom à la marge de son premier volume, qui embrasse, à quelques mois près, le même laps de temps que l'Inventaire de Barbot ; il le trouve sincère et impartial ; mais il le trouve aussi trop négligé, trop sec, dénué de feu. Il est vrai que Barbot ne fait rien pour diminuer la sécheresse de son inventaire des chartes, quand il n'a que cet inventaire à faire ; il n'y a pas d'écrivain moins déclamateur ; il se permet à peine quelques réflexions, il ne parle guère de son patriotisme, et je ne sais si le mot de patrie se trouve dans son livre ; et pourtant je ne craindrais pas d'assurer que, quand Barbot et Arcère écrivent l'histoire, c'est le cœur de Barbot qui bat le plus vite. Son récit, même quand il est détaillé, est peu accentué, et pourtant on y sent partout l'honnête homme et le bon citoyen ; les individus y ont rarement une physionomie distincte, mais les masses y sont vivantes : comme écrivain même, ce n'est pas le style qui lui manque ; car sans style, comment y aurait-il de la vie ? c'est la langue. Sa phrase est longue, contournée, embarrassée. Mais d'Aubigné, qui a, il est vrai, des qualités supérieures, n'échappe à aucun de ces défauts, et est, au moins dans son histoire, plus pénible à lire que Barbot. Il faut être un Montaigne pour rendre avec vivacité sa pensée dans une langue imparfaite, pour la rendre même en bergamasque, si le français manque ; mais Barbot n'était pas un écrivain de génie.

Si je ne considérais le livre de Barbot qu'en lui-même, je n'hésiterais pas à le déclarer d'un incomparable intérêt ; mais Arcère en a fait un ample et habile usage, et pour la plupart des lecteurs lui laisse peu de nouveauté. Quant à ceux qui veulent voir de très près et, pour ainsi dire, refaire notre histoire, rien ne remplacera pour eux les détails nombreux consignés dans l'Inventaire ; je crois même que c'est encore aujourd'hui de tous les livres le plus propre à en donner sinon la connaissance la plus complète , au moins le sentiment le plus vrai. Il convient donc à très-peu de lecteurs , mais à ceux-là il est indispensable.

Il en résulte à la fois qu'il est fort douteux qu'on fasse jamais les frais considérables que nécessiterait l'impression de ces mille pages , et que rien ne nous est plus précieux que ces manuscrits.

La source de tous est le manuscrit autographe qui existe à la Bibliothèque impériale. Selon la conjecture bien vraisemblable d'Arcère , Auguste Galland , chargé d'inventorier les titres et papiers qui avaient été enlevés aux archives de la Rochelle après 1628, l'avait remis à son frère Georges Galland , secrétaire du chancelier Séguier. Ce magistrat en devint propriétaire ; il passa aux mains de l'évêque de Metz , de Coislin , qui le légua avec toute sa bibliothèque à l'abbaye de Saint-Germain-des-Prés, d'où il est venu à la Bibliothèque impériale. — Ces volumes carrés et en forme de billot menaçaient de se disjoindre et ont été consolidés par une reliure récente.

Une copie qui fait partie du fonds Colbert est dans le même dépôt.

L'exemplaire de la bibliothèque communale de la Rochelle provient de l'oratoire de cette ville. Copié sur l'exemplaire du fonds Colbert, il avait été collationné avec soin sur l'autographe par le scrupuleux père Jaillot ; néanmoins il y reste quelques fautes incontestables et probablement bien d'autres m'ont échappé. — On y trouve annexée une page de l'écriture de Barbot qui n'offre pas d'abréviations et qui n'est pas très-difficile à lire.

M. l'abbé Cholet a fait ou fait faire une copie de cette dernière copie , dont il a beaucoup augmenté l'intérêt en transcrivant en regard les renseignements complémentaires ou contradictoires que lui ont fournis d'autres livres et surtout d'autres manuscrits.

Deux ouvrages indiqués dans la bibliothèque historique de la France, édition Fevret de Fontette (nos 27929, 27930), sous le titre d'*Inventaire des titres de la ville de la Rochelle* sont très-probablement des copies ou peut-être des extraits de l'ouvrage de Barbot.

III.

BAUDOIN. — BRUNEAU.

XVIe SIÈCLE.

Au nombre des documents les plus intéressants pour l'histoire de la Rochelle, il faut compter des annales exactement suivies de 1199 à 1589, en deux volumes in-quarto, que le P. Jaillot a désignées sous le nom de *Manuscrit Baudoin*. Cette appellation a été adoptée dans la seconde édition de la Bibliothèque historique de la France. C'en est assez pour qu'on doive la respecter tant qu'on n'en aura pas de plus certaine à lui substituer. Il faut avouer cependant qu'elle a été prise sur des bases assez légères, et que Jaillot lui-même croyait indiquer ce manuscrit par le nom d'un de ses propriétaires et non par celui de son auteur.

Nous avons de ces mêmes annales une copie qu'avait fait faire Jaillot, à laquelle il ajoutait sous chaque année les détails que lui fournissaient d'autres documents, et que termine une table fort utile ; mais c'est déjà là une compilation dont le caractère est tout autre que celui du livre primitif.

Enfin nous en avons encore un autre exemplaire qu'on a poussé jusqu'en 1614, à l'aide d'une simple nomenclature des maires de 1530 à 1610, mais avec beaucoup de détails pour les années suivantes. Ce manuscrit a reçu le nom de *Manuscrit Bruneau*, du nom incontestable du rédacteur des quatre dernières années.

La lecture du livre suggère la pensée qu'il a été écrit par différentes mains et à différentes époques. J'en rendrai donc compte sans beaucoup m'occuper de ses auteurs, tout en me servant du nom de Baudoin pour faciliter l'exposition.

Disons-le tout d'abord. Ce livre est très-important, même après celui de Barbot, dont il semble tout à fait indépendant. Comme il y a nécessairement beaucoup de choses communes aux deux auteurs, à un rapprochement superficiel on est d'abord tenté de croire qu'ils diffèrent surtout par la rédaction, et qu'au fond ils font double emploi ; puis, en rencontrant, dans chacun, des détails qui ne sont pas dans l'autre, on espère qu'ils se font un mutuel complément. En réalité, ils diffèrent complètement, si l'on peut se permettre ces mots prétentieux mais significatifs, par leur esprit politique comme par leur esprit littéraire.

Barbot veut être un historien. Il ne prend, il ne voit de l'histoire générale que ce qui a un intérêt direct et spécial pour la Rochelle : il recueille, sur la Rochelle, surtout ce qui marque ses rapports avec les deux grands royaumes dont elle a fait successivement partie, l'Angleterre et la France.

Baudoin n'a pas un but aussi déterminé ou aussi élevé : il juxtapose chronologiquement des notes, et voilà tout : ces notes sont relatives à l'histoire générale de l'Europe ou à l'histoire spéciale de la Rochelle ; mais bien différentes dans l'un ou dans l'autre cas, dans tous deux bien différentes de celles de Barbot. De l'histoire générale, Baudoin ne recueille que les faits les plus saillants, et ses notes seraient les mêmes, écrites dans toute autre ville. Elles concernent, par exemple, la bataille de Bouvine, le retour du pape d'Avignon à Rome, la prise de Bude par les Turcs ou l'invention de l'imprimerie. Les actes concernant la Rochelle qui font la base et, sous presque toutes les années, de beaucoup la plus grande partie du livre, sont au contraire tout à fait intimes.

Baudoin ne néglige pas les grandes affaires de la Rochelle, les concessions de priviléges, et plusieurs de ceux-ci sont au contraire transcrits *in extenso* dans son livre, ce qui n'a jamais lieu dans Barbot. Toutefois il choisit entre eux, il en omet plusieurs ; il ne suit pas leur filiation. Mais il entre beaucoup plus avant dans les détails d'intérieur, de famille, et, pour ainsi dire, de ménage de la Rochelle. On n'y voit pas régulièrement les relations du corps de ville avec les rois : on y voit plus que partout ailleurs ses relations avec ses administrés de toutes les classes de la ville, les règlements, les arrêtés, les décisions de toute sorte. On y trouve beaucoup de règlements sur les finances et sur leur emploi ; enfin, par dessus tout, on y trouve des détails abondants sur l'organisation judiciaire de la ville, même sur les procès et les affaires particulières. En outre le second volume est terminé par un recueil de pièces officielles, d'ordonnances, de formules.

Après avoir indiqué d'une manière assez peu précise, mais autant que je l'ai pu, le caractère de ces annales, je voudrais en faire apprécier l'autorité ; mais la tâche est encore plus difficile.

J'ai dit qu'elles me semblent de plusieurs mains et de plusieurs dates ; l'inégalité dans les détails et une certaine disparité dans l'esprit n'en laissent guère douter. La langue qui est partout à-peu-près la même, ne permet pas à la vérité de l'attribuer à des rédacteurs trop éloignés par le temps ; mais dans un ouvrage où il n'y a pas de style, où tout garde à-peu-près la forme de notes, il a suffi que des copistes successifs rajeunissent un peu l'ortographe pour faire sur ce point une assez grande illusion. Je suis porté à croire que non seulement les différentes époques ont différents auteurs, mais même que sous la même année des notes ont été ajoutées par différentes mains. La forme matérielle du livre y prête, ou plutôt y semble destinée, puisque chaque année commence un feuillet, et laisse après elle un blanc assez long. Pour les notes d'intérêt général, la chose est plusieurs fois évidente, puisque des erreurs assez graves sont souvent rectifiées par une addition.

La gravité même de quelques erreurs montre que ces notes ont été prises dans des livres et très postérieurement aux faits. Il était difficile, par exemple, qu'un contemporain mentionnât sous l'année 1207 la bataille de Bouvine qui a été livrée sept ans plus tard. Beaucoup des notes sur la Rochelle semblent au contraire même pour ces temps reculés, sinon contemporaines, au moins recueillies à une époque médiocrement éloignée. Ainsi, dès 1200, Baudoin au nom du maire ajoute celui des co-élus. Or Barbot ne commence à donner ce renseignement que 150 ans plus tard. Il avait entre les mains tous les documents officiels ; il faut donc que Baudoin en ait eu d'autres, gardés apparemment dans quelque ancienne famille.

Baudoin diffère aussi plusieurs fois de Barbot sur le nom des maires : il semblait se présenter là une épreuve toute naturelle de sa fidélité. On sait que, récemment, M. Marchegay a relevé dans les chartes de Fontevraut plusieurs noms de maires de la Rochelle qui ne se trouvent pas sur la liste de Barbot : étaient-ce ceux que donne Baudoin ? J'avoue que ce n'est pas sans un certain dépit que j'ai vu cette épreuve toujours malheureuse, et que j'ai trouvé telle année où Barbot, Baudoin et les chartes dépouillées par M. Marchegay donnent trois noms différents.

Outre cette nomenclature, les annales de Baudoin présentent des faits que n'a point connus ou qu'a omis Barbot ; on en verra.

par exemple , dans les années 1207 , 1209 , 1220 , 1381 , 1400 , 1421 , 1442 et en général çà et là dans toute la période antérieure à 1468. Par contre il y a de singulières omissions ; le siége de 1224 n'est même pas mentionné , quoique sous cette année l'auteur mentionne la venue de Louis VIII à la Rochelle et la confirmation qu'il donna aux priviléges de la ville. On dirait qu'il a voulu ignorer que pendant ces premiers temps la Rochelle fut une ville anglaise. Les notes sur le règne de Saint-Louis sont au contraire assez multipliées , non seulement en ce qui concerne particulièrement la Rochelle , mais même en ce qui n'a qu'un intérêt général , et l'écrivain semble suivre d'un regard tout particulier le grand et pieux monarque. Toute la rédaction relative au xiiie siècle semble annoncer un catholique et même un catholique assez zélé , quoique celle du xvie soit certainement d'un protestant. Pendant tout le xive siècle , si agité , Baudoin montre des sentiments très-français et très-monarchiques.

J'ai remarqué ailleurs que c'est à partir de 1468 que l'histoire de Barbot prend de plus grands développements ; il semble que Baudoin ait une marche inverse. Au xvie siècle ses récits ne reçoivent pas plus d'étendue qu'auparavant. Il suit et fait suivre bien moins que Barbot les deux grands faits de cette époque à la Rochelle , la révolution par laquelle les bourgeois limitent l'autorité du corps de ville , et les progrès de la réforme. Son langage ne laisse pas douter qu'il appartienne au culte et au parti protestant ; ses sentiments et ses jugements n'annoncent point un esprit bien différent de celui de l'auteur de l'Inventaire; mais il insiste moins sur toutes choses et le siége de 1573 notamment y est très-brièvement raconté. Même sur cette époque néanmoins il n'est pas à négliger : il contient quelques détails d'intérieur que je n'ai pas vus ailleurs et donne souvent *in extenso* des pièces intéressantes.

A partir de 1576 au contraire et pour douze ans , son récit prend bien plus d'étendue et de vie. Son attention se concentre

à la Rochelle. L'intérêt qu'il prend aux affaires du parti protestant, les détails où il entre, les pièces qu'il rapporte, parmi
lesquelles on remarque plusieurs lettres d'Henri IV, tout
indique un homme qui occupait une position élevée dans l'administration municipale. On dirait qu'il veut continuer l'histoire
de Barbot, et cette coïncidence m'avait fait croire qu'il lui était
postérieur ; mais il y a là même des indices contraires. On sait
que Barbot n'écrivit que dans les premières années du dix-
septième siècle ; or, on trouve dans Baudoin, aux années 1577,
1578, 1579, un soin à noter de petits faits que dédaigne habituellement l'histoire, l'apparition d'une comète, la présence à la
Rochelle d'un chameau, d'un homme né sans bras, et sur des
détails de ce genre une précision dans les dates, qui semblent
dénoter un annaliste qui écrit au jour le jour.

A dater de 1576, aux noms des maires et de leurs co-élus
Baudoin ajoute ceux des trésoriers de la ville. Le livre finit en
1589. On y a ajouté une simple liste des maires d'abord de 1590
à 1609, puis de 1609 à 1628.

L'exemplaire qui porte le nom de *Manuscrit Bruneau* n'est,
je l'ai dit, jusqu'en 1589, qu'une copie du *Manuscrit Baudoin*,
où l'on a seulement omis de transcrire quelques pièces officielles. De 1590 à 1612, ce n'est aussi qu'une simple liste des
maires, avec une ou deux lignes de petits faits. Mais de 1612 à
1614 c'est une histoire très détaillée, qui s'interrompt brusque-
ment à des feuillets déchirés. L'aspect du volume ne permet
pourtant pas de croire qu'il en manque beaucoup.

Ces années sont remplies par un seul fait, mais un fait singulièrement important par lui-même et par ses conséquences,
la lutte entre la bourgeoisie rochelaise et le corps de ville ;
sans l'avoir étudiée, on peut apprécier les résultats, non comprendre les causes et les péripéties du siège de 1628. Or, nous
avons ici la déposition non seulement d'un témoin oculaire,
mais d'un acteur qui a joué un grand rôle, ayant en quelque

sorte été pris comme arbitre. Il n'y a pas ici de doute sur l'auteur, et il n'a pas voulu qu'il y en eût ; il dit sous l'année 1613 : moy, ledit Bruneau ; et il le répète ailleurs. Les additions marginales qui viennent souvent amplifier ou corriger le récit témoignent assez que nous avons sous les yeux une rédaction originale. Et nous avons de plus cet autre avantage que ce témoignage n'est pas unique et peut être contrôlé, puisque Merlin dans son diaire embrasse le même temps.

Bruneau parlant à la première personne dans les dernières pages écrites de sa main, et tout le livre étant de la même écriture, on peut se demander s'il n'en est pas l'auteur, et si le *Manuscrit Baudoin* n'en est pas une copie incomplète. Mais il me semble que, outre les raisons que j'ai données pour ne pas attribuer ces annales à un seul auteur, la lacune qui existe entre les années 1589 et 1611 suffit pour faire rejeter cette supposition. Peut-être seulement cette adoption du livre par Bruneau favorise-t-elle cette conjecture, suggérée par plusieurs pages de l'ouvrage même, que c'était une rédaction de l'histoire de la Rochelle qui se transmettait parmi les officiers du Présidial, et qui contenait leurs vues sur le passé et leur offrait des armes pour maintenir leurs droits à la fois comme membres du corps municipal et comme rivaux de ce corps.

Je ne puis donc, quant à présent, établir la valeur de ces annales, et elle me paraît grande, que par les preuves intrinsèques qu'elles en donnent, mais sans y rien ajouter par le nom de l'auteur.

Dans cet état de choses. je n'ai pas fait de grands efforts pour acquérir des renseignements sur Baudoin et sur Bruneau, que je ne considère pas comme des historiens.

Jaillot déclare qu'il a donné à son manuscrit le nom de *Manuscrit Baudoin* parce qu'il a tout lieu de croire qu'il a appartenu à un nommé Baudoin, se fondant sur ce que, en 1245, une seconde main a ajouté le nom du second co-élu. Jean

Baudoyn, l'aîné, et une troisième main cette note : c'était l'aïeul de mon bisaïeul. Ceci donnerait cinq générations, c'est-à-dire au plus 200 ans, depuis 1245 et placerait par conséquent vers le milieu du xve siècle l'annotateur. L'écriture paraît peu s'y prêter et je suis fort tenté de croire qu'il y a eu erreur dans les degrés de descendance. Jaillot remarque que dans plusieurs occasions le nom de Baudoin a été ajouté après coup. Ceci rend très-probable la conjecture qu'il a émise, mais celle-là seulement, qu'un Baudoin a été le propriétaire de ce livre. Ajoutons pourtant qu'en 1589, l'acceptation du maire faite par François Baudoin, sieur de Louaille, échevin et premier conseiller au Présidial, est mentionnée avec des détails qui ont bien l'air d'un souvenir personnel dont on est flatté.

Arcère ayant rappelé qu'Olivier Poupard cite ce François Baudoin comme un luminaire de littérature du pays (on trouve six vers latins de F. Baudoin au-devant de la traduction des secrets de l'apocalypse de Napier, édition 1603), donne en note des détails sur sa famille. Il les tenait d'un de ses descendants, Henri Auguste Baudoin, sieur de Lanoue, dont nous avons encore la note, qui nous apprend qu'il portait pour armoiries : d'argent au chevron de gueules, accompagné de trois hures de sanglier de sable arrachées, mises et allumées du premier, deux en chef et une en pointe, l'écu orné des mêmes émaux. Mais le sieur de Lanoue, s'occupant surtout de la ligne directe, avait négligé des collatéraux; on trouve dans le registre des insinuations de 1576 le contrat de mariage de noble homme Mathieu Baudoin, fils de Pierre ; en outre, s'arrêtant loyalement où s'arrêtaient les titres, il ne remonte pas au-delà de 1502, tandis qu'on voit dans les papiers du couvent des Carmes de la Rochelle que, dès le 30 mars 1473, Etienne Baudoin et sa femme avaient vendu deux maisons sises à côté de la tour de la Grosse-Horloge, avec cette condition qu'on paierait chaque semaine la tonsure des frères. — Nicolas Baudoin fit imprimer, en 1596, les divers arrêts rendus de 1571 à 1595, qui interprétaient en sa

faveur l'ordonnance de Moulins, dans ses débats avec le corps
de ville sur l'étendue de sa juridiction.

Il y avait à la Rochelle vers la fin du XVIe siècle un autre
Etienne Baudoin, comme on le voit par une épigramme de
Dumbar, qui vante sa science et sa modestie.

Quant à Bruneau, j'ai encore moins de détails. On sait qu'il
était conseiller au Présidial; il paraît qu'il jouissait d'une
grande considération, puisqu'en 1613. d'après son propre récit,
confirmé en tout par celui de Merlin, il obtint à la fois la
confiance des bourgeois et celle du corps de ville.

On trouve à la fin de son manuscrit six feuillets intitulés :
Du corps et collége de la maison de ville de la Rochelle,
résumé intéressant que termine une note sur les archives qu'on
conservait dans la tour de Moureilles. A la suite un des propriétaires de cette notice a écrit : « Ce manuscrit est de M.
» Bruneau, conseiller au Présidial. Il a fait aussy un commen-
» taire sur la coutume de la Rochelle dont j'ay le manuscript. »
Ce commentaire est probablement perdu depuis longtemps,
puisque, dès 1754, Valin, dans la préface de son Commentaire,
déclare n'avoir pas pu le trouver.

C'est probablement à lui que s'applique cette note du diaire
de Merlin (page 319 de l'original; omise dans la copie) : « Le
vendredy 22 de janvier 1616, M. Desloges m'a dit que M.
Bruneau, son beau-père, est allé à Dieu le 29 de décembre
passé, et j'ay été fort contristé, car c'était le meilleur ami que
j'eusse à présent au monde. » En effet. Bruneau avait été le
parrain de l'aîné de ses fils. On peut conclure de la distance de
ces deux dates que Bruneau n'est pas mort à la Rochelle.

IV.

LAHAIZE, JEAN,

NÉ A LA ROCHELLE. — 1540 (?) — 1570 (?)

Les deux discours de Lahaize, avocat à la Rochelle au XVIe
siècle, vive expression des opinions et des passions de son
temps, mais qui racontent peu de faits, donnent-ils le droit de
le placer parmi les historiens de la Rochelle ? Je le pense. Mais
n'y entrât-il qu'à l'aide d'une certaine extension, je ne résisterais
pas à l'attrait d'un problême à résoudre, d'une juste réhabili-
tation à prononcer.

Lahaize a été, je crois, pour Arcère, l'objet d'une double
erreur, dont l'une est une grave injustice.

Tous ceux qui ont eu à consulter des livres écrits en latin
sur l'histoire de France savent quelles difficultés fait naître la
traduction des noms propres.

Il existe dans l'histoire littéraire de la Rochelle un Læzius,
dont on trouve le nom écrit tantôt Æ, tantôt A E, (irrégularité
que je reproduis ici), que Dreux Duradier, dans la Bibliothèque

historique du Poitou, appelle de Lezé, qu'Arcère appelle Lézeau, et que je crois n'être pas autre que Lahaize. Je dois dire avant tout sur quoi j'appuie cette conjecture. Elle repose sur une preuve unique, bien fragile, bien périssable, mais que je ne crois pas sans importance.

Dans l'exemplaire des symboles de Laezius qui est à la bibliothèque de la ville, le feuillet de garde porte des notes à la main qui signalent quelques passages du livre, et donnent une énumération des ouvrages de l'auteur et des détails sur le personnage auquel le livre est dédié, Jean de Saint-Gelais, abbé de Saint-Maixent. — Uniquement cela. — Or, dans ces notes on lit :

« *Extant Epigrammata Joannis Laesii Rupellani in hujus temporis authores. Lutetiæ 1563.*

» Epistre de Jean de Lahaize à messire Jean Larchevesque sur les sermons de Jehan Calvin, &.

» Maistre Jean de la Haize et Jacques Cochon, pairs de la Rochelle, députés vers le roi, &.

» *Extant Epigrammata J. L. R. scilicet Joannis Lœzii Rupellani*, &. »

Evidemment pour l'auteur de ces notes Læzius et Lahaize ne font qu'un, et les détails sur la publication des sermons de Calvin et sur la députation vers le roi ne permettent pas de douter que ce soit le nôtre.

Elles ont été écrites en différents temps ; l'encre toutefois diffère plus que l'écriture. Les plus récentes mentionnent un livre publié en 1642. Celles que j'ai citées sont des plus anciennes ; mais je ne vois pas de raisons suffisantes pour les attribuer à une autre main, et elles doivent avoir été écrites vers le commencement du XVIIe siècle.

Des ressemblances dans le genre de détails et dans l'écriture avec d'autres notes qui se trouvent sur des livres qui portent le nom de Colomiès, le père, dont nous savons qu'en effet la bibliothèque était passée en partie dans les mains du père Jaillot; ces mots ajoutés postérieurement : Mon fils a une lettre latine d'Had. Junius *ad Joan Laesium,* où il le loue fort; lettre qu'en effet Colomiès cite dans ses opuscules, me portent à croire que l'annotateur est le père de cet érudit ; mais ce qui importe ici, c'est moins son nom que son âge. Or, n'eût-il écrit que trente ou même cinquante ans après la mort de Lahaize, son autorité, dans une occasion où il y a si peu de causes d'erreur, me paraîtrait, à moins de raisons contraires, devoir l'emporter sur celle d'un écrivain venu au moins cent ans plus tard.

Ces raisons existent-elles donc? En changeant le de Lezé de la Bibliothèque du Poitou en Lezeau, Arcère n'en donne aucune, au moins dans son livre. On rencontre celle-ci dans ses notes manuscrites sur les savants rochelais. « Laesius de la Rochelle, » qu'il faut traduire par Lœzeau, famille qui subsistait encore il » y a quelques années. » Je doute qu'on la trouve bien concluante.

En tirera-t-on du nom latin lui-même ? Paul Colomiès dans l'endroit déjà indiqué *(opuscula. Ad quintilianum notæ,* p. 237) écrit avec un tréma : *Johannes Laëzius Rupellanus,* ce qui prouve seulement que, comme son père, il croyait que l'auteur du commentaire sur le plaidoyer pour Archias était le même que l'éditeur des sermons de Calvin. Mais ce tréma, il faut l'avouer, ne se trouve nulle part ailleurs. Dans les vers adressés à cet écrivain et qui, selon la coutume du temps, sont imprimés au-devant de ses ouvrages, on le trouve appelé Lœzius et Lœzus ; lui-même, dans ses vers à Lhospital se nomme une fois Lœzæus, « *Lœzæus peto, majora his gravioraque multo;* » ce vers est le seul qui justifiât la traduction d'Arcère, Lézeau : mais partout en prose et dans le titre des livres, imprimés sous les yeux de l'auteur, on trouve le nom Lœzius par un Æ. Mais l'Æ, même en vrai latin, n'est qu'une contraction et ne me paraît pas repousser le nom de Lahaize, bien que j'avoue que si j'avais à latiniser ce nom français j'en ferais Hazius.

Si maintenant on ajoute que Læsius et Lahaize sont également Rochelais, qu'ils portent également le nom de Jean, qu'ils impriment également, l'un en 1565, l'autre en 1566, à la Rochelle, chez Barthélémy Berton, en observant toutefois qu'il n'y avait probablement alors pas d'autre imprimeur à la Rochelle, qu'enfin on ne retrouve dans les annales de cette époque où tant de citoyens sont nommés, nulle mention d'un Lézeau ou d'un Lézé, on m'accordera peut-être qu'il était raisonnable d'identifier Læsius et Lahaize.

Un dernier moyen de vérification semblait se présenter. J'ai à très-peu près l'année de la naissance de Læzius, celle de la mort de Lahaize. Si j'eusse trouvé l'acte de décès de celui-ci, si son âge y eût été indiqué, si ces dates eussent concordé, les probabilités s'en fussent accrues. Mais nous n'avons pour cette époque que des actes des protestants et ils n'avaient pas commencé en 1570 à enregistrer les décès des leurs, quoique dès lors ils tinssent registre du baptême, peut-être parce que la mort n'entraîne aucune cérémonie de leur culte.

Peut-être dira-t-on que c'est là une discussion sur une pointe d'aiguille, et qu'une conclusion mieux motivée n'en excuserait pas encore la longueur. Sans en disconvenir, je ferai observer que la vérité en quoi que ce soit a du prix par elle-même, et qu'un travail du genre de celui-ci comporte et peut-être commande des minuties.

Je continuerai à employer le nom Laesius pour les écrits latins dont je vais parler, gardant celui de Lahaize pour les écrits et les actions auxquels il s'applique indubitablement; ainsi, voulût-on scinder en deux cette notice, les faits n'en souffriraient nulle atteinte, bien que quelques réflexions peut-être pussent en être infirmées.

Laezius n'est connu que par ses ouvrages. Le plus ancien a pour titre : *Jo. Lœzii Rupellani de poeticorum studiorum utilitate, in orationem M. Tullii Ciceronis pro A. Licinio Archia poeta.* Anvers, Plantin. 140 pages in-8º. Il est dédié à Joachim Hopperus, jurisconsulte.

Dans cette dédicace et dans la page qui clot le livre on trouve quelques détails sur l'auteur. On voit qu'il l'écrivit, *pene adhuc prœtextatus*, c'est-à-dire n'ayant guère plus de 17 ans. Or, l'impression est de 1560, la dédicace est datée de 1559 ; on ne peut donc faire remonter la date de la naissance de Laezius plus haut que 1540.

Il n'écrivit son commentaire qu'à la suite d'une exposition orale, qui avait eu du succès ; dans des circonstances pénibles, au milieu des maladies du corps, des troubles de l'esprit, dans une grande pénurie de livres. Les hyperboles réduites à leur juste valeur, il semble résulter des remèdes qu'il attendait de sa famille que Laezius souffrait surtout d'une maladie qui n'a pas cessé d'être endémique parmi les étudiants de dix-huit ans, le manque d'argent. Peut-être faut-il y ajouter réellement une faible santé, ce que ne confirmerait que trop une mort prématurée.

On voit que le jeune Rochelais était venu faire ou terminer ses études à Louvain, dans un pays qui était alors la terre nourricière de l'érudition.

Aussi cette érudition s'étale-t-elle avec un luxe complaisant. On sait qu'après avoir brièvement défendu Archias, déjà fort de l'appui de Lucullus et jugé par le frère de son avocat, circonstance aujourd'hui établie et que Laezius ne pouvait connaître, Cicéron, convertissant son plaidoyer en un agréable exercice littéraire, s'étend sur l'éloge des lettres et de la poésie en particulier. C'est cet éloge que reprend et développe Laezius, qui déclare que lui aussi a la poésie pour institutrice. Suivant avec ordre le discours dans toutes ses parties, il y montre partout l'observation des règles de la rhétorique ; il étaie les pensées de Cicéron d'exemples et de citations pris dans les auteurs grecs ou latins. Il ne reste guère de valeur à ce commentaire : mais il faut songer que l'érudition , moins facile alors qu'aujourd'hui, ne se puisait qu'aux sources , et le jeune Rochelais montre certainement à un degré éminent les connaissances et le style d'un bon humaniste.

Ces talents étaient trop communs en Brabant pour y trouver leur emploi ; aussi Laezius rentra-t-il en France, et, dès 1561, nous le trouvons professeur à Poitiers, où il est une des espérances de l'Université. C'est ce que constate l'honorable mention qu'en fait Florent Bouchorst , un poète du même âge que Laezius , dans son poème sur les troubles de Poitiers. Peut-être , malgré la différence de prénom, Cornelius, est-ce le même Bouchorst dont on trouve des vers au-devant des *symbola*.

Laezius fut choisi pour recteur en 1561 ; c'est ce que constatent deux discours, que nous avons, prononcés , l'un le 9 janvier , l'autre le 24 mars 1561 , pour l'inauguration et pour la clôture de ces fonctions, qui étaient trimestrielles. Le premier n'est qu'une exhortation aux écoliers; elle a de l'élévation. Pour Laezius , inspiré par Platon , l'homme c'est l'âme ; l'âme se nourrit par l'étude : elle y puise le respect des maîtres , la douceur envers les égaux ; la science ne serait rien , si elle n'était le guide de la vie , et Laezius termine ce discours par l'éloge des maîtres de l'université de Poitiers, aussi bons , selon lui , à prendre comme modèles de vie qu'à écouter comme instituteurs.

Le second discours est un compte-rendu des choses vraiment sérieuses qu'a faites le jeune recteur pour le bien des études et pour l'amélioration de la vie des étudiants. — Ce sont de petits détails, mais qui certainement prouvent d'excellentes intentions, et un esprit déjà bien mûr dans un homme qui avait à peine vingt ans , *vix dum ex ephœbis egresso*.

Ces deux discours ont été imprimés à Poitiers , chez Enguil-

bert Marnef, et forment, le premier dix, le second huit pages
in-4⁰.

C'est à Poitiers, chez ce même Marnef, que Laezius fit imprimer, en 1561, ses « *Symbola, seu breves et argutœ senten-
tiœ ad vitam recte probeque instituendam apprime utiles, à
Joanne Laezio Rupellano tetrastichis comprehensœ et annota-
tionibus illustratœ.* » In-4⁰ de x et 84 pages. Ils sont dédiés à
Jean de Saint-Gelais, abbé de Saint-Maixent, évêque d'Utique.
Dans cette dédicace, Laezius déplore la corruption de son siècle;
la plainte était déjà vieille; il recommande surtout la modération et la paix. C'est pour les inculquer plus puissamment à la
jeunesse, qu'il a choisi dans un ouvrage d'or, l'Introduction à
la sagesse de Vivès, les pensées exprimées par les plus vives
images et qu'il les a rédigées chacune en deux distiques pour les
confier à la mémoire de la jeunesse. On sait combien ce mode
d'enseignement de la morale eut longtemps la vogue, et les
quatrains de Laezius furent remplacés par ceux de Pibrac et du
conseiller Mathieu. L'intention est donc excellente; le choix des
pensées est heureux; elles sont presque toujours justes et les
images habituellement vives. Mais la tâche de restreindre quelquefois, le plus souvent d'étendre une pensée à quatre vers,
est rude et ingrate. Laezius, à la suite de ses quatrains, cite
toujours le passage de Vivès ou des autres écrivains qui les lui ont
fournis, et il faut bien avouer que le plus habituellement la prose
frappe plus que les vers. Dans ceux-ci la substance est trop
souvent étendue d'eau. Dans les passages les plus heureux, ce
qui appartient à Laezius, ce n'est pas la pensée, mais l'expression, et c'est ce qui m'a interdit tout essai de traduction, le
bonheur de l'expression étant ce qui se traduit le moins.

On voit par les notes de Colomiès, dont j'ai parlé, que Laezius publia à Paris en 1563 : *Epigrammata in hujus temporis
authores.* Je n'ai pas vu cet ouvrage.

Laezius était apparemment à la Rochelle en 1564, puisqu'on

lit dans les mêmes notes qu'au-devant du commentaire de Jean Pierres, sur l'Édit des arbitres, publié cette année-là à la Rochelle, se trouvent deux poèmes de lui, adressés, l'un à Michel de Lhospital, l'autre au lecteur.

Le poème adressé à Lhospital est sans doute celui qui fut imprimé à part en 1566, à la Rochelle, chez Barthélémy Berton, huit pages in-4º, sous ce titre : *Joannis Laezii Rupellani ad amplissimum virum Michaelem Hospitalium Franciæ cancellarium carmen*. C'est un compliment, en vers hexamètres, sur la convalescence du chancelier. L'auteur y exprime la joie de la Rochelle de ce retour à la santé, l'espoir qu'elle met en Lhospital pour voir enfin de bonnes lois rendre le calme aux consciences, la paix aux peuples. Les Rochelais étaient alors devenus pour la plupart protestants ; mais il s'en fallait bien que la conformité de secte entraînât l'unité d'opinion politique. Il y a toujours eu, mais il y avait surtout alors dans le protestantisme français deux partis, l'un voulant rester fidèle au Roi et en obtenir la liberté de culte ; l'autre, soit qu'il n'espérât pas la tolérance, soit que sous le nom de liberté il ambitionnât réellement la domination religieuse, voulant se rattacher aux princes pour leur transporter le pouvoir politique : un parti de la paix et un parti de la guerre. Laezius appartenait alors au premier.

C'en est une preuve aussi que le poème où il décrit la réception faite à Charles IX par la Rochelle, en septembre 1565. Il fut probablement écrit à cette époque, bien qu'il n'ait été publié que l'année suivante, par le même Barthélémy Berton, sous ce titre : *Joannis Laezii Rupellani carmen ad Carolum regem quo illi adventum Rupellam gratulatur*, douze pages in-4º. Peut-être d'ailleurs les imprimeurs avaient-ils déjà leur détestable habitude de dater, trois mois d'avance, leurs livres de l'année à venir. Ce poème est aussi en vers hexamètres. Dans les circonstances où il est écrit, il y a certainement lieu de remarquer avec quel soin l'auteur appuie sur le patriotisme des Rochelais et leur constante antipathie pour l'Angleterre.

Littérairement, il me paraît difficile de ne pas être de l'avis d'Arcère, qui y trouve de la versification, non de la poésie. Laezius était un humaniste, non un poète. Avec beaucoup de ses compatriotes, il éprouvait peut-être plus de crainte que d'amour pour Charles IX. Aussi sa description est-elle singulièrement déclamatoire.

Nous en finirons avec ses œuvres latines, en indiquant, d'après Colomiès, un *Epigramma J. L. R.*, c'est-à-dire *Johannis Laezii Rupellani*, imprimé au-devant de la Réponse de Louis de Launay au discours de Jacques Grévin, touchant l'antimoine, à la Rochelle. Berton. 1566.

Ces épigrammes, ces poèmes, convenaient à la vie antérieure de Laezius. Mais si la Rochelle n'a jamais repoussé le culte des lettres, elles n'y ont jamais suffi à faire la position d'un homme. Elle n'a jamais été un terrain favorable à ce qu'on a appelé depuis les gens de lettres. Il faut qu'elles y soient un moyen d'action.

Le fait même d'avoir publié les écrits dont nous avons parlé indique dans Lahaize un certain besoin de paraître. C'est au même besoin qu'il obéit en publiant, en 1565, Quarante-sept sermons de Jehan Calvin sur les huit derniers chapitres des prophéties de Daniel, recueillis fidèlement de sa bouche, selon qu'il les prêchait. Ce volume, qui était à la bibliothèque de l'oratoire de la Rochelle et qui n'est pas parvenu à celle de la ville, est indiqué comme imprimé à la Rochelle, par Barthélémy Berton, en 1565, et comme formant 266 pages in-folio. En le dédiant à messire Jean Larchevêque, baron de Soubise, Lahaize s'exprime ainsi : « Ces sermons étant tombés ès mains d'un mien ami, je l'ai conseillé et sollicité de les mettre en lumière, en quoi je me suis employé diligemment, faisant conscience de frustrer plus longtemps l'église de Dieu du profit qu'elle pourra recevoir de la lecture d'iceux. » On en peut conclure qu'il était zélé pour les opinions nouvelles, soit qu'il les eût apportées de

Poitiers, soit qu'il les eût embrassées à la Rochelle, où, secondées par des motifs politiques, elles faisaient de si rapides progrès.

On lit dans les actes du synode national de Verteuil que Jean de la Haize ayant mis à la demande du consistoire de la Rochelle une préface aux sermons de Calvin sur Daniel, les ministres de Genève mécontents l'attaquèrent dans l'avertissement placé en tête du commentaire de Calvin sur le Deutéronome, et que, sur la plainte de Lahaize, le synode, reconnaissant qu'il ne s'était point approprié le bien d'autrui dans l'espoir de quelque gain, avait écrit aux églises et au consistoire de Genève pour leur faire connaître son innocence.

Ce zèle, l'érudition, le talent ou du moins l'habitude de la parole pouvaient fixer l'attention sur Lahaize, alors avocat, l'un des anciens de l'église ; aussi quoiqu'il ne fût pas encore du corps de ville, lorsque Charles IX vint à la Rochelle, en septembre 1565, fut-il chargé de haranguer ce roi au nom du maire, des échevins et des pairs.

La circonstance était délicate : la cour aspirait dès lors à fonder l'unité française, c'est-à-dire le pouvoir absolu ; les Rochelais ne songeaient qu'à maintenir leur individualité, limitée mais en même temps déterminée par leurs priviléges. Le roi était irrité, et l'on songeait alors plus à l'apaiser qu'à le braver. Jarnac, gouverneur de la Rochelle, quoique protestant, avait fortement agi pour l'extension de la puissance royale, sur laquelle s'appuyait la sienne ; mais cette dernière considération même l'avait entraîné assez loin pour que des plaintes contre lui trouvassent accès près du roi. Il sut les étouffer et persuader aux Rochelais de cacher à Charles IX leurs débats. Mais ici l'exactitude des détails devient si nécessaire pour la réputation de Lahaize qu'il faut laisser parler les autorités premières. Il n'y en a pas d'autre que Barbot. Voici ses termes :

« Le seigneur de Jarnac, dès lors qu'on avoit eu l'assurance
» de la venue du roi, avoit préparé les maire, échevins et pairs

» à ce qu'ils témoignassent à Sa Majesté qu'ils étoient contents
» de son gouvernement et administration , et qu'il déclareroit
» qu'il étoit fort satisfait d'eux et des habitants. C'est pourquoi,
» lesdits maire, échevins et pairs parlant au roy en ce jour et
» lui faisant représenter ce qui étoit de l'état et condition de la
» ville par Mᶜ Jean de la Haize, avocat et non toutefois du corps
» de ville , louant extrêmement les actions dudit sieur de
» Jarnac, quoiqu'ils eussent assez de sujets de s'en plaindre ,
» mais comme il les vit engagés pour ne s'en pouvoir dédire,
» par une infidélité insigne . parlant au roy des Rochelois en
» leur présence . il en dit plus de mal qu'il n'en avoit de sujet,
» les blâmant d'être les plus méchants , les plus rebelles et
» indomptables qu'il se pouvoit trouver pour mettre cette ville
» en la haine du roy. »

De ce récit il me semble résulter clairement , je l'avoue , que
le gouverneur de la Rochelle, voyant les Rochelais trop avancés
pour pouvoir démentir les louanges qu'il leur avait extorquées,
par une adresse perfide , usant de la langue comme de l'épée ,
leur porta un véritable coup de Jarnac, et les chargea d'un
blâme d'autant plus puissant qu'il semblait arraché par la
vérité contre des gens qui venaient de lui adresser tant d'éloges.
Il y a à la vérité dans cette phrase un mot *mais* , conforme à
la pensée, contraire à la construction grammaticale , qui
constitue une de ces anacolouthies que nous admettons chez
les anciens, mais que repousse notre langue. De plus l'absence
de ponctuation dans le manuscrit d'Amos Barbot lui donne
quelquefois de l'obscurité. Ce sont sans doute ces circonstances
qui ont trompé Arcère. Toujours est-il qu'il a singulièrement
entendu ce passage.

Barbot est en effet le seul auteur qu'il allègue et qu'on puisse
alléguer à l'appui de ces lignes : « Lahaize mêla dans son
» discours les louanges du gouverneur dont il enfla l'éloge, et,
» plaçant tout-à-coup les Rochelais dans une odieuse opposition.

» il se déchaîna indécemment contre eux ! La Rochelle eut la
» douleur de se voir déchirée par les mains d'un de ses enfants,
» indigne citoyen dont la noire trahison arma contre sa patrie
» une langue destinée à la défendre. »

Je crois que le texte d'Amos Barbot suffit pour montrer
l'erreur d'Arcère : si toutefois on hésitait à se séparer d'une
autorité si réellement grave, j'ajouterais que, Lahaize étant
resté l'orateur habituel du corps de ville et accusant Jarnac
dans ses discours et ses écrits, l'habile oratorien en est réduit
à expliquer par une série de subtilités, une série d'inconsé-
quences, tandis que la réalité suit une marche logique et
naturelle.

La venue de Charles IX à la Rochelle avait produit un effet
tout opposé à celui qu'il cherchait : il n'avait pas enlevé au
protestantisme un seul de ses adhérents, mais, dans le sein du
protestantisme il avait singulièrement affaibli le parti royaliste.
Les pompeuses cérémonies qui cachaient les sentiments des
Rochelais ne leur avaient pas fait oublier que la méfiance avait
déplacé leurs canons, que l'épée de Montmorency avait coupé
leur cordon de soie et que le roi avait, pour ainsi dire, foulé
leurs priviléges sous les pieds de son cheval. Ils comprenaient
que le repos dans le *statu quo* n'était plus qu'un leurre dangereux ; que leurs priviléges, même vérifiés, vidimés, confirmés,
ne résisteraient guère plus longtemps que le cordon de soie à
l'épée des connétables, qu'il fallait lui opposer l'épée, et, ne
pouvant se défendre seul, chercher un appui.

Lahaize fut un de ceux qu'entraîna ce mouvement. Lorsque
Jarnac, qui osait à peine entrer dans la ville dont il était
gouverneur, fut parvenu à pousser à la mairie Pontard, dont il
espérait faire un instrument de ses desseins, et qui était
l'homme le plus propre à les renverser, celui-ci hésitait à
prendre un parti décisif. En vain le prince de Condé le sollicitait
et le faisait presser par les ministres, par ceux surtout qui

s'étaient réfugiés à la Rochelle ; l'intérêt évident de ces conseillers ôtait presque toute force à leurs conseils. Deux autres
personnes précipitèrent Pontard dans une voie où il devait bien
vîte les dépasser, damoiselle Marie Bœuf, sa mère, et son
avocat, Jean de Lahaize. Saint-Hermine fut appelé à la
Rochelle. Ce jour là, Lahaize put croire qu'il avait pris avec
Jarnac la revanche du 15 septembre 1565.

Il faut une bien extrême nécessité pour justifier la guerre
civile ; car si elle est quelquefois ce qu'il y a de plus logique,
elle est toujours ce qu'il y a de plus affreux, et, même entre-
prise pour la défense de la liberté, elle en entraîne, au moins
momentanément, la perte. Les Rochelais trouvèrent un tyran
dans leur maire Pontard. Avec l'aide des plus violents et sous
prétexte des intérêts du parti, les églises . puis les maisons des
catholiques, puis celles des protestants accusés de modération
(on ne disait pas encore de modérantisme), des simples, comme
dit Amos Barbot, furent forcées et pillées ; Barbot accuse
positivement et au nom de la clameur publique Pontard et son
successeur Salbert de s'être enrichis en adjugeant . comme
maires, à leurs prête-noms les dépouilles des églises. Le
meurtre et le viol se mêlèrent quelquefois au pillage. Le sang
coula même plus abondamment et plus officiellement. Des
prêtres furent poignardés et précipités du haut de la tour du
Garrot ou de la Lanterne. Ces fureurs étaient protégées par
celles, pires encore, qu'on redoutait de la part des catholiques.
Les troupes de Montluc n'étaient pas loin.

Pour voiler un peu le mépris qu'il faisait du corps de ville,
pour couvrir tant de violences, Pontard se choisit un conseil de
dix membres, probablement impuissant à les réprimer. Lahaize
en fit partie, et lorsqu'on osa entreprendre de les justifier, on eut
recours à son éloquence. En effet, soit fluctuation des partis,
soit inconséquence des passions, après de tels excès . les
Rochelais n'étaient pas encore décidés à secouer le frein de
l'obéissance au roi. Lahaize fut chargé du soin de motiver leur

conduite, et il rédigea le *Premier discours brief et véritable de ce qui s'est passé en la ville et gouvernement de la Rochelle depuis l'an 1567 jusques en l'année 1568.* Dans cet écrit, sur lequel je reviendrai, il s'occupe peu des faits, passe entièrement sous silence le sanglant épisode de la tour du Garrot et discute surtout les principes.

Biographe de Lahaize, je n'en suis pas l'apologiste. Toutefois pour lui mesurer justement le blâme, il suffit de faire appel à nos propres souvenirs. Qui ne sait aujourd'hui avec quelle facilité des hommes même honorables laissent couvrir de leur nom les excès de leur parti ; combien facilement ils sont entraînés à défendre en public des actes qu'ils déplorent en particulier ? Qui ne sait enfin qu'une fois livré au torrent des partis, on n'a plus qu'à choisir entre des extrêmes ou à mourir, et que bien peu de gens en pareil cas savent mourir ?

Ce qui tend encore à excuser Lahaize c'est qu'au moment même où Pontard essayait en vain de se maintenir au pouvoir, où Saint-Hermine, malgré toute sa puissance, ne pouvait se faire élire pair de la commune et n'obtenait qu'un cinquième des suffrages, le maire et les deux co-élus furent pourtant choisis dans le conseil où il avait été leur collègue, et lui-même, le 10 avril 1568, fut élu pair à la place vacante par le décès de Pallais-Resty.

Comme c'est Barbot même qui nous donne cette date et ces détails, il en faut bien conclure que c'est par anticipation qu'en nommant les dix membres du conseil de Pontard, dont Lahaize faisait partie, il ajoute : Tous pairs.

Le 28 mars de cette année 1568, Charles IX ayant envoyé à la Rochelle des lettres-patentes qui taxaient cette ville à la somme de 50,000 livres, pour sa contribution à l'emprunt royal, les Rochelais jugeant qu'après l'avoir reçue en grâce, le roi, sous cette apparence, la frappait d'une véritable amende, lui envoyèrent une députation pour réclamer. Cette mission fut confiée à Jacques Cochon et à Lahaize.

Puis, lorsque par un nouveau revirement, le prince de Condé, la reine Jeanne d'Albret et son fils furent reçus à la Rochelle , Lahaize leur adressa des harangues qui nous ont été conservées. Il figure au traité conclu entre les Rochelais et Condé , qui amena la déprédation des biens possédés par des ecclésiastiques à la Rochelle. Il fut aussi un des envoyés qui traitèrent avec Jeanne d'Albret de la diminution sur les 60.000 écus que les chefs protestants demandaient aux Rochelais. Non moins prompts , non moins absolus que le roi, la reine de Navarre et les princes menaçaient de mort quiconque ne paierait pas : les princes rebelles avaient, tout aussi bien que les rois légitimes et leurs courtisans, perdu le respect des vieilles communes. Cependant la Rochelle déclarait ne pas pouvoir payer , et il eût été par trop dangereux de pousser trop loin les exigences. La commune se taxa elle-même à 80.000 livres, que les plus riches habitants avancèrent, et qui leur furent ensuite remboursées par une répartition égale, un également ou régalement , comme dit Barbot, sur tous les citoyens. Lahaize fut un de ces répartiteurs.

Même en s'alliant aux princes contre le roi , les Rochelais maintenaient la prétention de ne pas méconnaître l'autorité royale. Ils publièrent un second mémoire apologétique sous le titre de *Discours brief et véritable de ce qui s'est passé en la ville et gouvernement de la Rochelle depuis l'année 1568 jusques en l'année 1570*. Il contient plus de faits que le premier ; il a plus le caractère d'un compte-rendu de leur conduite, et moins celui d'un manifeste.

Arcère a cherché à prouver par des analogies que Lahaize est aussi l'auteur de ce discours ; il me semble qu'il ne reste aucun doute après la déclaration de Barbot , qui dit formellement, de celui-ci comme du premier, « qu'il est imprimé et fait par ledit « de Lahaize et envoyé par les royaumes étrangers. »

Ces deux discours peuvent protéger le nom de Lahaize. Ils étaient pour lui des actions, ils sont pour nous des documents historiques intéressants. Ils ont trait à une époque importante. celle où la Rochelle se place au premier rang du parti protestant. Le second discours est surtout politique. Il s'exprime avec une hardiesse qu'on n'a guère revue qu'après 1789. Si on le compare aux discours de cette époque on y trouvera le même respect affecté pour la royauté, le même déchaînement contre ceux qui l'entourent et qui l'exploitent, les mêmes théories sur les bornes de l'obéissance. Deux harangues de Lahaize à Condé et à Henri de Navarre, depuis Henri IV, y sont rapportées; son éloquence est diffuse et prétentieuse : mais elle n'est ni sans pompe, ni sans énergie. La réponse des princes offre les premières paroles qu'Henri ait adressées aux Rochelais, le présage de leur amitié.

Mais sous le rapport des doctrines, de la pensée du temps, le premier discours a bien plus d'importance. C'est un véritable plaidoyer adressé à tous ceux qui hésitent, écrit dans la chaleur de l'action, mais écrit aussi pour gagner les juges, et où l'orateur disant non pas peut-être tout ce qu'il pense, mais tout ce qu'il croit qu'on voudra entendre, donne à la fois la mesure des prétentions des deux partis. Il donne trois motifs à l'adhésion des Rochelais au prince de Condé : 1º La liberté de conscience; mais on voit à la manière dont il la demande pourquoi les protestants ne pourront pas l'obtenir, ne sauraient pas la donner. Il ne la fonde pas en effet sur la dignité de l'homme, sur l'autonomie de la conscience, que peuvent réclamer toutes les sectes; mais sur la vérité religieuse, qui ne peut appartenir qu'à une seule; — 2º L'intérêt national, l'intérêt du pays et du roi que de mauvais conseillers abaissent devant l'Espagnol, que relèvera Condé, prince du sang. C'est sur ce nom qu'appuie surtout Lahaize, qui, quoi qu'on ait dit de la république rochelaise, ne songe point à se séparer de la monarchie; — 3º Enfin la mauvaise conduite du gouverneur Jarnac à l'égard

de la Rochelle qu'il voulait opprimer à l'aide d'une garnison.
De tout temps la Rochelle a été hostile à l'Angleterre , dévouée
à la France ; mais ce dévouement même doit lui garantir ses
priviléges.

Cette dernière partie est celle qui jette le plus de jour sur
notre histoire locale. Les changements de culte chez un peuple
ne sont pas seulement une affaire de foi ; ils se rattachent à
toute sa civilisation. Il semble qu'en France du moins les nou-
veautés religieuses se développent principalement chez le parti
de la résistance en politique , et que ce parti résiste surtout à
l'absorption unitaire et défende contre elle les individualités.
La Rochelle aussi défend son individualité et veut la maintenir
à l'aide des droits conquis par le passé. Ce serait dépasser les
bornes d'une notice biographique que d'effleurer même cette
question : comment la Rochelle est-elle devenue protestante ?
mais je pouvais et devais signaler ces écrits comme des documents précieux à cet égard.

Littérairement , ils ne sont pas sans valeur ; il faut leur
reprocher de la diffusion , la manie de charger chaque idée de
trois ou quatre mots synonymes ; mais on y trouve des tour-
nures et des images vives et pittoresques.

Ils paraissent assez rares et n'ont été signalés que par Arcère
au continuateur du père Lelong. Notre historien cependant
n'avait sans doute sous les yeux qu'une seconde édition. Ils ont
dû paraître d'abord séparément et être imprimés et distribués
en 1568 et 1570. Or , dans l'exemplaire dont se servait Arcère ,
qui est aujourd'hui à la Bibliothèque avec une note de sa main,
bien que les pages ne soient pas numérotées et que les numéros
des cahiers recommencent , il est visible que les deux discours
ont été imprimés en même temps ; ils portent cette mention :
Imprimé nouvellement, et cette date : *1575.* Ce ne peut donc
être qu'une réimpression.

Jean de Lahaize fut remplacé dans sa charge de pair de la commune par Jean Rochelle. Or, Rochelle figure sur une matricule de 1570. C'est donc en 1570 que mourut Lahaize.

V.

MERLIN, JACQUES,

NÉ A ALENÇON, MORT A LA ROCHELLE,

1566 — 1620 ?

Si l'on nous annonçait qu'on vient de découvrir les mémoires inédits d'un contemporain des deux derniers Valois et des deux premiers Bourbons; que leur auteur, né non seulement au milieu, mais au foyer même des guerres civiles, dans la maison des Chatillons, fils d'un des principaux ministres du culte protestant, échappé comme par miracle aux fureurs de la Saint-Barthélémy, condamné dès son enfance aux rigueurs de l'exil, ramené en France dans sa jeunesse, mais forcé souvent de chercher un refuge à Genève, en Suisse, en Angleterre, puis trouvant le repos à la Rochelle, ce grand boulevard du protestantisme, où il est appelé comme pasteur de l'église, a éprouvé tous les malheurs, senti toutes les passions, connu tous les desseins, partagé toutes les espérances de son parti : sans doute cette annonce éveillerait vivement notre curiosité et notre intérêt.

Toutes ces circonstances et d'autres encore recommandent les écrits que nous a laissés Jacques Merlin, son autobiographie et son journal; mais hélas ! il faut bien l'avouer, à leur lecture, cette grande attente est bien déçue. Toutefois il n'est pas possible qu'un homme qui, dans ces temps et dans cette position, a passé trente ans à la Rochelle, n'ait rien à nous apprendre sur l'histoire de cette ville et sur celle de la dernière de nos guerres religieuses.

Pour juger ce que vaut Merlin comme historien, disons plus explicitement ce que fut sa vie.

Nous ne connaissons Merlin que par ce qu'il nous dit de lui-même. Mais si sa notice reste incomplète, elle ne saurait être suspecte. On ne peut avoir moins d'apprêt, plus de naïveté qu'il n'en met dans le petit livre qu'il commence par ces mots : *Naissance et cours de la vie de moy Jacques Merlin.*

Merlin n'y parle que de lui ; mais il y entre sur les quarante premières années de sa vie (1566-1605) dans les détails les plus intimes. Je laisserai aux médecins le soin d'y chercher, s'il leur plaît, les documents qui y abondent sur la matière médicale en usage à cette époque et sur son efficacité évacuante ; j'essaierai de réunir quelques anecdotes qui peignent l'homme ou le temps.

Jacques Merlin naquit à Alençon, le 15 février 1566, de Pierre Merlin, chapelain de la maison de Coligny, et de Françoise de Mellay. Si l'on en voulait croire les cancans calomnieux du temps, Pierre Merlin aurait auparavant donné à Jacques deux frères bien autrement célèbres. Amant de la reine Jeanne d'Albret, il en aurait eu d'Aubigné (1550) et même Henri IV (1553). MM. Haag trouvent, et avec raison, ces calomnies insoutenables. Mais d'après eux la dernière aurait été la véritable cause de la mort de Spifame qui « *périt victime de* » *la vengeance de Jeanne d'Albret et de la servile complaisance* » *des magistrats de Genève.* » Ce qui ne les empêche pas de déclarer Jeanne irréprochable et presque une sainte.

Jacques subit, bien avant de pouvoir les sentir, les conséquences des troubles au milieu desquels il naissait. La vie d'un
ministre de l'évangile était alors une vie militante, et Françoise
de Mellay, pour suivre son mari, dut abandonner son fils d'abord
aux soins d'une nourrice, puis à ceux de sa propre mère, Antoi-
nette de Clinchampt, veuve de messire François de Meslay, sieur
de Cérizay. Même à ce prix, l'épouse n'accompagnait pas
l'époux. Celui-ci, qui était allé en Dauphiné voir son père,
comme lui ministre de l'évangile, revenait trouver sa femme à
Paris, lorsque, surpris par une brusque explosion des guerres
civiles, il fut forcé de chercher un asile à Genève, tandis que sa
femme se réfugiait à l'Ile-Adam, et que la grand'mère de Jacques
Merlin allait avec lui se cacher à Cérisay. Rendu à sa mère à
deux ans et demi, cet enfant avait habité dix séjours ou plutôt
dix asiles, avant d'avoir atteint sa cinquième année. Et
pourtant déjà sa mère lui avait appris à prier Dieu et à connaître les lettres.

C'est au mois de mai 1571, à cinq ans et trois mois, qu'il vint
pour la première fois à la Rochelle, où son père et sa mère
l'avaient devancé. Là on lui donna un précepteur nommé
Gabriel ; néanmoins, « pour lui donner dès lors quelque goût
de l'escripture sainte, son père prenait plaisir de lui apprendre,
sous forme de contes, quelques histoires de la Bible, comme
du déluge, de l'obéissance d'Isaac, et autres semblables ; sa
mère aussi lui apprenait plusieurs proverbes de Salomon, et
l'un et l'autre prenaient grand'peine à le faire lire en la Bible et à
lui faire rendre raison de ce qu'il avait ouy en prêche. »

Après six mois de séjour ils quittèrent la Rochelle ; le père
accompagnant l'amiral de Coligny ; la famille suivant son chef,
et ne pouvant, malgré cette vie errante, que passer de temps
en temps quelques jours avec lui ; enfin, appelés à Paris par les
noces du roy de Navarre, ils s'y rejoignirent quelques jours
avant le 24 août. Tous trois échappèrent au massacre. Mais ici

je laisse parler Merlin , car tous les mots appartiennent à
l'histoire :

« Deux jours après, fut cet horrible massacre qui esteignit
presque l'église, duquel toutefois mon père , qui étoit en la
chambre de M. l'amiral , fut délivré par une grâce de Dieu
spéciale, comme aussi ma mère et moi , qui étions logés en la
rue de Grenelle, vis-à-vis d'un petit hôpital de femmes veuves,
chez un tailleur nommé maître Pierre. Certains gentilshommes
de la suite de M. de la Châtre qui étoient logés près de nous
sauvèrent ma mère et moi , et nous ayant gardés une nuit, le
lendemain nous menèrent en un jardin , tout au bout du
faubourg Saint-Honoré , et nous laissèrent en garde à une
femme âgée , concierge du logis et du jardin. De là environ le
midi ils firent conduire ma mère à l'hôtel de l'An, chez Mme la
duchesse de Ferrare , me laissant entre les mains de ladite
femme, en espérance que madite mère me renvoieroit bientôt
quérir après, ce qu'elle fit dès le jour , mais la femme ne me
voulut rendre, disant qu'il lui falloit cinq cents écus. Le lendemain elle envoya de rechef avec quelque argent : mais encore
ne voulut-elle me rendre, menaçant de me donner à un Italien,
escuyer de la grande escuyerie du roi, si on ne lui bailloit quelque bonne somme d'argent. De sorte qu'il fallut prier les
gentilshommes qui nous avoient mis là dedans de m'aller retirer
de ses mains , ce qu'ils firent, faisant entendre à ma mère que
pour me ravoir ils avoient baillé dix écus. Ainsi je fus rendu
sain et sauf à mon père et à ma mère , le mercredi après le
massacre. Vray est que cette femme me fit apprendre l'*Ave
Maria* et me fit baiser les idoles , ce que mon père et ma mère
m'ont souvent depuis reproché : et le vendredy suivant, madame
la duchesse de Ferrare nous ayant tous fait mettre en un coche,
nous emmena avec soi à Montargis , où nous arrivâmes le
dernier jour d'août, ayant été conduits par une escorte de gens
de cheval qu'avoit baillés M. de Guise , petit-fils de madite
dame. Je demeuray là jusques au mois d'avril suivant, pendant

laquel temps mon père me fit lire la plus grande partie du vieil et nouveau testament, me faisant surtout rendre rayson de l'histoire, comme du nom et du nombre des rois de Judas et d'Israël. »

Je n'insiste pas sur ce qu'a de dramatique la position de cette épouse et de cette mère ; je laisse de côté ce qu'a d'intéressant pour l'histoire cet épisode, cette escorte fournie par M. de Guise à un ministre protestant et à sa famille ; je ne m'attache qu'à ce qui préparait l'esprit du futur historien et je ne puis m'empêcher d'être frappé de ces reproches adressés à un enfant de six ans et demi, parce que, le jour de la Saint-Barthélémy, il a souffert qu'on lui apprît l'*Ave Maria* et qu'on lui fit baiser les idoles ; de cette lecture de la Bible, c'est-à-dire de cette éducation essentiellement protestante, reprise le lendemain du massacre et sous le couteau même des massacreurs. J'ai peine à concevoir, quand après cela je lis Merlin, qu'une telle éducation ne lui ait pas donné plus d'ardeur et de force, et je doute qu'il l'ait transmise à ses enfants.

En avril 1573, Jacques Merlin partit avec sa mère pour Genève, et peu s'en fallut que le passage de la montagne des Faucilles ne lui fût plus funeste que la Saint-Barthélémy. Il fallait voyager à cheval : dans un sentier étroit, au haut d'un précipice, le cheval tomba et l'enfant ne fut arrêté que par un petit buisson.

C'est à Genève, puis à Berne, puis à Zurich, puis encore à Berne, à Genève, et enfin à Paris que Merlin fit ses études. Cette facilité même à changer de collége montre que les classes étaient alors aussi réglées que de nos jours. Il résulte des détails nombreux dans lesquels entre Merlin qu'elles se divisaient alors en cinq, mais les promotions avaient lieu deux fois par an, en juin et en novembre ; plusieurs fois il consacra dix-huit mois à une même classe ; les grammaires suivies étaient celles de Bèze et de Clénard ; les auteurs expliqués presque les mêmes que dans nos écoles, sauf celui par lequel on commençait, Mathurin Cordier, aujourd'hui abandonné, au moins en France; en première, Merlin entend l'Iliade et l'Enéide, les discours *pro Marcello* et *pro Milone*, les Olynthiennes et les Philippiques, comme il pourrait le faire de nos jours ; il fait les mêmes exercices que nos écoliers, thèmes et versions, vers latins et vers grecs (ceux-ci disparus de nos cours), chréies (amplifications), *hortatiunculcs* (exhortations), et discours. Bien qu'il eût commencé le latin pendant sa retraite chez la duchesse de Ferrare, en 1573, à l'âge de sept ans, il ne fait son cours de philosophie qu'en 1583, vers dix-sept ans. L'on voit que l'érudition prématurée de d'Aubigné, si l'écrivain saintongeois n'a pas été un peu Gascon, n'a été qu'une rare et brillante exception.

Merlin et sa famille retournèrent en Bretagne, toujours attachés à la maison de Laval, dont le jeune homme recevait une pension annuelle de cent livres, sous le titre d'écolier de M. de Laval. Ils subirent encore les conséquences des guerres civiles, souvent forcés de changer de résidence, quelquefois de chercher un refuge dans les îles Anglo-Normandes, et en Angleterre. C'est à Oxford qu'au mois de juillet 1588 Jacques Merlin fut reçu maître en théologie.

Le 16 juillet 1589, une lettre du ministre de Nort le demandait à son père pour exercer la charge du saint ministère à la Rochelle.

En conséquence il s'y rendit par mer le 12 septembre 1589 : en route cependant il n'échappa aux attaques d'un pillard, sans doute d'un corsaire de la Ligue, que grâce à la rencontre d'une flotte hollandaise de 26 voiles. Enfin il arriva à l'île de Ré le 23 septembre, y séjourna quelques semaines, et vint à la Rochelle le 3 novembre. Au mois de mars suivant, après avoir soutenu devant le Consistoire la proposition, l'exposition, les positions de ses thèses; après avoir obtenu par une prédication publique l'approbation, au moins tacite, du peuple, il reçut l'imposition des mains

Le 19 avril 1591 , âgé d'un peu plus de vingt-cinq ans , il épousa
Elisabeth Rivette , qui n'en avait pas dix-huit , étant née le 25
novembre 1573. La mère de cette jeune femme avait épousé en
secondes noces M. Chalmot, et on eut avec ce dernier *beaucoup
de disputes et contestes.* Ce n'est pas de notre siècle que datent
les difficultés qu'engendre l'intérêt ; mais elles n'altérèrent pas
d'une manière durable les relations de Merlin avec sa famille ,
et dans tout son Diaire il suit avec bienveillance les démarches
des Rivette et des Chalmot.

Le jeune ménage alla loger en *l'enclos de la court de Bazoges,*
et son loyer annuel était de cent livres. Un second logement
que, deux ans plus tard, Merlin prit chez l'avocat Lebreton, était
du même prix : mais en 1596, la maison qu'il loua rue Bazoges
était du prix annuel de deux cents livres.

Cette position de Merlin mit fin à sa vie errante : il ne quitta
la Rochelle que pour des voyages courts et volontaires. Deux
choses contribuèrent à cette quiétude : le lieu et le temps :
l'importance de la ville , où les protestants , plus exposés aux
calamités des grandes guerres , étaient à l'abri des vulgaires
orages (or, Merlin qui ne l'habita qu'entre les deux siéges n'en
eut que les bénéfices) ; — et le calme qu'amena l'avènement de
Henri IV au trône.

Ce calme toutefois n'était que relatif ; il est curieux , par
exemple, de lire le récit d'un voyage que l'espérance mal fondée
de trouver son père à Saumur fit faire à Merlin, d'abord de la
Rochelle à Saumur, puis de Saumur à Vitré. C'est aujourd'hui,
à coup sûr , la chose la plus simple du monde , et , eût-on ,
comme Merlin, la fièvre quarte , on ferait le voyage entre deux
accès. Il n'en allait point ainsi en 1794. Avec du temps, de la
patience et de la résolution , on n'en venait pas à bout sans
beaucoup d'amis et de puissants amis. Je ne sais comment
faisait alors un pauvre diable obscur ; mais toute la considé-

ration que valent à Merlin son rang dans l'église et le nom de
son père ne sont pas ici de trop.

Il voyage à cheval, il voyage par eau : « La senteur forte des
marais , avec les cousins et mussets, qui sont espèces de mou-
cherons, nous molestèrent fort. » Heureusement que de la garnison de Fontenay, on vint à sa rencontre ; il faut bien du repos
après dix heures de cette rude navigation entre Marans et
Boisse. Station à Fontenay. Puis autre station à Thouars, dans
un château , où les seigneurs et les chambrières s'empressent
presque également autour du vénérable voyageur de 28 ans. Il
part de Thouars avec une escorte de six dragons. Elle n'eût
pas suffi pourtant à sa sûreté , si , par bonheur, une lettre que
lui donna M. de la Trémouille n'eût retardé son départ, et ne
lui eût fait ainsi éviter une embuscade de vingt cuirasses et
quinze dragons , qui lasse d'attendre s'était en allée, emmenant
bœufs, brebis et vaches.

La rencontre de l'abbé des Châteliers facilite la suite du
voyage et les deux hommes d'église s'envont devisant des choses
du temps jusqu'à Saumur , où la femme du gouverneur, du
célèbre Duplessis Mornay, fait grand accueil à Merlin.

A Saumur , il rencontre Mme de la Moussaie, une fille de
Lanoue (les grands noms se pressent dans cette simple et
presque plaisante histoire), qui, comptant partir le lendemain
pour Vitré , lui offre une place dans son coche. Il accepte ,
d'autant que cette dame « avait un passeport bien ample, tant
pour elle que pour les siens et pour tous ceux qu'elle voudrait
mener avec elle. » Il n'y avait donc pour cette fois ni fatigue ,
ni danger à craindre : mais les incidents ne manquent pas
pourtant, ni les marques de mauvais vouloir entre gens de
culte différent. Il faut traverser la Maine dans un bac, et y
faire entrer le coche , justement comme venait d'en sortir une
procession qui allait « à je ne sais quelle Notre-Dame de bonne
nouvelle. » Une corde se rompt : les deux roues de derrière

demeurent dans l'eau ; coche et chevaux étaient fort en danger,
sans l'adresse et le courage du cocher , qui se jeta résolúment
à l'eau , tandis que les processionnaires regardaient du bord de
l'eau , riant joyeusement, se doutant bien qu'ils étaient de la
religion, ces gens qui « ne portaient et ne démontraient aucun
signe de révérence à leurs croix et bannières. »

Un autre jour un essieu casse , et le cocher est encore obligé
de réparer le mal à lui seul ; car c'était un jour de fête et les
ouvriers n'eussent voulu travailler « spécialement pour gens
» de la religion ; car pour tels incontinent fusmes nous
» reconnus, » c'est Merlin qui parle ; il est bon de le remarquer
cette fois ; « pour ce que les hommes qui étaient de la com-
» pagnie de ladite dame ne juraient ni parlaient grassement ,
» et ne sautaient au cou des chambrières et ne disaient mot
» quelconque. »

Enfin on arrive à Laval , où madame la comtesse ne le
reconnut que sur la remise de ses lettres : mais alors elle lui
montra grande courtoisie « jusque là que de vouloir prendre
» un baiser de lui, qui ne voulait que lui baiser la robe. » Aussi
le fait-elle escorter jusqu'à Vitré par un détachement de la
garnison.

Là , il goûte le plaisir de revoir son père et sa mère et il
prêche , songeant peut-être moins au public qu'au prédicateur
dans le choix de ces textes : « Toutes choses aydent en bien à
» ceux qui aiment Dieu » et « jà n'advienne que je me glorifie
» en autre chose qu'en la croix de Christ. » Apparemment il
sentait lui monter au cœur des bouffées d'orgueil pour l'héroïsme
avec lequel il avait accompli son voyage. — Après la mention
des textes sur lesquels il a prêché , vient immédiatement celle
des mets qu'il a mangés.

Il revient après un mois de séjour à Vitré ; il est encore
l'objet des soins de Mme la comtesse de Laval qui lui fait à son

départ « bailler vingt écus par son maître d'hôtel » ; *honnêteté*
qui pour nous gâterait fort toutes les autres et qui y met le
comble pour Merlin, tant il y a de changement dans les mœurs.
Une autre dame , Mme de Montboursier , lui donne place dans
son coche , bien qu'elle fût d'autre religion , et qu'elle le
connût pour ce qu'il était ; mais le coche venant à s'embourber ,
ce que nous attribuerions au mauvais état des routes , les
demoiselles de la compagnie l'attribuent à ce qu'elles avaient
avec elle un ministre hérétique : mais Merlin leur demandant
hardiment ce que c'est qu'hérétique et que ministre , pour
éluder la réponse, elles changent de conversation.

A Saumur, il est amicalement accueilli par Duplessis Mornay,
qui, malgré ses refus, ne lui donne pas moins d'une compagnie
de dragons pour l'escorter jusqu'à Thouars. Enfin, après mainte
autre aventure, il arrive le premier août 1594 à la Rochelle. En
terminant le long récit de son voyage , Merlin en récapitule les
circonstances, rend grâces à Dieu, et s'accuse lui-même d'im-
prudence. Il le clot par ces mots : *Cautius posthac* en telles
affaires.

Merlin répéta depuis plusieurs fois ces voyages à Saumur ou
à Vitré , mais avec beaucoup moins d'incidents , et , sauf la
rapidité, presque aussi simplement qu'on le ferait de nos jours.
Petits faits qui, toutefois, suffiraient, à mon gré, pour expliquer
l'immense popularité d'Henri IV. Ce n'est que quand on en
jouit avec sécurité qu'on peut parler avec dédain de ce qui
apporte des améliorations dans la vie privée des peuples.

Le dernier voyage de Merlin à Vitré eut lieu en juillet 1603.
Il était alors délégué par son église à Saumur; il en profita
pour aller faire à son père une visite qui devait être la dernière.
Sur la prière de son fils, le vieux Merlin, qui avait vécu aussi
longtemps que le prophète roi David , se prépara à prêcher ;
indisposé pendant la nuit, il prêcha cependant, et, forcé de se
coucher en revenant, il déclara qu'il se coucherait volontiers

pour ne plus se relever, et qu'à son âge on devait à toute heure penser au départ. Ce fut une prophétie. Le fils dut soigner d'abord , puis bientôt *consoler* le père , c'est-à-dire lui présenter les considérations religieuses qui rendent la mort si facile au chrétien. C'est , somme toute , un touchant récit que celui de ces dernières entrevues. Non que Jacques Merlin fasse quelque chose pour le rendre tel ; il ne songe jamais à peindre son émotion ; mais elle parait dans le soin même avec lequel il se retrace chaque détail, et jusque dans le calme avec lequel il rapporte toute chose à Dieu.

Henri IV avait pu mettre un terme aux luttes entre les sectes, non à la répulsion qu'elles s'inspiraient l'une à l'autre. Pendant la maladie de Merlin , dans la nuit du 13 juillet, il y eut un grand orage , et le bruit courut parmi les catholiques que le diable avait abattu une partie du château et emporté le corps du ministre , égratignant au visage la chambrière qui avait voulu le retenir par les pieds. Ce bruit résistait aux démentis et aux moqueries des Huguenots, et ne cessa que lorsque quatre papistes, anciens ligueurs , admis dans la chambre du malade , purent affirmer qu'ils l'avaient vu et lui avaient parlé. Cependant Merlin était un homme estimé de tous, dont les catholiques eux-mêmes recherchaient l'arbitrage dans leurs différends, et que tous regrettaient , comme très-propre à maintenir la paix.

Aussi ses funérailles furent-elles solennelles et respectées , et un paysan , parmi les spectateurs , s'étant entremêlé de dire , quand on passait près des fossés de la ville , qu'on ferait aussi bien d'y jeter le corps , en fut incontinent payé par un vieux sergent de bons coups de houssine, sans que personne réclamât.

Dès le lendemain de l'enterrement , Merlin va à Montfort solliciter de Mme la Maréchale le paiement de 1,200 livres qu'elle devait à son père, convaincu que s'il eût attendu plus longtemps, il n'eût rien obtenu , pour ce que la perte n'eût été si récente. — Et, de fait, il n'obtient d'elle que les deux tiers de la somme.

encore lui fit-elle prendre pour cinq sous quatre deniers des petites réales qui ne valaient que cinq sous. Il s'en contenta toutefois , la connaissant femme ménagère , aimant mieux quitter que contester , et s'en aller avec ses bonnes grâces que non pas avec sa disgrâce. Il passe encore six semaines à Vitré, remplissant dans l'église les fonctions de son père et revient à la Rochelle, amenant sa mère avec lui. Il l'y perdit le 7 décembre 1613.

Une perte plus prématurée, sinon plus grande, le frappa le 19 novembre 1615. Sa femme mourut à l'âge de 42 ans , après une maladie d'un mois, mais dont il faisait remonter la cause à plus de deux ans , l'attribuant à la tristesse et à la frayeur que lui avaient causées les scènes terribles qu'amenèrent , en 1613 , les démêlés entre les membres du corps de ville et les bourgeois. Ici, comme à propos de la mort de son père , Merlin laisse soupçonner plus qu'il ne montre sa douleur. «Ce dur départ, dit-» il, m'a été matière d'une singulière et extrême tristesse, mais » Dieu sait bien pourquoi il l'a fait. » Jamais sa plainte ne va plus loin , et la plus forte qu'il exprime est peut-être celle-ci, sur la mort de sa première fille , Elisabeth , le 8 janvier 1595 : « Dieu l'ôta de ce misérable monde pour la recueillir en son » repos : ce fut un coup de fouet bien serré à ceux qui n'avaient » point expérimenté que c'est d'une telle affliction. Cela n'ayda » pas à me guérir de ma fièvre. »

Je ne retrouve pas ailleurs l'équivalent de ce faible murmure. L'expérience du malheur l'avait accoutumé à la soumission. — De douze enfants, six fils et six filles que lui avait donnés Elisabeth Rivette , cinq seulement , trois garçons et deux filles , survivaient à leur mère.

Merlin ne montre pas moins de patience dans les nombreuses maladies, dont il relate minutieusement les détails et les occasions , mais en ne signalant jamais celles-ci que comme causes secondes, et toujours convaincu qu'en châtiant ainsi ses péchés Dieu lui fait grâce.

Quelque douleur que lui causât la mort de sa femme , son célibat ne fut pas long. Vingt mois après , le 30 juillet 1617, il épousa Marie Savy , dont ailleurs il désigne la mère par le nom de Mme de Lancre (24 mai 1619). Il n'entre dans aucun détail sur cette nouvelle épouse , et nous ignorons quel âge elle avait, et , comme bientôt après cessent les renseignements sur Merlin , nous ne savons si ce nouveau mariage fut fécond.

Des détails qu'il donne sur ses enfants , l'on peut recueillir ceux-ci qui, au besoin, aideraient à les suivre. De ses fils, l'aîné ajoutait à son nom celui de Chef-de-Ville ; le second celui de Dufresne ; le premier épousa, en août 1615 , Jeanne de Mellay , sa parente du côté de sa grand'mère. Le second voyagea en Hollande et paraît avoir suivi la carrière de la navigation. Une des filles de notre pasteur , Judith , fut mariée le 2 décembre 1618, avec Etienne Gaschot, sieur de Vué. Je ne vois pas à quel titre son fils Jean , né en octobre 1599 , alla le 11 juin 1619 , chez son maître, M. Gaultron.

Je me suis laissé aller à de bien longs détails sur la vie intime de Jacques Merlin ; ils ne m'ont pas paru sans intérêt , et son autobiographie, bien qu'imprimée , est fort peu répandue. Il en ressort clairement qu'il était d'une grande piété. Elle ne fut pas son seul titre à la considération dont il jouit parmi ses collègues et ses co-réligionnaires. Son contemporain Dunbar, qui a évidemment habité la Rochelle, où l'un de ses frères était professeur , loue son éloquence dans une de ses épigrammes. (IVe cent., épig. 62).

« Quand je me rappelle avec quel zèle tu répands les oracles
» de la parole divine, et quels foudres s'échappent de sa bouche ,
» Merlin , je ne puis ne pas rappeler à la postérité les hautes
» qualités de ton génie. »

Les éloges sont trop prodigués dans le petit volume de Dunbar pour n'être pas suspects de banalité , et Arcère a été

un peu vite si cette autorité lui a suffi pour affirmer que chez
Merlin, une éloquence animée , forte , vigoureuse , s'annonçait
par une voix éclatante. Ces qualités semblent bien hautes pour
l'homme que peignent ses mémoires. Quelques lettres rédigées
par lui, quelques harangues qu'il adressa à de hauts personnages ou prononça dans diverses assemblées annoncent non pas
de l'éloquence, mais de la netteté dans les idées, de l'ordre, de
la dignité.

Merlin faisait aussi quelquefois des vers ; il nous en a laissé
un échantillon, et comme il est unique , assez court et ne peint
pas mal son caractère, je le transcrirai.

On sait de reste comment étaient reçus à la Rochelle les
prédicateurs catholiques ; c'est à celui qui y avait prêché le
carême de 1613 que Merlin décoche son épigramme. Il met en
marge : Œufs de Pâques, pour le prédicateur de Sainte-Mar-
guerite, en s'en allant, lesquels je lui fis porter dextrement, — et
en tête : L'adieu que j'ai fait au prédicateur de Sainte
Marguerite.

QUADRAINS.

Gentil cagot qui durant ce carême
As caphardé de ton sale gozier
Et ravallé l'autorité suprème
Des saints escrits du céleste cahier,

Tu t'es offert comme un traistre bourreau
A embrazer la parole fidèle ou éternelle (*sic*)
Et as enjoinct à ton pauvre troupeau
De t'imiter en cette œuvre cruelle ;

Tu as vomi ton haleine puante
Contre le Dieu qui tout void de ses yeux,
Qui a donné sa parole puissante
Pour estonner et la terre et les cieux.

Di moi pourquoi un bien peu de farine
Pestrie en l'eau, moulée entre deux fers
Est le sujet de ta noire doctrine ou poictrine (*sic*)
Pour faire aller tes brebis ès enfers.

Pourquoi as-tu en ta farce plaisante
Fait adorer l'ouvrage de tes mains
Disant à tous d'une voix raisonnante :
C'est votre Dieu, catholiques Romains.

Mais tout en vain, car le riche Bouildront (1)
Et Fenyou, estans près du trépas,
Ont déclaré et toujours te diront
Qu'en ce morceau de pâte Dieu n'est pas.

Si des brebis tu fais si pauvre garde,
Tu n'es qu'un loup, et seras désormais
Un imposteur que l'œil de Dieu regarde
Tout courroucé pour le perdre à jamais.

Ce ne sont là ni de bons vers, ni des épigrammes bien
piquantes, mais aussi ne sont-ce pas des représailles d'une

(1) Il semble pourtant que Bouildron fut de famille catholique. On lit
dans le diaire de Bergier : « Mémoire que le 9 novembre 1592 est mort la
» femme de Thibauld le jeune, qui était fille de Bouildron, demeurant au
» Gros-Reloge de cette ville, et le firent porter à Lafon en terre, à cause
» qu'elle était papiste. Le tout est vray. » Jean Bergier nous a laissé un
diaire pour les années 1692, 93, 94 et 96, où on trouve très-peu de notes
sur les affaires politiques, mais beaucoup sur les baptèmes, mariages et
morts, et sur le prix des denrées. On dirait que c'était pour lui une manie.
Qui comprendra qu'un homme ait pu écrire cette note : « Ma fille Esther,
» (une fille de dix-neuf ans), est morte le mardi 10 novembre 1592 ; elle a
» été enterrée à Saint-Sauveur. Le vin valait 24 liv. le tonneau, etc. »

Je ne sais si Jean Bergier fut du corps de ville : mais son oncle Pierre
Coullon, et plusieurs membres de la famille Pineau, dont était sa femme, en
étaient, et il maria ses enfants dans des familles municipales. Je lui vois cinq
enfants de 1570 à 1576. Il devait donc être né de 1540 à 1550.

malice bien noire pour un homme qui avait vu de si près la Saint-Barthélémy.

Du reste, qu'elle fût due à ses talents, à son caractère ou à son nom, ou à toutes ces choses réunies, la considération dont jouit Merlin est incontestable. Il aime à en recueillir et en rappelle avec complaisance les témoignages. Il en reçoit de ses collègues dans l'église. Sans cesse il est choisi comme député près des Synodes provinciaux ou nationaux, ou près des assemblées générales, dès 1593 à Saint-Maixent, à Jarnac en 1601, à Sainte-Foy, la même année, en 1605, 1607, 1609, 1612, 1615, 1618, à Barbezieux, à la Rochelle, à Saint-Maixent, à Saint-Jean d'Angély, à Sainte-Foy, à Saint-Maixent, à l'assemblée générale de la Rochelle. — Il est choisi comme modérateur dans plusieurs de ces réunions, à Saint-Jean d'Angély, à Saint-Maixent, à la Rochelle. — On lui donne des missions de confiance, en 1593 il est chargé de l'examen d'un livre contre la messe; à Montpellier, du soin de surveiller les éditions de la discipline ecclésiastique; à Saint-Maixent, en 1609, de celui de dresser un indice des passages de la Bible propres aux controverses; c'est celui qui se trouve à la fin de la Bible in-octavo, imprimée par Corneille Hartmann, dans l'imprimerie d'Haultin à la Rochelle, en 1616. En 1605, il est envoyé à Marennes pour accomplir un devoir qui demandait prudence et fermeté, celui de retrancher de l'église le lieutenant du sénéchal qui avait insulté de propos un des pasteurs.

Il reçoit aussi des missions honorifiques. Le 21 juin 1600 il posa une des pierres fondamentales du grand temple qu'on reconstruisait. Elle est justement, nous apprend-il, sous la porte du sud. Il harangue les grands seigneurs de son parti qui viennent à la Rochelle, Sully, par exemple, en 1604, M. de Rohan en 1612, le prince de Condé en 1615.

Ses voyages nous ont montré quels égards il trouvait chez les hommes marquants de la réforme. Il était en correspondance

avec Duplessis Mornay : il l'était aussi avec un savant illustre ;
il y a de ses lettres dans le recueil de Scaliger.

L'estime du peuple rochelais ne lui manqua pas non plus. Il
se plaît à en trouver des indices dans quelques petits faits. En
août 1604, une fille au service de son ménage ayant parlé à des
personnes atteintes de la contagion, et étant ensuite rentrée
chez lui, les commissaires firent marquer d'une étoile blanche
la porte de son appartement, pour montrer bon exemple, dit-il,
et il énumère toutes les personnes qui vinrent le visiter et lui
offrir leur logis pour changer d'air. En 1607, des sergents royaux
poursuivant un homme à cheval qu'ils ne pouvaient atteindre,
criaient qu'on l'arrêtât, qu'il avait tué un homme ; mais on ne
s'en émouvait ; ils s'avisèrent alors de crier : Il a tué M. Merlin,
« et eut cette voix son effet, car on sort soudainement des bou-
tiques et fut arrêté par le peuple. »

On en trouve des preuves d'une plus haute portée dans une
certaine influence politique. Dès 1592, M. De la Roque, nommé
par le roi sénéchal et gouverneur à la justice, étant entré dans
la ville avant d'avoir donné toutes les garanties qu'on désirait
du respect des priviléges , le peuple exigeait qu'il en sortît
immédiatement ; il était entré à l'heure du souper, et craignant,
« comme les ténèbres sont audacieuses » qu'on ne lui donnât
quelques coups, il demandait qu'on lui laissât du moins passer
la nuit en ville : il ne put l'obtenir ; il fallut donc sortir précédé
de flambeaux, accompagné du maire, et de plusieurs, entr'autres
de M. de Nort et de Merlin, dont la présence, pense ce dernier,
servit à ce qu'il ne lui fût dit aucune parole outrageuse ni fait
aucun outrage.

En 1599, c'est lui qui répond à la lettre qu'à l'occasion de
l'Edit de Nantes le roi avait écrite aux pasteurs.

Dans la grande lutte de 1613 , c'est lui qui porte le plus
souvent la parole au nom du consistoire, soit devant le corps
de ville, soit devant les bourgeois ou leurs représentants. C'est

lui qui semble le moins en butte aux attaques des mécontents,
et lorsque les pasteurs découragés songent à se retirer , c'est
lui qui les retient et les ranime. Prenant les troubles de la vie
politique comme les peines de la vie privée avec une résignation
confiante, il l'emporte par son calme sur l'énergie plus fougueuse
de ses collègues.

Ainsi Merlin avait trouvé dès l'enfance de grandes traditions
dans sa famille autour de lui ; c'était un homme instruit, pieux,
relativement modéré ; considéré des grands, de son église et du
peuple ; bien placé pour connaître les détails et les mobiles des
affaires auxquelles il prenait lui-même une grande part. Est-il
possible d'être placé dans de meilleures conditions pour aborder
l'histoire ?

Cependant il ne l'a pas abordée, et s'il l'a écrite, c'est qu'elle
est , pour ainsi dire , venue d'elle-même le trouver. Je
m'explique.

De bonne heure , peu de temps sans doute après son arrivée
à la Rochelle, peut être avant, Merlin avait réuni ses souvenirs
d'enfance , les récits que ses parents lui en avaient faits , quelques notes , et il en avait formé les premières pages de ce que
j'ai appelé son autobiographie. Il la continua , tantôt par des
notes de chaque jour , tantôt par des résumés des temps écoulés,
mais toujours écrits à des intervalles très rapprochés. Il n'y
sort pas des détails les plus personnels, les plus intimes : et
s'ils ont quelque intérêt , ils le doivent tout au contraste dans
les mœurs et les habitudes entre cette époque et la nôtre.

Une dizaine d'années plus tard, il s'avisa qu'il y aurait quelque
intérêt à prendre des notes du même genre sur ce qui se
passait sous ses yeux, alors il écrivit , selon qu'il s'en put
souvenir , *les choses plus mémorables* qui s'étaient passées à la
Rochelle du 3 novembre 1589 à la fin de 1597. Puis, depuis
1598 sans interruption , il recueillit tout ce qui le frappait ,

l'écrivant non pas chaque soir , mais toujours à des époques très-rapprochées , au fur et à mesure des événements. Lui-même caractérise ainsi le mode de son travail :

« En ce diaire , je comprends , autant que je puis me ressouvenir de ce qui ce passe de mémorable, *ecclesiastica, politica et œconomica ;* et écris ces choses par ordre consécutif : le temps et le loysir ne me permettant d'y apporter plus de distinction. »

Comme en 1605 , il interrompt la rédaction du diaire de sa vie privée, il en reporte les annotations à son journal historique, n'y apportant nulle distinction, comme il le dit, et nulle critique aussi ; car il n'y a bruit si absurde qui ne trouve écho , et , ce semble, crédit chez lui ; soit que l'apparition d'un fantôme qui chemine le long de la courtine des murailles vienne présager la perte d'un procès à un président du présidial (octobre 1599) ; soit que la terreur se répande dans la ville, sur le bruit qu'un sorcier doit enlever l'artillerie et en faire tomber les portes (juin 1619) ; soit qu'il enregistre les dits et gestes du diable (juin 1610) ou transcrive ses autographes (mars 1610) ; soit enfin qu'il soit lui-même victime des faits merveilleux, comme il arriva du 28 septembre au 12 octobre 1595 , qu'un esprit malin le vexa de telle sorte, sans toutefois blesser aucune personne , pas même sa femme qui était alors enceinte , qu'il fut obligé de changer de domicile, et qu'il s'en vint loger rue Saint-Marseau, chez Mme Legoux ; ce qui fit que Jacques Merlin vint continuer son diaire , qu'il reçut son fils aîné Pierre Merlin et la visite du parrain de cet enfant, M. Bruneau, un autre de nos historiens , dans ce même local , aujourd'hui celui de la Bibliothèque , où je tâche , après plus de deux siècles et demi , de les faire un instant revivre dans notre souvenir.

Rien n'est trop petit pour Merlin ; s'il fait peindre en un tableau ses deux enfants, Pierre et Françoise , se tenant par les mains, nous saurons qu'en 1601 une pareille œuvre coûtait sept livres dix sous, sans compter la nourriture du peintre : si une chambrière se jette dans un puits, si une femme brûle son enfant qu'elle avait eu de paillardise (cela se voyait déjà en septembre 1598), il nous le dira. Il enregistre les morts et les mariages, et nous retrouvons là bien des noms qui intéressent notre histoire anecdotique. Il tient note des suicides, des incendies ; il ne néglige pas les phénomènes atmosphériques et ne laisse passer ni une éclipse, ni un orage, ni une chute de grêle extraordinaire ; il mentionne l'abondance ou la stérilité de la terre ; il tient note du prix de ses fruits, et la présence de M. de Rohan à la Rochelle ne lui fait pas oublier de remarquer qu'en 1612 il n'eut que huit barriques des vignes qui l'année précédente lui avaient donné dix-neuf tonneaux de vin.

Il jette aussi un coup-d'œil sur le dehors ; il recueille des anecdotes, des pasquinades, des pièces de vers qui ont cours dans le parti réformé. Ajouterait-il à cet égard quelque chose aux recueils connus ? Il faudrait pour le dire une érudition que je n'ai pas.

A côté de cela se trouvent des lignes, des pages d'un intérêt plus grave. Il y a, par exemple, une grande idée de la puissance municipale et une leçon économique encore utile dans cette note :

« 1595. Demeura le blé toujours à haut prix, et fut vendu le boisseau de rive de froment cinquante sous. Messieurs de la maison de ville voulurent par prudence imposer un certain taux à des marchands flamands qui l'avaient amené à cette ville, tellement qu'ils vendirent à moins qu'il ne valait au prix courant. Mais telle prudence tourna à nuysance ; car peu ou point de grains nous furent envoyés de dehors. »

Les renseignements de cette nature abondent. Ce sont des morceaux plus étendus et d'une gravité digne de l'histoire que le récit de la lutte des pasteurs contre le corps municipal pour se soustraire à leur part dans la répartition de l'impôt (1591) ; — celui de la résistance que rencontrent à la Rochelle l'acceptation et la publication de l'Edit de Nantes (1599) , le plus souvent cité des fragments de Merlin ; — celui du procès de Saint-Vivien et de Chollet de la Maillotière (1609) ; — celui de l'émotion de la Rochelle à la mort de Henri IV (1610).

Toutefois, si Merlin se fût arrêté là, j'aurais signalé son diaire comme utile à consulter, je ne l'aurais pas mis au rang de nos historiens. Mais les choses changent bien pour les dix premières années du règne de Louis XIII, pour ces dix années qui préparèrent et amenèrent enfin l'assemblée de 1620. C'est à la veille de la réunion de cette assemblée que s'arrête Merlin.

Le nombre seul des pages peut déjà donner une idée de l'inportance différente des récits. Tandis que les vingt-et-une années du règne d'Henri IV n'en occupent que 168 , il y en a 400 consacrées aux dix suivantes.

Ce n'est pas que Merlin modifie sensiblement sa manière. Ses préoccupations lui font bien omettre quelques-unes des circonstances qui l'intéressent d'ordinaire , par exemple cette neige inouïe du 14 février 1614 , où , selon Guillaudeau, plusieurs personnes se perdirent ; néanmoins il continue d'entremêler tous les sujets et d'écrire au courant de la plume. Comment donc, sans composition et sans style, s'élève-t-il à la hauteur de l'histoire ? C'est que le sujet l'emporte.

On sait par quelle pression du dehors les Protestants les plus portés à l'indépendance politique essayèrent de mettre à la disposition de leurs projets la ville de la Rochelle; comment les plus modérés de leur parti, représentés par deux hommes bien différents, d'Epernon et Duplessis-Mornay, tentèrent en vain de les arrêter ; comment les magistrats de la ville s'efforcèrent de défendre les intérêts rochelais contre ceux de la Cause , comme on disait ; on sait combien par là les passions , les rivalités antérieures furent ranimées et exaspérées ; quels débats, quelles dissensions, quelles résistances à l'autorité, et par suite quelles

émeutes, quelles barricades, quelles luttes à main armée s'en-
suivirent entre le corps de ville et les bourgeois de la Rochelle;
outre les récits suivis de Bruneau et de Colin, nous avons sur
cette époque d'autres détails, des pièces officielles, des pamphlets
imprimés ou manuscrits : au milieu de tous ces écrits, celui de
Merlin occupe non seulement une place, mais la première.

C'est que sa position était spéciale ; ami de Duplessis qu'il
vénérait, il respectait presque autant M. de Rohan, et il s'indigne (1612) que « quelques-uns , même sans mauvais dessein,
aient voulu maintenir que le fait de M. de Rohan était un fait
particulier : quelle apparence d'abandonner un tel seigneur, et,
si on en venait là , qui jamais voudrait s'employer pour les
églises ? » Il avait été élevé dans le respect des princes, et il
s'étonne quand il voit les procureurs des bourgeois, malgré
toute l'influence qu'avait sur eux ce même M. de Rohan ,
« contester avec ledit sieur avec telle audace et si peu de révérence comme s'ils eussent parlé à leur inférieur, ne voulant en
façon quelconque rien rabattre de leur troisième condition
(1615). » Cependant il n'a pas été nourri dans les préjugés municipaux ; il comprend ce qu'ont de juste les prétentions des
bourgeois, en même temps qu'il est fortement choqué de leurs
violences de langage et d'action , de leur impuissance à s'arrêter ; partie active dans ces débats , il parle sous l'empire de
ces sentiments ; rentré dans le cabinet, il pèse, en souvenir du
passé, en prévision de l'avenir, les fautes de chacun et les conséquences de ces fautes, et il écrit le mot définitif de ces luttes :
abaissement du corps de ville de la Rochelle.

Mais ce qui distingue par dessus tout le récit de Merlin, c'est
qu'il n'écrit pas après coup, en choisissant les circonstances
d'après l'importance qu'elles ont eue, mais à-peu-près au jour
le jour , et selon que les choses le frappent. Il en résulte une
impartialité singulière et en même temps une singulière animation. Nulle part on ne comprend mieux pourquoi les contemporains parlent sans cesse du maire ou dictateur des Rochelais,

de leur esprit d'indépendance, de leur république, moins importante, bien plus vivante que celle que voulaient établir les assemblées protestantes : nulle part non plus on ne voit mieux que c'en était fait de cette république, que cette indépendance, limitée, mais très-réelle, ne pouvait survivre à ces dissensions, qui en appelaient sans cesse à un arbitre trop puissant. Le siège de 1628 a été la forme dramatique et terrible de cette ruine, mais, ce siège n'eût-il pas eu lieu, cette ruine était inévitable.

Pour tout dire, si la sévérité de mon jugement m'oblige à répéter qu'il n'y a dans cette narration ni composition ni style, la vivacité de mes impressions me force d'avouer que j'y trouve une vie admirable.

La dernière note de Merlin est datée du 26 juillet 1620. D'un autre côté, sur les registres de baptême et de mariage où sa signature figure si souvent, je ne la retrouve pas après ce même mois de juillet 1620, époque à laquelle on la lit sur un registre du temple Saint-Yon, qui est au consistoire. Ce ne sont là que des preuves négatives ; mais leur réunion porte bien à croire que l'année 1620 est celle de sa mort.

Il est bien vrai que le synode national d'Alais, en décembre 1620, le comprend sur la liste des ministres des églises réformées de France : mais cela ne prouve pas qu'il ne fût pas alors mourant ou même récemment mort. Il ne figure plus sur la liste analogue dressée en 1626. D'un autre côté, à la suite de son diaire se trouve mentionnée, le 6 septembre 1638, la naissance de Louis XIV, et sur les feuillets suivants il y a quelques comptes de gestion de propriété rurale, datés de 1631 et de 1632, d'une écriture analogue à la sienne. Mais elle ne reproduit pas les abréviations qui lui sont familières et elle semble plus jeune que son écriture antérieure. Ces indices sont donc trop faibles pour balancer les fortes probabilités que j'ai exposées.

Merlin, en 1620, était dans sa cinquante-cinquième année.

Jacques Merlin paraît avoir été l'éditeur de plusieurs ouvrages de son père.

La bibliothèque de l'oratoire à la Rochelle possédait xxvi sermons sur le livre d'Esther, par Pierre Merlin, ministre de la parole de Dieu en l'église de Laval. Rochelle, par Hiérosme Haultin. 1591.

Arcère dit que Jacques fit imprimer plusieurs sermons de son père, entre autres : Discours théologiques de la tranquillité et vrai repos de l'âme, à la Rochelle.

Merlin dit lui-même : Le 5 de mai 1609, j'ai envoyé par le jeune Nicolas les cinquante sermons de feu mon père sur l'Ecclésiaste à M. Bernard, à Paris.

M. Crottet attribue à Jacques Merlin : Saintes prières recueillies de plusieurs passages de l'ancien et du nouveau testament, pour l'instruction et consolation de tous les chrétiens. Genève, 1609. In-18. — Cologny, Chouet, 1615. In-12. — Genève, 1617. In-16. Mais la France protestante de MM. Haag rend cet ouvrage à Pierre Merlin, en ajoutant qu'il fut publié par son fils.

Aucun de ces livres, pas même le premier, ne se trouve à la Bibliothèque.

J'ai dit que notre Jacques Merlin est l'auteur de l'Indice des passages propres à la controverse qui termine la bible imprimée par Hartmann, à la Rochelle. J'ignore si c'est lui qui en a fait la préface.

Je ne sache pas qu'il ait publié rien autre chose.

Son autobiographie est un petit volume couvert en parchemin à-peu-près de format petit in-18. Il ne porte pas de titre, Arcère y a mis celui-ci : *Autographe. Diaire du ministre Merlin, pasteur de la Rochelle.* Une main très-moderne y a ajouté quelques notes extraites de son grand diaire sur son second mariage et sur ses enfants. Conservé par je ne sais quelle voie, il fut acheté en 1750, pour l'oratoire, et est venu de là à la bibliothèque de la Rochelle. A la fin de la copie du grand diaire, dont je vais parler, il y a une copie de cette autobiographie, d'une écriture plus mauvaise mais plus moderne que celle de Merlin. Elle pourrait servir à corriger quelques lacunes et quelques fautes que M. Crottet a laissées dans l'édition qu'il en a donnée sous ce titre : *Diaire, ou journal du ministre Merlin, pasteur de l'église de la Rochelle au* XVIe *siècle, publié pour la première fois d'après le manuscrit de la bibliothèque de la Rochelle, avec une préface par A. Crottet, pasteur.* Genève, Joël Cherbuliez, 1855. In-8° de 65 pages, dont dix de préface. La préface s'occupe bien moins de Jacques Merlin que de son père.

Lelong (n° 35,757, édition Fontette) mentionne ainsi le grand diaire de Merlin : Ms. Journal ou recueil chronologique des événements mémorables qui se sont passés à la Rochelle, et dont l'auteur (Jacques Merlin, ministre de cette ville) a été témoin. In-folio. Puis il transcrit, avec une note dans laquelle Arcère rend justice à Merlin et reconnaît ce qu'il lui doit, le premier feuillet du manuscrit : Diaire qui commence en l'an 1607, &. Cette transcription est exacte, sauf la faute d'impression qui fait finir ce diaire en juillet 1630, au lieu de 1620 ; mais elle donne du livre une idée fausse, parce qu'elle s'arrête avant la note qui apprend que Merlin y a transcrit un autre diaire, qui était couché en un méchant petit papier in-4°. Voici en effet la composition exacte et assez compliquée du manuscrit :

Du 3 novembre 1589 au 2 mai 1607, pages 349 à 419.

Suivent divers mémoires concernant l'église, pages 419 à 441.

Du 26 mai 1607 au 5 novembre 1616, pages 3 à 346.

Du 7 novembre 1616 au 26 juillet 1620, pages 441 à 568.

La page 3 porte ces mots : Le 16 janvier 1692; probablement
la date de l'achat fait par l'un des acquéreurs. On ne trouve pas
celle de l'achat par l'oratoire qui est probablement aussi 1750.

Ce manuscrit est un petit in-folio, qui a été cartonné après avoir
été écrit; le couteau du relieur a quelquefois atteint la lettre,
mais d'une manière insignifiante. Il est assez fortement piqué
des vers dans le haut des derniers feuillets, et a été en haut
atteint d'humidité. Heureusement le papier est excellent.

La Bibliothèque, outre cet original, en possède une copie. On
y a rétabli l'ordre chronologique; mais on y a omis plusieurs
passages, dont quelques-uns sont loin d'être insignifiants, entre
autres les divers mémoires concernant l'église. On peut pour
abréger ses recherches se servir de cette copie dont l'écriture
est fort bonne; mais quand on voudra citer Merlin, il sera toujours prudent d'avoir recours à son autographe.

VI.

COLIN, RAPHAEL,

NÉ ET MORT A LA ROCHELLE. — 1581 — 1647.

De nos chroniqueurs, Colin est sans contredit le plus passionné et le plus partial ; mais les témoignages de ses contemporains et surtout celui de ses propres mémoires mettent tellement à nu le sens et le caractère de cette passion, qu'elle ne peut guère induire en erreur.

Raphaël Collin, comme le porte son acte de baptême, ou Colin, comme l'écrivent de son temps Guillaudeau, Reveau, Mervault et le copiste même de ses annales, et, depuis, tous les historiens, naquit à la Rochelle, de Gaspard Collin, sieur de la Poussardière, près Mauzé, et de Marie Culereau. Il fut baptisé au temple Saint-Yon, le 12 avril 1581, et eut pour parrain Nicolas Bonnet, pour marraine Marie Collin.

Selon M. Maudet, qui nous a conservé ses mémoires, et M. Michel Cherpentier, que Jaillot cite deux ou trois fois, mais que je ne connais pas d'ailleurs , il descendait par sa mère de Nicolas Cuillereau ou Caillereau (ces légères différences de noms n'étonneront pas ceux qui ont l'habitude des documents de cette époque), maire de la Rochelle en 1404 , par Pierre Caillereau, maire en 1434, et par André Caillereau, sieur de la Limandière, qui fut recteur de l'université d'Angers en 1545 , conseiller au présidial de la Rochelle lors de son établissement en 1552, maître des requêtes de la reine de Navarre , Jeanne d'Albret , en 1568.

Raphaël lui-même porta le titre de sieur des Houmeaux ou des Ormeaux (paroisse de Villedoux) , et d'écuyer , et fut conseiller du roi, lieutenant particulier, assesseur criminel et conseiller au présidial de la Rochelle , de 1605 à 1645. Il cite trois de ses frères, Jean, qui fut enquêteur au présidial de 1609 à 1629, époque de sa mort ; Gaspard et Adam, qui combattaient bravement en 1622, sur les vaisseaux rochelais. Antérieurement on trouve parmi les pairs un Jean Collin , sieur du Tourneau , et son fils Jean Collin. L'un d'eux était chef de compagnie pendant le siége de 1573. Ainsi par lui et par les siens, Raphaël Colin occupait une grande place dans le Présidial , et il descendait au moins par sa mère d'une des familles de ce corps de ville auquel il se montre si hostile.

Cette hostilité est la clef de toute la vie politique de Colin. En faut-il chercher une première cause dans ce fait qu'en 1609, sous la mairie de François Prévost , sieur de la Vallée , pour construire le grand bastion à la droite de la porte de Cougnes , on abattit des maisons du faubourg Saint-Eloi, qui lui devaient des rentes ? Lui-même en rapportant le fait ajoute que ces rentes furent constituées sur le corps de ville , et n'émet d'ailleurs aucune plainte. Il se complaît même à loüer la beauté de ce bastion. Les officiers du présidial , les gens du roi, se trouvaient dans un antagonisme naturel avec le maire et les membres du corps de ville, aussi jaloux de leur indépendance ou du moins des conditions réglées de leur dépendance envers le roi que de leur pouvoir sur le peuple. Si à cette première donnée on ajoute la difficulté des circonstances, l'exaspération de la lutte pour un caractère ferme, mais hautain et impérieux, comme celui de Colin, on comprendra que la rivalité soit facilement devenue de la haine.

Dès les premiers débats entre le corps de ville et les bourgeois, qui suivirent de si près la mort de Henri IV, Colin se prononça pour les bourgeois, se séparant même en cela des autres officiers de son corps. Toutefois il n'était pas de ceux qui en appellent au droit absolu pour renverser la loi écrite, et lorsque, en 1613, Bourdigalle ose déchirer en public l'arrêt du Conseil privé que le maire Thévenin opposait aux réclamations des bourgeois, Colin, ainsi que son collègue Ogier, s'effraie de cette audace et se retire. Tel sera-t-il toute sa vie, et quand il résistera à l'autorité la plus nécessaire, ce sera encore au nom du droit écrit.

C'est là trop peu ou trop pour être le chef ou même l'homme d'un parti. Aussi Colin paraît-il assez isolé. En 1615, il entre bien dans la chambre souveraine pour l'amirauté que le prince de Condé institue à la requisition de la ville, mais parce que ce prince désirait qu'il y eût des officiers du roi. En février 1616 le peuple s'oppose à main armée à l'emprisonnement de David, arrêté dans l'affaire du pâtissier Vilain. Tous les conseillers du Présidial se retirent devant l'émeute. Seuls, Olgier et Colin, *qui n'étaient du sentiment des autres officiers*, ne sont pas émus de cette colère populaire; mais on ne voit pas qu'ils en retirent un grand crédit auprès des masses, encore moins d'influence. Ils ne sont pas leurs hommes. En revanche, Colin se plaint que cette faveur toute négative dont il jouit auprès du peuple lui attire la haine du corps de ville et celle des autres conseillers. Par surcroît, il encourt encore par là le mécontentement, sinon la haine, du pouvoir royal.

Sa raideur y prêtait. En 1622, le Présidial se trouvait comme coupé en deux, quelques-uns de ses officiers s'étant, pour fuir

la guerre , réfugiés à Marans ; les autres, et parmi eux Colin,
étant restés à la Rochelle. Des procureurs reçus par les officiers
qui avaient siégé à Marans , dans un intervalle de calme, viennent à la Rochelle et se présentent en robe au palais. Colin les
arrête en leur demandant de quelle autorité ils portent ces
robes ; ainsi appuyés, les autres procureurs forcent les nouveaux
venus de fuir devant leurs voies de fait. Le lieutenant civil
Fouchier , sieur de la Grénetière , le lieutenant criminel Pierre
de Voyon, prennent parti , ou, comme dit Colin , se mettent de
la fête sans pouvoir faire céder le fier lieutenant particulier,
assesseur criminel. Car Colin qui , comme César, parle toujours
de lui-même à la troisième personne , n'oublie guère de faire
suivre son nom de ces titres.

Les hommes de loi verbalisent les uns contre les autres ; le
peuple, plus brutal , et ennemi naturel des officiers réfugiés à
Marans et de leurs créatures , court à la maison de Pierre de
Voyon , avec menace de le tuer. *Mais il en fut garanti par
quelques-uns*, dit Colin , sans ajouter qu'il fut de ces quelques-
uns. Tous les conseillers se scandalisèrent , et il faut avouer
qu'il y avait de quoi : ils *boursillèrent pour ledit de Voyon ,*
qui, avec cet argent, avec ses appuis en cour , surtout , il faut
bien le dire puisque Colin ne le dit pas , avec les fautes graves
de Colin, souleva contre lui le Conseil privé et le parlement , si
bien que le procureur général Molé en fit sa cause. En vain le
chancelier Sillery intercéda-t-il ; Molé était au moins aussi
entêté que Colin, et celui-ci , décrété de prise de corps, fut mis
en prison le 16 janvier 1624. Il y resta quarante jours , pour
n'en sortir que sous caution , avec l'engagement de ne pas
s'éloigner de Paris ; enfin il fut condamné aux deux tiers des
dépens , l'autre tiers tombant à la charge de ses quatorze co-
accusés, quoiqu'il fût constant qu'il n'eût, lui, ni frappé ni fait
mine de frapper ; il lui en coûta trois mille livres ; il en avait
dépensé ou perdu plus de six mille autres. Enfin il ne fut autorisé à reprendre sa charge qu'à la Saint-Martin de 1624 , ayant

*ainsi toujours été en peine depuis le mois de juillet 1623 jusqu'à
la fin d'août 1624.*

Il se console un peu de sa déconvenue , comme beaucoup
d'autres , en s'en servant pour se grandir à ses propres yeux ,
soit par l'importance qu'il donne à sa disgrâce , *la faction et
menée de ceux de la religion croyant beaucoup gagner en la
Rochelle, perdant ledit Colin* , soit par le nombre , la qualité.
l'acharnement des ennemis qu'il fallut soulever pour l'abattre ,
MM. le cardinal de Larochefoucault , de Moricq , maître des
requêtes , Philippeaux , sieur d'Herbault , secrétaire d'Etat , les
pères jésuites , pères capucins , et *généralement tous ceux qui
croyaient qu'en perdant ledit Colin, comme ils disaient, que la
Rochelle serait perdue.* Il va même jusqu'à se dresser en
ennemi personnel de Richelieu, dangereux piédestal , s'il n'eût ,
très-probablement, été érigé après la mort du terrible ministre.
M. de Navaille , assure-t-il , lui dit , le 24 mai 1626 , qu'il croyait
qu'il semait le trouble à la Rochelle , en considération de MM.
de Beaumarchais, maréchal de Vitry et de Vieuville, pour nuire
aux desseins de M. le cardinal de Richelieu , sachant bien qu'il
n'était point à M. de Rohan.

Et certainement il y a là du moins un fait révélateur , un fait
qui explique le peu d'influence réelle de Colin ; il n'était point
à M. de Rohan , il appuyait le peuple dans son opposition au
corps de ville, non dans sa résistance, disons le mot , sans juger
ici la légitimité du fait, dans sa rébellion contre le roi.

Par suite de cette opinion, M. de Navaille obtint une commission de la Cour qui appela Colin à Nantes auprès du roi.
Dans ce voyage , il rencontre la faveur de M. de Toiras , vers
lequel il fut député par les officiers du roi , lorsque quelques
mois plus tard, il vint à la Rochelle comme gouverneur d'Aunis
et île de Ré. C'était encore un contraste avec les membres du
corps de ville, objets particuliers de la colère du hautain officier
qui, un jour, en passant à la porte de Cougnes , dit aux habi-

tants qui y étaient de garde qu'ils pourraient faire vendange quand ils voudraient, mais que s'il trouvait aux champs quelques-uns de ceux de la maison de ville il leur ferait donner des coups de nerfs de bœuf. Et quelques jours plus tard ayant reçu au fort Louis trois députés de ce corps, il s'emporta jusqu'à les menacer de leur passer son épée au travers du corps, ou leur donner un coup de pistolet par la tête, parce que la lettre qu'ils lui remettaient de la part de la maison de ville portait pour suscription à M. de Toiras, sans y mettre ses qualités.

Quelles que soient les causes complexes du siége de la Rochelle en 1627 , il est clair qu'il y avait alors bien moins d'antipathie entre les catholiques et les protestants , qu'entre l'orgueil du gentilhomme et la fierté du bourgeois. Les Rochelais, même protestants , pouvaient vivre; il fallait que la commune rochelaise périt ; les trois quarts des Rochelais périrent avant elle.

Pendant ce siége, la position de Colin et de ceux des membres du présidial qui, comme lui, n'avaient pas quitté la ville, fut singulière et difficile à concevoir. Ils entendaient bien rester fidèles au roi, et maintenir son pouvoir, et cette mission ne leur était pas contestée par les habitants qui recevaient chaque jour des coups de canon de l'armée du roi et lui en rendaient , mais ne méconnaissaient pas sa légitime autorité. Avec une telle fiction, à peine l'inaction elle-même eût-elle évité les froissements, et Colin était loin d'y être résigné.

Tout d'abord , lorsque Soubise et Beker voulurent soumettre quelques propositions à tous les corps de la ville, les officiers du roi, sous la présidence et , ce semble, sous l'impulsion de Colin, refusèrent d'envoyer aucun d'entre eux à cette réunion , protestant au moins par leur abstention contre ce qu'on pourrait décider. Cependant les audiences continuèrent, et les affaires , quoique peu actives, gardaient leur aspect ordinaire. Mais en mai 1628 , Colin eut à remplir des fonctions politiques qu'il ne rejeta pas.

Le 30 avril, l'élection avait désigné pour candidats à la mairie
Jean Guiton , André Toupet et Jean Berne ; on les avait présentés à l'acceptation du sénéchal René de Thalanzac , sieur
de Loudrière , qui, gravement malade, avait ajourné son choix,
et qui , le mardi 2 , dernier jour de remise, ne put encore le
prononcer. En effet, il mourut ce jour là. En l'absence du lieutenant général et assesseur civil , les pouvoirs revenaient à
l'assesseur criminel, premier conseiller, c'est-à-dire à Colin. Ce
fut donc lui qui accepta à maire , au nom du roi contre lequel
il allait défendre la ville , ce Jean Guiton dont il fut depuis le
rancuneux ennemi. Il motiva ce choix sur ce que « il se sou-
» venait qu'en l'an 1586, un des prédécesseurs dudit sieur Jean
» Guiton et de même nom, avait fort bien gouverné et défendu
» la ville , étant maire en icelle , pendant qu'elle se trouvait
» pressée, avec le reste de ceux de la religion en France, par
» ceux de la Ligue ; que la religion et le même pays se voyant
» encore à présent en danger , il estimait que ledit sieur Jean
» Guiton ferait dignement la même charge. » Il faut croire que
Colin était sincère et ne pensait pas alors ce qu'il a pensé , ou
du moins écrit depuis, « que ledit Guiton n'entendait rien à la
» mer ni guère à autre chose. » Ce fut Pierre Guillaudeau ,
sieur de Beaupréau, que Colin mit aussi plus tard au nombre de
ses ennemis, qui en l'absence des avocats du roi, comme le plus
ancien avocat (1), requit et accepta la prestation de serment de
Guiton.

(1) Guillaudeau devait être assez vieux , puisqu'il était pair depuis 1576 ,
échevin depuis 1620. Il avait pris à la maison de ville la place de son père
Pierre Guillaudeau. Ses contemporains le désignent habituellement par son
titre de sieur de Beaupréau. Il avait épousé Judith Macé. Il nous a laissé deux
cahiers de son diaire, qui vont de 1598 à 1637. Il y tient note surtout de ce
qui intéresse ses affaires personnelles ; mais il y consigne en passant quelques
anecdotes, et les anecdotes de cette époque sont plus d'une fois dignes de
l'histoire.

Peu de choses sont moins contestées et, ce semble, moins contestables que la nécessité de concentrer les pouvoirs dans la main du chef d'une ville assiégée, surtout quand elle a, comme l'avait la Rochelle, à lutter contre un ennemi puissant, contre des dissensions intérieures et contre toutes les rigueurs de la famine. Colin ne reconnaissait pas ce principe et il semble que le maire lui-même ne l'invoquât pas ; il réclamait seulement toutes les affaires qui avaient trait à la guerre et de là des conflits. En juin 1628, un gentilhomme saintongeais, La Tourvert, fut dans une rixe blessé mortellement par plusieurs soldats. Le présidial évoque l'affaire, comme assassinat ; le maire voulut la retenir, comme affaire survenue entre gens que la guerre avait attirés dans la ville. Le grand Conseil de la ville ordonna que le présidial remît au maire les informations. Colin résista, garda les informations *dans sa pochette*, bien qu'on le mît en prison, et ne les remit qu'après deux jours d'emprisonnement, et après en avoir pris copie.

Rentré chez lui il dressa son procès-verbal, et le présidial prononça secrètement un jugement, exécutoire à la paix, qui condamnait le maire à faire amende honorable et à 20,000 livres d'amende. Le secret ne fut pas gardé : en outre, de nouveaux débats, élevés entre le maire et le présidial à l'occasion du meurtre d'un soldat anglais par Jacques Guiton, proche parent du maire, qui avait été auparavant menacé et culbuté, aigrirent encore ces rapports si difficiles. Colin fut de nouveau emprisonné le 4 août, sous l'accusation de complot et de trahison. Ses papiers furent saisis. On y trouva, outre le procès-verbal et le jugement dont je viens de parler, une sentence d'interdiction contre les avocats Guillaudeau et Véronneau qui avaient plaidé dans l'affaire de Jacques Guiton devant le conseil de guerre. Cette affaire de La Tourvert eut assez de retentissement pour motiver une disposition particulière de l'article XII de la déclaration de Louis XIII, après la soumission de la ville.

Colin resta en prison jusqu'à la fin du siége. L'accusation de trahison ne fut pas prouvée , ni même vivement poursuivie. Il est permis de croire que le maire et le conseil n'avaient euxmêmes que de légers soupçons et avaient surtout voulu se débarrasser d'une opposition tracassière, toujours renaissante et de plus en plus irritante dans des circonstances si terribles.

Une autre question se pose : on voudrait savoir comment dans un temps où tant de gens cherchaient avec grand'peine une nourriture quelconque et où beaucoup mouraient de faim , les prisonniers échappaient à un pareil sort. Mais Colin, quoiqu'il décrive les horreurs de la famine, n'émet pas de plainte et ne donne pas de renseignement à cet égard.

Il fut délivré par Guiton lui-même , au jour où fut enfin reconnue l'impossibilité de prolonger la résistance et où l'on supposait que plusieurs habitants songeaient à délivrer euxmêmes Colin, malgré le maire, pour en faire auprès du roi un messager et un intercesseur. Peut-être toutefois en rapportant ce bruit, Colin est-il dupe de la vanité qui lui accroît son importance.

La nuit du 28 au 29 octobre il eut , dit-il , le commandement de la garde, qui fut remise le lendemain à son frère Jean, et ce fut lui qui reçut le duc d'Angoulême lorsqu'il vint prendre possession de la porte de la ville. Il s'applaudit alors de la prison qu'il avait subie. Car elle fit juger à Sa Majesté « qu'il n'y avait » pas une si entière intelligence entre ses officiers et ledit » Guiton et autres mutins. C'est pourquoi l'arrêt donné au » Conseil privé du roi par lequel tous les officiers de Sa Majesté » qui étaient demeurés en ville perdaient leur charge et étaient » déclarés indignes d'avoir jamais aucun office fut révoqué ; » et même Sa Majesté voulait envoyer de sa cuisine tous les » jours un plat audit Colin, comme il en envoyait à M. de » Feuquières : mais M. de Toiras et l'archevêque de Bordeaux » l'empêchèrent, et firent bien parce que c'eût été un prétexte

» aux ennemis dudit Colin de l'accuser davantage de trahison
» et de le tuer impunément. »

J'ai cité textuellement ; il importait ici d'entendre Colin lui-
même dans cette allusion à ce complot pour livrer la ville, dont
il n'avait pas été convaincu, mais dont il ne semble pas qu'il ait
jamais été pleinement justifié.

Quoi qu'il en soit, il devint dès lors un des principaux personnages de la Rochelle, et peut-être le premier parmi les enfants
de la ville. Il laisse parfaitement voir le vaniteux contentement
qu'il ressent de cette influence ; mais il n'en use pas du moins
sans énergie ni sans utilité pour ses concitoyens.

Ainsi dès le 19 décembre 1628, le grand maître d'artillerie
ayant manifesté l'intention de s'emparer de toutes les cloches ,
poëles, chaudrons, en un mot de tous les objets d'airain, de
plomb ou d'étain qui étaient dans la ville, et offrant seulement,
comme par générosité , de les laisser racheter pour douze ou
quinze mille écus, Colin s'oppose avec succès à cette exaction.

En 1632, les catholiques , qui peu d'années auparavant accu-
saient l'intolérance des réformés , ne voulaient pas permettre
que Pierre Moreau fût reçu en l'office de notaire royal qu'il
avait acheté de la veuve de Pierre Papin, à cause qu'il était de
la religion ; c'est encore Colin qui lutte pour le droit qu'assu-
raient les édits aux Huguenots et qui le fait triompher.

Enfin, en 1640, il montre avec plus d'opportunité cette fermeté
tenace qu'il avait montrée contre Guiton. Seize navires de la
marine royale croisaient sur les côtes ; les officiers et les
matelots de la flotte se permettaient en ville mille insolences ,
Colin fit arrêter un de ces marins , mais le chef même de la
flotte, le commandeur des Gouttes , qui osait dire que quand il
avait arboré le pavillon blanc toute justice et toute autorité
devait cesser autour de son armée , entoura avec deux ou trois
cents hommes le logis de Colin et délivra de force le prisonnier.

Cette insolence, qui eût été téméraire douze ans plus tôt, était
alors sans péril. Colin céda , mais protesta assez vivement pour
que Richelieu, tout en laissant cet acte impuni, rappelât du moins
au grand Prieur de France qu'à terre les gens de guerre étaient
justiciables de la justice ordinaire, et que, s'ils voulaient y
échapper, ils devaient rester sur leurs vaisseaux, et comme si le
vieux sol rochelais eût encore été moins propre qu'un autre à
supporter ces outrages, les années suivantes les armements ne
se firent pas en cette ville , au grand détriment de l'armée ,
puisqu'il fallait y venir chercher pour les transporter en Bretagne
toutes les commodités.

A part ces circonstances extraordinaires, l'importance de
Colin ne se manifeste guère que lorsqu'il arrive quelque grand
personnage à la Rochelle. Il relate soigneusement toutes ces
entrées ; il conserve même quelques-uns des discours qu'il a
prononcés dans ces occasions , dont l'emphatique amphigouri
laisse à peine comprendre comment ce même homme peut
raconter avec simplicité et bon sens. Toutefois l'honneur de
parler devant des archevêques et des princes semble lui rappeler
plus que lui faire oublier les missions qu'il avait remplies dans
la Rochelle plus libre, ce jour où, après avoir accepté à maire
François Prévost, le beau-père de Guiton , *aux festins d'icelle
mairie, il eut toujours le haut bout, par dessus M. Favier,
président de l'assemblée.*

En 1635, il relate que, en l'absence du commandeur de la
Porte , il fut chargé de faire publier le ban et l'arrière-ban , et
il ajoute ceci : « Ce qui fut imputé à grand honneur audit sieur
» Colin, que cet acte si rarement advenu en cette province depuis
» deux cents ans et plus , ait été fait par lui et sous son nom ,
» ayant depuis près de trente ans qu'il est en charge et exercice
» de son office, fait plus d'actions extraordinaires qu'aucun des
» lieutenants-généraux ou autres n'ont fait de long temps ;
» parce qu'il a accepté un maire en 1622 , et aussi accepté le

» dernier maire qui a été en ladite ville , lors de la destruction
» d'icelle et chute, en 1628. » Peut-être les violences du commandeur des Gouttes avaient-elles fait pâlir aux yeux de Colin
celles de Guiton ; d'ailleurs il y a une irrésistible séduction à se
sentir mêlé à un grand événement historique.

Raphaël Colin garda ses fonctions jusqu'en 1645 et mourut le
18 septembre 1647. Cette date empruntée au registre des enter-
rements, nº 49, où il est désigné par son nom, son prénom, son
titre , ses qualités, ne laisse place à aucun doute et établit que
c'est à tort qu'Arcère a écrit qu'il vivait encore en 1653. Mais ,
comme il ne cite pas d'autorité, il ne m'est pas possible de savoir
ce qui l'a induit en erreur.

Est-ce dans ces deux années que Colin rédigea les mémoires
qu'il nous a laissés ? Un rapprochement que, sous l'année 1640,
il fait avec ce qui se passa en 1642, pourrait faire croire qu'ils
sont postérieurs à cette dernière date. Au moins est-il certain
qu'ils ne furent pas écrits au jour le jour, comme ceux de
Merlin, par exemple , mais après coup , sur des notes relues au
travers de la loupe des passions. Sur les années 1624 , 1625 ,
l'auteur fait remarquer qu'il omet plusieurs choses notables ,
*à cause de la perte de ses mémoires faits à mesure que les
choses étaient faites ou sues.* Il y a là une garantie d'exactitude
dans les faits, non d'impartialité dans les jugements.

Les noms de diaire, d'annales , de mémoires qualifieraient
mal cet écrit. Comme bien d'autres Rochelais, Colin avait sa
copie du livre de la Poterne ; il y ajouta quelques notes , comme
nous faisons tous en marge de notre exemplaire d'Arcère. Ces
notes sont d'assez médiocre importance. De 1199 à 1559, Jaillot
s'est contenté de les porter comme additions à sa propre copie
du livre de la Poterne. Il les a transcrites à part de 1560 à
1604 ; elles gagnent en effet en étendue, peut-être en importance , mais sans perdre leur caractère d'anecdotes et d'observations détachées. De 1604 à 1643, ce ne sont plus des additions,

mais une continuation qui prend de plus en plus, à mesure qu'elle avance, le caractère d'une véritable histoire. Le nombre de pages consacré à chaque groupe d'années peut donner une idée du détail avec lequel elles sont traitées ; je le relève donc:

De 1560 à 1610. — 27 pages in-quarto ; écriture fine et serrée.

De 1610 à 1620. — 19 pages.

De 1620 à 1627. — 33 pages.

De 1627 à 1628. — 38 pages.

De 1629 à 1643. — 30 pages.

Nous avons donc là une histoire de la Rochelle pendant tout le règne de Louis XIII. Il n'y a sur les dernières années du règne d'Henri IV que de simples notes. La relation des dix premières années de Louis XIII est encore un résumé succinct , mais déjà suivi, formant un tout. Colin commence à entrer dans de plus grands détails à l'année même où Merlin s'arrête. C'est là une coïncidence heureuse , mais sans doute tout-à-fait for-tuite. Car rien n'annonce que le magistrat ait connu le diaire du ministre, encore moins qu'il ait voulu y faire suite. Même à partir de 1620 , il n'imite pas , à beaucoup près, les longs déve-loppements de Merlin ; son récit est encore un peu décousu , mais assez détaillé et fort intéressant : il s'y occupe évidemment de lui beaucoup plus que ne l'eût fait tout autre, non pas assez toutefois pour donner à son journal le caractère de mémoires. Le besoin de se justifier , de se faire sa part se fait beaucoup plus sentir dans les pages consacrées aux longs mois du siége : mais tous les faits sont alors solidaires les uns des autres et s'éclaircissent mutuellement. L'histoire de ces dix-huit années par un témoin oculaire, mêlé à la plupart des faits est évidem-ment un des documents les plus propres à faire comprendre la vie de cette époque.

Quant à l'esprit dans lequel a écrit Colin , sa vie le fait aisé-ment présumer. Plein de son importance , ne trouvant jamais son rôle assez grand , il est un appréciateur plus que sévère de tout ce qu'il n'a pas fait. Soupçonné de trahison, soit indignation, soit conscience, il est prompt à soupçonner les autres. Rigoureux sur les faits, méfiant sur les motifs, il est dur dans l'expression.

Il n'y a guère à le consulter sur Guiton , dont il ne parle qu'avec le souvenir de sa lutte, de sa haine personnelle. Quand il dit qu'il n'entendait rien à la mer et guère à autre chose, qu'il fallut que ses capitaines tirassent leur poignard pour le forcer à combattre , qu'il n'était guère de considération à la Rochelle, quand il le taxe de *lâcheté*, il ne fait qu'ôter tout crédit aux reproches bien plus vraisemblables qu'il adresse à son orgueil et à son despotisme. Mais ce n'est pas envers lui seul qu'il a cette rudesse. En 1622, M. de Soubise est complètement défait ; deux des frères de Colin, Gaspard et Adam , avaient été faits prisonniers dans cette rencontre mal dirigée, et dans les événements qui l'avaient suivie son frère Jean avait reçu une mousquetade au travers du corps. Est-ce par mauvaise humeur ou par conviction que Raphaël écrit : « Il fut fait par mondit sieur de Soubise la plus grande lâcheté qui fut jamais. » Il est vrai qu'à cette occasion le peuple de la Rochelle jeta un cri de trahison qui retentit jusqu'au dehors. Si, en 1625 , le maire David fait sortir de la ville les sieurs Manial, Ducandal et Malleray, avant de publier des nouvelles qui auraient pu porter le peuple à violer le droit des gens pour leur faire un mauvais parti , il incline à croire que *le maire et autres avaient touché argent , que l'on disait être de plus de 45,000 livres*. Dès le commencement de son récit du siége, il se plaint des mauvais procédés et des trahisons de Buckingham, et dit que les Anglais ne faisaient que rire et boire , et se moquaient des Rochelais. C'est là une vérité un peu crue, mais , j'en ai peur, une vérité.

On le voit donc, Colin est un esprit non seulement sévère, mais chagrin, qu'on ne peut lire sans méfiance , mais qu'il faut lire.

Après 1628, les détails deviennent de plus en plus personnels; la transcription des mauvais discours d'apparat prononcés par Colin y occupe tristement sa place ; on n'y trouve pas ce qu'on y chercherait le plus volontiers, la formation de la nouvelle population de la Rochelle ; cependant tout intérêt ne cesse pas ; la vie ne s'éteint pas tout d'un coup , et l'on suit avec une curiosité attristée les résultats de la conquête et l'interprétation par le plus fort de ses propres concessions.

Ces mémoires s'arrêtent en 1643 , à la mort de Richelieu , et se terminent par une appréciation médiocrement enthousiaste de ce grand ministre.

J'ai toujours parlé de ces annales comme d'une œuvre authentique de Raphaël Colin, et en effet, fussent-elles anonymes, leur lecture ne laisserait aucun doute à cet égard. Quel autre lui eût donné, et à lui seul, une si grande place ? En outre Jaillot remarque que , dans l'original , sous l'année 1626 , à ces mots m'envoyèrent, me baillèrent , les mots *m* et *me* ont été biffés pour faire place aux mots *ledit Colin*. Une autre fois seulement le *je* s'est glissé , dans un passage insignifiant, quand l'auteur rappelle qu'en 1643 il avait fourni quelques notes au capucin chargé par le présidial de prononcer une oraison funèbre de Richelieu.

Cependant le titre de la copie que Jaillot a faite de cet écrit , la seule que j'en connaisse , est ainsi conçu : « Annales de la » Rochelle depuis l'année 1560 jusqu'en l'année 1718, tirées en » partie du livre de la Poterne. Les additions sont de M. Henri » Colin. Tout est de lui depuis l'année à laquelle finit le livre » de la Poterne jusqu'à l'année 1643. »

Il est clair que Jaillot avait écrit ce premier feuillet avant d'avoir lu ces mémoires , et qu'il a négligé de le rectifier. Il tenait le livre de M. Maudet qui, le tenant lui-même de M. Henri Colin, avait indiqué celui-ci comme l'auteur. Peut-être même le manuscrit prêté était-il de la main de Henri, soit qu'il l'eût copié sur la rédaction originale de Raphaël, peut-être en substituant la troisième personne à la première dans le récit, soit qu'il l'eût écrit sous sa dictée. Cet Henri qui posséda après Raphaël la terre des Houmeaux, paraît avoir été son fils ou son neveu. Dans cette dernière hypothèse , j'inclinerais à le croire fils de Jean , parce qu'une note additionnelle, mise dans leur copie du livre de la Poterne , à l'année 1404 , année de la mairie de Caillereau , nom que ne portent pas toutes les copies de ce livre , entre dans quelques détails sur Raphaël , et sur Jean Colin , à l'exclusion des deux autres frères , Adam et Gaspard.

Henri mourut en sa maison des Houmeaux le 14 janvier 1688 et fut enterré au cimetière de Villedoux , auprès de la croix. Sa femme , Elisabeth Biète , décéda l'année suivante à la Rochelle. Probablement ils n'avaient pas d'enfants, puisqu'Henri Colin légua tous ses biens à M. Maudet. Celui-ci mourut dans sa maison de Saint-Mathurin le 25 octobre 1707 et fut enterré à la Jarne. C'est de son fils, M. Jean Maudet , greffier en chef du présidial, que Jaillot tenait les annales de Raphaël Colin.

Ces divers propriétaires y avaient ajouté quelques notes , comme le montre évidemment celle sur l'année 1404 qui concerne la famille Colin , et une autre sur l'annnée 1638, qui mentionne la naissance *de M. le dauphin Louis XIV, Dieudonné, dit depuis Louis-le-Grand.* MM. Maudet rédigèrent aussi leur journal sans combler la regrettable lacune qu'offre cette histoire de 1643 à 1689 ; ils enregistrèrent ce qui se passait sous leurs yeux, le père de 1689 à 1707, d'une manière suivie et avec soin ; le fils de 1707 à 1718, de loin en loin et avec négligence. L'histoire anecdotique , qui ne dédaigne rien , peut encore y glaner quelques faits intéressants ; mais, en somme, ce sont les cancans d'une ville de province qui succèdent à l'histoire d'une petite, mais fière république.

VII.

MERVAULT, PIERRE,

NÉ ET MORT A LA ROCHELLE. — 1607 — 1675.

Je n'ai presque rien à dire de la vie de Pierre Mervault ; je n'ai guère que des doutes à émettre sur ses écrits ; mais je ne saurais passer sous silence ce laborieux et utile écrivain.

Pierre Mervault ne fut baptisé au temple Saint-Yon que le 23 août 1607, mais il était né à la Rochelle, le 16 août, de Paul Mervault et de Marie Duprat. Il eut pour parrain Pierre Jacquin, pour marraine Elisabeth Mignonneau.

Ainsi il se rattachait par tous les points à des familles municipales. Un Pierre Mervault en 1516, un Jean Mervault en 1520 avaient été co-élus du maire ; Paul était pair de la commune et maître de l'artillerie en 1627. Il avait, soit comme membre du corps de ville, soit comme ancien de l'église réformée, rempli plusieurs missions de confiance.

Le jeune Pierre fut destiné de bonne heure au commerce : son éducation fut toute dirigée vers ce but, et il n'eut, comme il le dit, *nul aide de lettres* : mais il était observateur et curieux, et de bonne heure aima à tenir note de tout ce qui se passait sous ses yeux.

Il n'avait que vingt ans lorsque commença le siége de la Rochelle; il n'y prit part que comme soldat, lorsque tout habitant l'était; aussi dans sa relation parle-t-il peu de lui, sinon pour ajouter, lorsqu'il raconte quelque chose de nature à étonner : j'y étais, j'ai vu. Il fut un des derniers hommes valides, et il était de garde au corps de garde de la chaine, lorsqu'un coup de feu tiré par Seignette, le dernier peut-être que tirèrent les assiégés, donnant une alarme sans fondement, y attira vingt-cinq ou trente hommes, si faibles et si las que, lorsque l'exaltation du danger ne les soutint plus, ils tombèrent sous le poids de leurs armes.

Le siége fini, toute carrière municipale fermée, Pierre Mervault reprit son commerce et il mourut marchand à la Rochelle, le 13 décembre 1675, laissant sa maison à un fils nommé Pierre comme lui.

Mervault prend rang parmi les historiens de la Rochelle comme auteur d'un journal du siége de 1628, plusieurs fois imprimé, et d'une histoire de la Rochelle pendant les temps antérieurs, restée manuscrite.

Le journal du siége présente deux ordres de questions. Je l'examinerai d'abord comme document historique : je discuterai ensuite les difficultés bibliographiques qu'il soulève.

Dans une préface où il décline toute prétention d'écrivain, Mervault fait connaître comment il a composé ce journal. Il recueillait au jour le jour non seulement les faits que tout le monde savait, mais aussi les particularités qu'il apprenait de son père qui, comme maître d'artillerie, exerçait la seconde charge de la ville. Pressé de publier ces notes, il les donne telles qu'elles sont, sans songer à en faire un livre. Il prend à témoins de sa véracité impartiale ceux qui comme lui ont survécu à ces scènes terribles. Mervault dit vrai, mais il ne dit pas tout. Dans une préface restée inédite, ce dont il est difficile de voir la raison, il ajoutait qu'outre les mémoires de son père, il avait eu ceux « de l'un des députés de ladite ville en Angleterre, » qui tenait journal de son côté et d'autres qui ont agi en cette » guerre. » Ce député, c'est Philippe Vincent.

Des faits quotidiens et publics, des pièces officielles, le récit des négociations plus secrètes transmis par les acteurs ; voilà ce dont se compose le *Journal des choses les plus mémorables qui se sont passées au dernier siége de la Rochelle, par Pierre Mervault, Rochelais*. Il a beaucoup su, et il a naïvement dit ce qu'il savait ; jamais dans aucun livre il n'y eut plus d'impartialité : si l'auteur laisse voir quelque sentiment, c'est la pitié pour les souffrances inouïes qu'il a sous les yeux, et sa naïveté devient attendrissante lorsqu'il raconte quelques-uns de ces actes d'abnégation que les circonstances rendaient sublimes. Si quelque passion se mêle aux pièces qu'il transmet, le lecteur est averti par le nom de celui dont elles émanent, par les circonstances au milieu desquelles elles ont été écrites : jamais auteur n'eut moins de personnalité et ne fut un intermédiaire plus transparent entre les faits et le lecteur.

On a beau faire toutefois : à la pitié pour ceux qui ont succombé, à la joie bien triste mais profonde d'avoir survécu à de si terribles épreuves, il se joint toujours, après un an de combats, une impression politique quelconque. Il y a un point du moins sur lequel celle de Mervault est très-nette. Protestant et Rochelais, il souffre sans doute des revers qui ont détruit la commune, et qui menacent son culte : mais dans cette longue attente des secours de l'Angleterre qui seuls pouvaient et qui devaient sauver la Rochelle, la question dans tous les esprits s'était posée entre les deux pays. Le mot qu'on attribue à

Guiton : « J'aime mieux obéir au roi qui a su prendre la
» Rochelle, qu'à celui qui n'a pas su la défendre » est digne de
l'histoire, surtout parce qu'il résume une situation, parce qu'il
exprime le sentiment de toute une population, si l'on peut
donner ce nom aux tristes débris de celle de la Rochelle. C'est
aussi celui qui domine dans Mervault.

J'ai parlé de ce livre tel que Mervault l'avait d'abord composé.
Il reçut dès la première édition quelques additions, de très-
grandes dans la seconde, qui, sans en altérer le caractère,
méritent pourtant quelques explications.

J'appelle première, l'édition in-8º sans lieu ni date ; seconde,
l'édition in-12, de Rouen, chez Jacques Lucas, 1671. Je m'expli-
querai tout-à-l'heure sur les autres.

On est presque toujours flatté de voir son nom mêlé à de
grands événements. Soit par ce motif, soit par amour pour
la vérité, dès qu'on sut que Mervault publiait son journal, on
lui apporta de nouveaux documents. Le mode de sa rédaction
en permettait aisément l'insertion. Quelques pièces entrèrent
ainsi dans la première édition. La démarche de Lafitte et de
Delon, du 10 août 1628. tirée de la relation de Véronneau, ne se
trouve pas dans le manuscrit. Il y eut même des morceaux
insérés pendant l'impression ; ainsi la mission qu'accomplit
Desrivières, par ordre du duc d'Angoulême, le 16 août 1627, ne
se trouve relatée que dans quelques exemplaires. Il y a dans
cette première édition des erreurs de date patentes. En effet,
Mervault désigne les dates par le jour de la semaine et par le
quantième du mois; or, ces deux indications se contredisent
assez souvent : on trouve, par exemple, au mois de mai 1628
un jeudi qui est éloigné de sept jours d'un mardi. Mervault
n'avait pris note que d'une de ces désignations et il s'est
trompé en voulant donner après coup la double expression de
son renseignement.

La seconde édition a une étendue double de la première. Il ne
s'agit pas ici seulement d'additions ; la rédaction tout entière
a été refondue. Quelques nouvelles pièces officielles , de nouvelles lettres , mais surtout de nouvelles anecdotes ont trouvé
place , quelques-unes même personnelles à l'auteur et qu'apparemment il n'avait pas d'abord crues dignes de l'histoire : ni
l'esprit , ni la méthode du livre ne sont changés ; mais il est
clair que Mervault ajoute ici des choses qu'il n'a ni vues, ni
sues de son père ou de Vincent, et il les ajoute quarante ans
après l'événement. Il ne suffit plus de la garantie de sa véracité,
il faut y joindre celle de sa critique : or , je cautionnerais plus
volontiers l'une que l'autre. Il y a dans cette seconde édition
bien plus de détails, et quelques-uns fort intéressants, que dans
la précédente ; mais elle est moins sûre.

Mais dans l'une ou dans l'autre avons-nous bien le livre de
Mervault tel qu'il l'a écrit, avons-nous toute l'expression de sa
pensée ? Ici se pose une question de bibliographie qui n'est pas
sans difficulté.

Le père Bordes, dans son Supplément au traité des Édits de
Thomassin, p. 511, en parlant des relations des Rochelais avec
l'Angleterre dit que : « On en voit les traités et toutes les
» autres circonstances dans le journal du siége qu'on attribue
» dans les manuscrits de Saint-Magloire, au ministre Vincent.
» l'un des députés , quoiqu'il ait passé sous le nom d'un
» marchand de la Rochelle dans l'imprimé de Rouen fort
» imparfait. »

Il y a ici deux assertions, que le journal est de Vincent et non
de Mervault ; que l'imprimé est fort imparfait : il n'y a rien à
l'appui d'aucune des deux. Arcère fait observer que la première
aurait bien besoin de preuve pour prévaloir contre la déclaration
de Mervault assurant qu'il a écrit sur ses observations et
sur celles de son père ; il faut ajouter contre la lecture du livre,
qui réfute et explique l'erreur, en montrant en même temps et
que Vincent y a eu grande part, et qu'il n'a pu tout l'écrire.

Mais en quoi le livre imprimé est-il imparfait ? Bordes ne le dit pas : la seule phrase qu'il cite de son manuscrit, à propos de la violente marée du 8 novembre 1628 : « Cela fit reconnaître » la protection de Dieu particulière pour les affaires de » Sa Majesté » se trouve dans toutes les éditions, et elle est typique comme expression du royalisme de Mervault.

Lelong, dans la Bibliothèque historique de la France (nº 21,484 de l'édition de Fontette), cite un manuscrit, nº 633 des manuscrits de Dupuy et dans la bibliothèque du roi entre les manuscrits de M. de Gaignière. Mais Arcère et Fontette disent qu'il a été vérifié, que ce n'est qu'une copie de la première édition, et c'est sans doute une de ces copies qu'ont vue MM. Haag, à la bibliothèque impériale, ancien fonds français nº 10,349, in-4º, avec cette suscription : à la Rochelle, 1628.

Enfin on avait à la bibliothèque de l'oratoire, on a maintenant à la bibliothèque de la ville de la Rochelle, un manuscrit de ce journal, terminé par ces mots : *Fin dudict journal, 1628*, qui, dit Arcère, pourrait bien être l'autographe de l'auteur. De la main de l'auteur, soit ; mais certainement une copie ; le soin, la régularité de sa belle écriture ronde ne laissent aucun doute possible à cet égard. Cette copie toutefois doit être antérieure à l'impression : car elle a quelques pages de moins, dont on ne s'expliquerait pas la suppression. Elle n'a rien de plus, sinon des sommaires marginaux d'un tout autre caractère d'écriture, quoique peut-être de la même main ; et une préface différente. Mais cette préface et ces sommaires expriment plus nettement que toute autre chose le royalisme, les sentiments anti-anglais de l'auteur. A la fin se trouvent quatre pages détachées, d'une toute autre écriture, tout-à-fait étrangères au journal, tracées en 1679 par un protestant propriétaire de cet exemplaire, qui rapprochent avec amertume de la conduite de Richelieu envers les protestants au sortir d'une lutte acharnée celle de Louis XIV après une longue paix,

Mais la première édition et le manuscrit lui-même n'ont-ils pas souffert des altérations à la rédaction primitive, qui permissent à l'intendant de la province de déclarer comme il le fait dans la permission, qu'il n'y trouve rien *qui puisse préjudicier à la religion apostolique et romaine, ni au gouvernement de l'État* ? C'est ce que nous saurions si nous avions la traduction anglaise, publiée à Londres, en 1630, mentionnée par Lelong (n° 21,483, édition de Fontette). Mais cette traduction existe-t-elle ? A qui m'en présenterait un exemplaire, je n'aurais rien à dire ; mais j'avoue que jusqu'à preuve faite, la chose me paraît peu vraisemblable.

Cet empressement des Anglais à traduire un livre qui ne leur est rien moins que favorable m'étonne, mais il y a d'autres motifs de doute dans l'article même de Lelong. Le voici tout entier.

« N° 21,483. Journal des choses plus mémorables qui se sont passées au dernier siége de la Rochelle, par Pierre Mervaulx. Rochelois, 1628. Rouen 1640. In-8°.

» Le même augmenté de près de la moitié ; Rouen 1671, in-12.

» Le même, London, 1630. In-8, (en Anglois). »

Lelong est un bibliographe fort exact, mais la Bibliothèque historique a près de 50,000 articles ; et il est permis de croire qu'il a emprunté ces indications à Lenglet Dufresnoy, Méthode pour étudier l'histoire. Or, les éditions de 1628 et de 1640 me sont aussi suspectes que la traduction anglaise.

Je n'en ai pas vu d'exemplaires, je ne les ai vues citées dans aucun catalogue ; celui de la bibliothèque impériale ne les mentionne pas. Une édition de 1628 est presque impossible, et même sur les manuscrits cette date doit être fausse. Louis XIII entra à la Rochelle le 1er novembre 1628 et le journal va

jusqu'au 18 de ce mois. — Dans l'avertissement mis à l'édition
de 1671, écrit trois ans plus tôt, Mervault dit que Dieu l'ayant
fait parvenir jusqu'à cette année, il croit devoir publier avec
des augmentations le journal qu'il a fait imprimer il y a vingt-
quatre ans. C'est mettre à 1644 la première édition ; or, c'est
là la date que porte la permission d'imprimer qui termine
l'édition sans lieu ni date.

La date ainsi déterminée, on peut présumer que le lieu fut
la Rochelle ; car elle fut imprimée sous les yeux de Mervault.
Le nombre des fautes pourrait en faire douter, mais en voici
la preuve. Le dernier feuillet contient la permission d'imprimer
et les fautes à corriger. Or, il y a des exemplaires, et j'en ai
vu un dans la bibliothèque de M. Giraudeau, mon beau-frère,
où ce feuillet est remplacé par le récit d'une proposition pré-
sentée par Desrivières, le 16 août 1628, précédé de cette note :
« Ce mémoire n'ayant été fourni par le seigneur Desrivières
» depuis l'impression achevée, je l'ajoute ici, m'étant informé
» du fait... faut mettre à la page 27 entre la première ligne et
» la seconde, &. » Cette substitution n'a pu être faite non seulement que pendant l'impression, mais que pendant le tirage de
la dernière feuille, car ce n'est pas un feuillet supplémentaire.

Il y a une édition de 1648, à Rouen, chez Berthelin et Cailloué,
avec un faux titre différent : histoire du dernier siége de la
Rochelle, etc, qui semble bien copiée sur l'édition de 1644, qu'elle
reproduit ligne par ligne ; elle n'insère pas l'histoire de Desrivières ; mais elle met, à la page 259, la préface des articles
accordés à la Rochelle, omise et placée à la fin dans la première édition, elle supprime l'errata, dont elle corrige les
fautes, en reproduisant celles qui n'y sont pas indiquées. Elle
veut cependant, dans je ne sais quel intérêt, se donner pour la
première. Car en même temps qu'elle fait suivre la permission
datée du 28 juillet 1644 de ces mots : Achevé d'imprimer le
8e jour d'avril 1648 ; elle met après la préface de l'auteur cette
note : « L'auteur n'a pu mettre le présent journal en lumière

» plus tôt pour quelque raison particulière, combien qu'il en
» avait la permission il y a plusieurs années. » Ceci ne saurait
prévaloir contre la comparaison des éditions, soutenue par
l'indication précise de Mervault.

Ces deux éditions me paraissent les seules qui aient précédé
celle de 1671. MM. Haag, dans la *France protestante*, y ajoutent
une prétendue nouvelle édition, ce sont leurs termes, c'est-à-dire
une reproduction avec changement de titre, sans nom de lieu
ni d'auteur, sous ce titre : *Journal des choses mémorables
advenues sous le règne de Louis XIII. 1680*. 693 pages in-12,
comme l'édition de 1671, et une traduction en anglais, 1680,
in-8°. Ne serait-ce pas celle-là dont une faute de copiste ou d'impression aurait fait la traduction de 1630, indiquée dans Lelong ?

Entre la rédaction et la dernière publication de son journal,
Mervault avait étudié et écrit l'histoire de la Rochelle. Nous
avons, en partie du moins, ses travaux préparatoires et son
travail définitif. Je les énumère :

Le père Jaillot regardait comme ayant été en grande partie
transcrit de la main de Mervault un recueil des *Priviléges de la
ville de la Rochelle octroyés par les rois de France et par eux
confirmés de temps en temps et depuis peu par Louis XIII à
présent régnant*. In-folio de 184 pages. A côté des priviléges
proprement dits se trouvent plusieurs arrêts ou décisions judiciaires relatifs aux intérêts de la Rochelle. Diverses notes, des
listes de maires, des extraits moins spéciaux à la ville, entre
autres un curieux fragment du livre noir sur Jeanne d'Arc, un
état de l'artillerie rochelaise en avril 1628, terminent le volume.

Jaillot avait aussi fait copier des collections historiques concernant la ville de la Rochelle par Pierre Mervault. Il y a joint
d'autres morceaux, mais on y trouve empruntées aux compilations de Mervault :

Une matricule selon la réception des pairs au corps de ville et de ceux qui les ont premièrement possédés ; liste des pairs de la commune faite en 1627, fort intéressante pour l'histoire des familles rochelaises.

Evénements de l'année 1622 : Défaite de M. de Soubise ; siéges de Royan et de Négrepelisse ; blocus de la Rochelle ; combat de l'armée navale du roy avec l'armée navale rochelaise. Matériaux réunis de différentes sources.

L'histoire des tenants au blocus de la ville de la Rochelle, sous le très-puissant et très-redoutable monarque Louis, XIIIe du nom, roi de France et de Navarre. Mervault n'a fait que copier ce piquant pamphlet, mais c'est lui qui nous l'a conservé.

Récit sommaire de la plus grande part des choses qui se sont passées au siége et reddition de la Rochelle à l'obéissance de Louis XIII, roi de France et de Navarre, l'an 1628. Il semble d'abord que ce soit un abrégé du journal imprimé, du siége, dépouillé des négociations et des pièces officielles. Peut-être au contraire est-ce le journal qu'avait tenu Mervault lui-même, avant qu'on lui fournit ces documents politiques qu'il y a insérés. On y trouve quelques menus détails qui ne sont pas dans le livre imprimé, entre autres quelques notes du 18 novembre 1628 au 4 juillet 1630. A la suite est la relation de deux crimes étranges, le meurtre d'enfants par leur mère en délire, commis en 1631 et 1642. On y voit que les vieux Rochelais distinguaient d'eux les nouveaux habitants.

Mémoire pour servir à l'histoire des derniers troubles de la Rochelle depuis 1650 jusqu'en 1652. C'est le récit de la tentative avortée du comte du Doignon pour se rendre maître de la ville pendant les troubles de la Fronde. Mais il n'est que commencé et ne fournit de renseignements que sur les travaux de fortification faits par les ordres du comte. Il ne va pas jusqu'à la catastrophe de Besse.

Outre ces fragments, les Collections historiques contiennent deux essais d'une fusion plus complète.

Le premier porte ce titre : *Sommaire recueil tiré d'un vieux papier manuscrit, des pancartes et originaux des anciens priviléges, &. de la ville de la Rochelle, comme s'ensuit, par Pierre Merrault, Rochelois.* Ce n'est qu'un résumé fort sommaire, qui en revient vite à la simple compilation, juxtaposant sans s'occuper de les concilier, diverses descriptions de l'Aunis et de la Rochelle, diverses indications de son origine, l'une la faisant remonter jusqu'en 930, comme point fortifié contre les attaques des pirates, l'autre semblant n'attribuer qu'à Philippe-le-Bel la fondation de la commune. Mervault a eu des documents que n'ont pas connus ou pas employés les autres historiens, entre autres, ce semble, l'inventaire dressé par le maire de 1600, Pierre Guilmin. A la fin se place un morceau assez curieux sous ce titre : « *Description de la Rochelle, mise sur le frontispice de la fontaine royale faite à la place du château, en cet an 1650.* » C'est un résumé en 2 pages des rapports de la ville avec ses seigneurs et ses rois. A la suite viennent ces vers qui font allusion à la fontaine sur lesquels ils étaient ou devaient être posés.

PROSOPOPÉE DE LA ROCHELLE.

Je n'ai point honte de ma prise ;

Mon sort, quoique triste, fut beau :

J'ai vu tous les miens au tombeau,

Voulant conserver ma franchise :

Un grand roi me soumit toujours victorieux.

Qui, tout juste et clément, de son char glorieux

Me fit renaître de ma cendre,

Naïades, pressez-vous de sortir de ces lieux ;

Publiez que cet Alexandre

S'est fait en me vainquant maître des autres dieux.

Suit la signature Pierre Mervault, Rochelais, bien que ces vers et le résumé concis qui les précède, soient de Boucher Beauval et aient été imprimés, en 1673, à la suite de son traité de la colique bilieuse du Poitou.

Cet appendice au traité de la colique a pour titre : *Abbrégé historique et chronologique de la ville de la Rochelle*, 24 pages in-8º. Au résumé gravé sur une plaque de cuivre dont j'ai parlé, il ajoute des notes par ordre chronologique sur la construction des murs, des portes, des bâtiments, que terminent des détails intéressants sur les travaux alors récemment exécutés à la Rochelle, que l'auteur avait dirigés. Boucher Beauval venu à la Rochelle cinquante ans auparavant, vers 1623, comme apothicaire, avait montré comme militaire et comme ingénieur des talents qui lui avaient mérité la confiance de M. Colbert du Terron. Son *abbrégé* se distingue des nombreux écrits de ce genre qui nous restent.

C'est d'après Lambert Daneau qu'il fait remonter jusqu'en 930 la fondation de la Rochelle, et ce théologien donne cette tradition comme de notoriété publique. Cette assertion se trouve dans la dédicace de son *traité de la Messe*, Rochelle, 1589, in-8º ; adressée à MM. les maire et capitaine, conseillers, échevins, pairs, bourgeois, manants et habitants de la ville de la Rochelle, où Daneau retrace du ton du panégyrique *les beaux actes et vertueux exploits qui demandent pour les Rochelois louange et honneur*. C'est certainement cette dédicace qui a été réimprimée sous le titre de : *Epitre de maitre Lambert Daneau à MM. les maire, &., contenant les principales antiquités et priviléges de ladite ville de la Rochelle*. 1623. In-12.

Cette dernière brochure figurait dans la collection d'ouvrages sur l'histoire de la Rochelle qu'avait formée un chirurgien rochelais, M. Bolo, ou Bolot (en latin Bolotus), dont le catalogue nous a été conservé dans ces collections de Mervault.

Le second essai n'est pas moins qu'une histoire complète de la Rochelle. Elle fut rédigée en 1660, revue en 1668. Elle a subi des retranchements dans la copie des Collections historiques : mais nous en avons une autre copie faite avec soin en 1669, donnée à l'académie par M. Jousseaume qui avait été en 1740

associé pour le commerce et qui fut, dit-on, l'héritier d'un M.
Mervault, probablement descendant de l'auteur. Elle est précédée
des pièces qui composent le sommaire-recueil, dont je viens de
parler, mises dans un autre ordre et sans l'inscription faite
pour la fontaine de la place, et porte pour titre : « *Catalogue de
tous les maires de la ville de la Rochelle et de ce qui s'est passé
de plus mémorable pendant leur mairie, extrait des anciens
livres et chartes, &, par messire Jean Mérichon, &, et continuée
jusques en l'an 1628 par le sieur Pierre Mervault, Rochelois.*

C'est encore, on le voit, une copie et une continuation du
livre de la Poterne. Mervault réunit des documents de toutes
mains, et je ne crois pas qu'il se faille beaucoup fier à sa
critique ; mais nous avons de quoi le contrôler. Pour ce qui
précède le xviie siècle il confirme et complète, contredit quelquefois Barbot et Baudoin ; arrivé au règne d'Henri IV, il
marche à côté de Merlin et de Colin ; mais pour les graves
événements de 1612 à 1626, il nous fait entendre une autre
voix. Il parle là d'événements auxquels son père a pris part,
sur ses récits et sur ses jugements sans doute, et en effet les
opinions et les sentiments d'un membre du corps de ville y sont
très-transparents. Ces circonstances relèvent donc beaucoup
l'importance des récits étendus et parfois assez accentués de
Pierre Mervault.

Il rejoignait par là l'époque du siége dont il avait publié
l'histoire, et il semble en effet la rattacher à son catalogue par
les phrases qu'il a introduites au commencement de l'édition
de 1671, qui remontent brièvement un peu plus haut qu'il ne
l'avait fait d'abord, et qui contiennent cette sorte d'inculpation
contre le roi, dont la hardiesse n'a pas d'équivalent dans la
première édition : « Le fort bâti devant la Rochelle durant la
» guerre de 1621 et 1622, et qui par les articles de la paix
» devait être démoli, ne l'ayant toutefois pas été, donna sujet
» aux mouvements qui suivirent ès années 1625 et 1626. » C'est

proclamer qu'après tout dans cette guerre les Rochelais avaient
pour eux les traités.

Mervault est le dernier de nos chroniqueurs qui ait dû à ses
souvenirs et à de récentes traditions de famille le vrai sentiment
communal ; ce n'est pas pour lui le fruit d'un système, mais le
résultat de son éducation et de sa vie ; il n'altère en rien l'impartialité au service de laquelle il met une curiosité laborieuse.
C'est par là, qu'après avoir été utile, par ses travaux inédits
comme par son livre, à ceux qui ont écrit après lui l'histoire de
la Rochelle, il le sera encore à ceux qui pour la mieux voir
voudront la voir dans ses sources. Ceux-là ne lui refuseront pas
de la reconnaissance.

VIII.

REVEAU, GEORGES,

NÉ A NANTES, MORT A LA ROCHELLE, 1582 — 1663, ET LES

HISTORIENS DU SIÉGE DE 1628.

Reveau diffère beaucoup des écrivains dont j'ai parlé. A peine
ont-ils droit, et la plupart n'y prétendent même pas, au titre
de chroniqueur : lui, il veut faire et fait, sous bien des rapports,
œuvre sérieuse d'historien. Son livre écrit en latin a pour titre :
*Georgii Revelli Nannetensis in præfectura Rupellensi et elec-
tumvirali curia consiliarii et advocati fisci, De Rupella ter
obsessa, dedita demum, capta, subacta libri tres.* La Rochelle
trois fois assiégée, enfin rendue, prise, soumise ; en trois livres,
par Georges Reveau, de Nantes, conseiller et avocat du roi à
la prévôté et à l'élection de la Rochelle. A Amsterdam, chez
Jean Jansson, 1649. Il est dédié à la postérité reconnaissante
et amie de la vérité. Comme le titre l'indique, il embrasse
toute l'histoire de la Rochelle sous le règne de Lous XIII : et
c'est ainsi seulement en effet que l'histoire du siége peut être
comprise.

Dans un pareil sujet, de la part d'un contemporain, il ne faut pas espérer d'impartialité. Je crois que dans tous les partis on peut trouver de la bonne foi ; mais, l'impartialité du caractère. celle de la volonté admise, comment en attendre de l'esprit ? Qui écrira en pareille matière sans opinion préconçue, sans parti pris sur bien des points ? D'un autre côté l'opinion attache à ces derniers jours de la patrie rochelaise une importance qui ne trouve rien d'égal dans son histoire. Cette double considération me porte à m'écarter du plan que j'ai suivi dans ces notices. Il ne suffit plus de tenir compte de l'éducation et des antécédents de l'écrivain ; il faut au moins indiquer les moyens de contrôler ses assertions et ses jugements.

Après avoir dit ce que je sais et ce que je pense de la vie et de l'ouvrage de Reveau. j'essaierai de faire connaître quels sont les principaux auteurs qui ont traité le même sujet, quels ont été l'objet de leur témoignage et la pensée dominante qui les a dirigés, de faire ici, en un mot, ce que j'ai tenté ailleurs pour les historiens du siége de 1573, faisant, maintenant comme alors, œuvre de bibliographe, non d'historien.

Seulement aujourd'hui je prendrai pour point de départ, pour récit type, en quelque sorte, le récit rochelais. Mon plan général m'y conduit, et je n'y ai pas de regret. En général, j'aime mieux interroger les vaincus que les vainqueurs, surtout lorsque la victoire a été définitive : l'humiliation de la défaite est moins sujette à altérer la vérité que la jactance du triomphe; le vaincu se sent, pour ainsi dire, surveillé ; il n'impose pas sa parole, il la soumet au lecteur ; il a besoin qu'elle soit non seulement véridique, mais démontrée, pour qu'on la croie. Ici, en particulier, le vaincu peut bien faire connaître le vainqueur, dans la vie duquel il est entré, mais comment attendre que les vainqueurs mettent dans leur jour des motifs et des intérêts que, pour la plupart, ils n'ont jamais compris. Ils ne voient dans les Rochelais que des rebelles. soumis et épargnés par

leur maître ; or. les Rochelais ne se crurent jamais des rebelles ,
et c'est peut-être la victoire seule qui les a déclarés tels.

Georges Reveau était né à Nantes en 1582 ou 1583 ; mais il
vint à la Rochelle de bonne heure , au sortir de l'enfance, *ab
ipso excessu infantiæ*, dit-il lui-même (p. 3). On peut donc
affirmer qu'il y passa la plus grande partie du règne de Henri
IV, tout le règne de Louis XIII ; car il ne la laissa que passagè-
rement, en s'en éloignant peu , et y fut enterré le 1er février
1663, âgé de 80 ans. dit son acte de décès. Ces dates et le lieu
de sa naissance ont fait conjecturer à MM. Haag qu'il pouvait
être fils d'Edmond Reveau, greffier en la chambre des comptes
de Nantes. Il jouissait d'une grande aisance et portait le titre
de sieur de la Berthelière et du Treuil-Moreau ; il fut à la
Rochelle conseiller et avocat du roi à la prévôté et à l'élection ,
et par conséquent au présidial , lorsque, en 1628. la prévôté y
fut fondue. Protestant . ancien de l'église et député comme tel
en 1637, au synode national d'Alençon . il s'occupait même de
théologie . s'il faut comme l'affirme Barbier lui attribuer l'ouvrage pseudonyme intitulé : *Gregorii Vellei Rupellensis de
specimine animadversionum, Mosis Amyraldi adversus exerci-
tationes Friderici Spanhemii de gratia universali judicium.—
Lugduni Batavorum, 1649*, in-8o , dont les noms offrent en
effet l'anagramme des siens.

Comme protestant. il fut de ceux qui crurent que l'assemblée
de 1620 servait l'ambition turbulente de ses chefs bien plus que
les intérêts de la cause et qui blâmèrent sa résistance au roi :
comme magistrat . de ceux qui crurent que leur obéissance au
souverain dont ils tenaient leur charge devait être complète. et
qui quittèrent la Rochelle lorsque ses ordres transférèrent à
Marans les diverses juridictions. Il a une haute idée de son
importance comme magistrat , comme bourgeois vivant noble-
ment . comme lettré même. En général il s'occupe de lui. un
peu plus que ne le voudrait la dignité de l'histoire et la gravité

du ton qu'il lui a donnée : mais nous ne le connaissons guère
que par là.

C'est ainsi qu'il est très-hostile à la turbulence populaire et
qu'il met au premier rang des causes de la ruine de la Rochelle,
la révolution démocratique qui s'y accomplit au commencement
du XVIIᵉ siècle ; il ne surveille pas avec une anxiété moins jalouse
les empiétements des courtisans sur les pouvoirs des magistrats ;
il attaque vivement les usurpations de fonction que commet
Briet sous le nom d'intendant, et s'arrête un peu longuement
pour faire expier à Michel Berne la docilité qu'il a montrée à
celui qu'il appelle un brouillon ambitieux : et ce n'est pas sans
un retour complaisant sur lui-même qu'après avoir loué dans
Guron de Rechignevoisin, sa promptitude à parler, à répondre,
à agir, il remarque que, la plume à la main, il ne s'élevait pas
par le style et l'orthographe au-dessus des gens de bas étage.

Les idées de Reveau, on le voit, ne l'entraînaient pas dans la
lutte des Rochelais contre le roi : aussi n'y prit-il point part.
Pendant le siége, il s'était réfugié à Fontenay. Il n'eut donc
pas à subir les angoisses de la famine ; il n'échappa pas entièrement toutefois aux maux de la guerre. Déjà pendant cette
paix agitée qui précéda le siége, en 1624, il avait vu les soldats
qui occupaient le fort Louis venir en plein jour dans ses
domaines marauder et voler, et s'il avait pu les chasser ce
n'avait pas été sans peine ni sans en recevoir des injures,
quoiqu'ils connussent sa condition, a-t-il soin d'ajouter. Il
semblait à Reveau que la brutalité soldatesque eût dû s'arrêter
devant ce nom d'avocat du roi. Ce fut bien pis pendant le siége.
Malgré sa fidélité qu'il jugeait si méritoire, ce n'est pas chez
les soldats mais chez un chef, chez un des gentilshommes les
plus accomplis de la cour qu'il trouve rapacité et insolence. Le
maréchal de Bassompierre occupait à Aytré, sous les yeux
mêmes du roi, la maison de Mᵉ Réveau, et il l'a saccagée, il en
a tout emporté, et quand M. le conseiller est venu en personne

présenter ses réclamations , il l'a reçu brutalement et à-peu-près mis à la porte , et M° Réveau n'a jamais pu obtenir aucune indemnité.

Reveau consacre certainement trop de place au récit de ce petit malheur, mais peut-être ce petit malheur lui a-t-il ouvert les yeux sur bien des choses.

Rien en effet dans les circonstances que je viens de rapporter ne rattache de bien près Reveau aux Rochelais. Il a passé sa jeunesse parmi eux, mais il n'y est pas né ; il n'a pas sucé avec le lait, reçu avec les bégaiements de l'enfance leurs idées et leurs préjugés : il n'a pas subi les mêmes entraînements, partagé les mêmes espérances, soutenu les mêmes combats. Mais les vainqueurs lui ont paru avoir pour les formes légales et pour les gens du roi bien moins de respect que les rebelles : revenu à la Rochelle, il se trouve atteint dans sa propriété : il trouve la position des membres du présidial, où il entre, affaiblie et moins considérée : il trouve que les promesses faites aux assiégés au moment de leur soumission ne sont pas tenues: il voit les protestants, objets de continuelles tracasseries, sinon encore de persécutions, et par une vue rétrospective il comprend mieux quelles ont été les raisons de la lutte, il voit qu'elle n'a pas été sans motifs, et la juge peut-être en somme plus impru-dente qu'injuste.

Rentré après 1628 à la Rochelle pour ne plus la quitter, Reveau s'occupait d'un grand corps d'histoire : il le préparait sans l'écrire, il est vrai ; mais dans cette pensée il recueillait ses souvenirs, rassemblait des notes, interrogeait les témoins des événements au milieu desquels il vivait. Il en nomme quel-ques-uns dans son livre, ceux surtout avec lesquels sa vanité est flattée d'avoir eu des rapports, le duc de Guise, Nicolas Tudert, homme fort important, qui a l'honneur d'être oncle du chancelier Séguier. Tous les écrivains ont des amis qui les pressent de publier leur œuvre, et ce sont précisément ceux auxquels ils ne peuvent résister : les amis de Reveau le pressèrent : quoiqu'il jugeât la tâche au-dessus de ses forces , quoiqu'il fût retenu par la maladie, par la lenteur qu'amène la vieillesse, il céda et détacha de ce grand corps d'histoire l'histoire de la dernière lutte de la Rochelle. Son livre parut en 1649 ; mais on voit qu'il a dû le finir quatorze ans après le siége , c'est-à-dire en 1642. Quelques lignes seulement , écrites au moment de publier , rendent grâce à la régente Anne d'Autriche des bonnes intentions qu'elle montre pour les protestants.

Les circonstances avaient donc comme forcé Reveau de regarder de côtés divers et élargi ses idées. Les renseignements ne pouvaient pas lui manquer. A Fontenay , pendant le siége, sa curiosité si vivement intéressée avait recueilli les bruits du dehors : depuis, il avait vécu au milieu des Rochelais des deux communions : quels que fussent ses rapports avec Colin , qu'il déclare justement suspect aux assiégés , il l'avait pour collègue et ne pouvait pas ne pas l'entendre ; il était ami de Philippe Vincent, qui ne mourut que deux ans après la publication du *De Rupella ter obsessa*, et dont il fut l'exécuteur testamentaire. Et même à cette occasion , Reveau, toujours assez occupé de lui, ne néglige pas de constater dans son procès-verbal de réception de ce testament qu'il avait la goutte et qu'il fut obligé de se faire transporter à cheval au domicile du défunt. Certes, ce sont-là des avantages pour l'historien , des garanties pour le lecteur. Quel parti en a tiré Reveau ?

Selon Arcère, il est froid prosateur , il n'a point d'arrondissement de style ; mais ces défauts sont compensés par la modération qu'il montre et par des anecdotes qu'on ne trouve pas ailleurs. Ce jugement eut sans contredit profondément blessé Reveau : car c'est précisément ce renom de collecteur d'anecdotes qu'il repousse dans sa préface et qu'il rejette assez dédaigneusement à un prédécesseur qu'il ne nomme pas , *ille olim*, mais qui me paraît être Mervault, dont le livre avait paru cinq ans avant le sien. Pour lui , il prie Dieu de lui donner autant de justesse dans le choix qu'il a de bonne foi et d'amour pour la vérité, et il annonce nettement la prétention d'instruire le lecteur de ce qu'il faut éviter , c'est-à-dire d'être l'historien politique de cette guerre. Cette prétention me paraît fondée

Certes les anecdotes ne manquent pas , et l'on y rencontre beaucoup de noms pris dans l'une et l'autre armée ; cependant, si l'on excepte celles qui lui sont personnelles , elles ont en général de l'importance ou par elles-mêmes ou comme traits de mœurs , et il cherche plus à les choisir et à les développer suffisamment qu'à les multiplier. Quelques-unes lui servent à poser de véritables questions de droit , la capture et la délivrance de Châteaubriand, par exemple , ou le combat livré par le duc de Guise quoiqu'il sût que la paix était signée (p. 73,98) ; d'autres gardent chez lui une grandeur que n'ont pas su leur conserver les autres narrateurs. C'est chez lui qu'il faut lire le récit du dévouement de Job Forant , dont le nom inconnu devrait pourtant avoir sa place à côté de celui de d'Assas (p. 89), mais ce n'était là pour lui que l'accessoire : il cherchait surtout à suivre la marche de plus grands intérêts.

Son ouvrage est divisé en trois livres. Dans le premier , qui embrasse les années 1612 à 1622 , considérant la Rochelle non pas tant comme une ville de France , que comme une république subordonnée au roi de France , mais vivant de sa vie propre , il en retrace à grands traits la politique intérieure et extérieure. Résumant, non pas sans énergie, les troubles qu'ont longuement exposés Bruneau et Merlin , il leur assigne avec une grande, mais juste sévérité , ces deux causes , la turbulence indocile du parti populaire , la vénalité ambitieuse du corps de ville ; il étudie la Rochelle dans ses rapports avec le souverain, et suit les phases de cette guerre tantôt franche , tantôt mal dissimulée, mais continue; il porte ses regards plus loin , et cherche dans les mouvements et les traités des protestants du midi ce

qui peut intéresser les Rochelais : il discute même ce qu'on eût
pu, ce qu'on eût dû faire et qu'on a négligé : il sait partager
son blâme et compte parmi les obstacles à la paix la juste
méfiance qu'inspirait une cour peu fidèle à ses promesses et
ajoutant quelquefois à la tromperie l'insolence d'un commentaire ironique de sa propre parole (p. 25-27). Il n'épargne pas
plus l'assemblée de 1620 ; l'inconstance et l'indocilité de Favas,
l'ambition de tous les chefs . l'égoïsme ingrat des protestants
pacifiques eux-mêmes, qui . toujours préts à se plaindre, mais
irrités de voir sans cesse le nom de la Rochelle à côté de celui
de leur cause, ne firent pas tout ce qu'ils pouvaient pour sauver
une ville qui pourtant, en réalité, périt en cherchant bien moins
son propre salut que celui de ses alliés. Il ne faut pas croire
cependant que Reveau eût conseillé aux Rochelais une obéissance complète : Arcère lui a prêté sa propre pensée en citant
quelques pages de son livre (Arcère, II . p. 605) dont il omet
une phrase importante et qu'il altère encore plus par une
traduction singulièrement inexacte. qui attribue aux protestants
ce que l'auteur latin dit des Rochelais. La pensée de Reveau
c'est que les Rochelais eussent pu éviter un éclat tout en maintenant leur indépendance , telle qu'ils en jouissaient alors , et
en gardant leurs portes fermées au roi : ce qu'il reproche à
l'assemblée, c'est d'avoir par des bravades hâté un dénouement
qu'on pouvait alors ajourner et peut-être changer plus tard.

Le second livre est presque entièrement consacré aux débats
sur la destruction du Fort-Louis. Pour Reveau , il n'est pas
douteux que cette destruction ait été promise . qu'elle ait été
éludée. Il explique en même temps comment ce fort n'était pas
seulement une menace pour l'indépendance de la Rochelle ,
mais une cause de ruine pour son commerce, et par là il fait
comprendre comment le parti de la guerre put acquérir tant
d'influence sur le petit peuple.

Le troisième livre. qui est à lui seul plus long que les deux

premiers réunis, raconte les événements de 1627 et de 1628,
ceux du siége proprement dit. Persistant à placer au premier
plan ses vues politiques, Reveau montre l'Angleterre intervenant
sous des prétextes dans les démélés des Rochelais avec leur Roi,
et cherchant à s'en faire un instrument : il fait bien concevoir
la position terrible des Rochelais, ne pouvant pas se fier à la
cour de France, sûrs du reste qu'elle ne voulait plus leur laisser
cette indépendance qui leur était si chère ni les distinguer en
rien de la sujétion des autres villes du royaume ; ne voulant pas
d'un autre côté se livrer à l'Angleterre, soit par respect pour
leurs serments, soit par la crainte de n'en pas obtenir de plus
sérieuses garanties : n'ayant plus dès lors à en attendre que
cette mollesse, peut-être perfide, de secours qu'ils en ont en
effet obtenue, et qui a décidé leur ruine ; et pourtant il maintient qu'ils furent fidèles à leurs engagements envers l'Anglais
sans trahir ce qu'ils devaient à la France. Sur ce point il suit
évidemment Vincent, qu'il cite à plusieurs reprises, et peut-être,
si je comprends bien une allusion assez obscure (p. 368),
répond-il à Admyraut.

Néanmoins ce troisième livre me paraît moins intéressant
que les deux premiers. Peut-être l'imagination éveillée par cette
crise suprême de tout un peuple attend-elle plus que ne peut
lui donner le tableau d'une patience héroïque, mais monotone.
Puis cette constance qu'il admire, cette famine qu'il déplore,
qu'il fait ressortir par le soin que le roi prend de nourrir Feu-
quière prisonnier, Reveau ne les a pas partagées. Bien moins
habile, Mervault émeut davantage, parce qu'il est ému par ses
souvenirs. Reveau ne peint guère du reste les péripéties du
siége : il expose, il ne suit pas au jour le jour ces espérances ou
ces craintes superstitieuses qui agitaient les habitants et tiraient
des présages de tout. Il est froid et laisse froid.

Ce n'est qu'à propos de l'édit de pacification qu'il raconte les
faits relatifs à La Tourvert et à Colin, et les leçons qu'il en tire

ont bien l'air d'avoir pour but principal la justification du parti que lui-même a pris de sortir de la Rochelle.

Il termine par un tableau de l'état de la Rochelle depuis le siége, par des plaintes sur la manière partiale jusqu'à la déloyauté dont est exécuté l'édit, et par une prière à Dieu, le seul dont les protestants puissent attendre du secours.

C'est dans une sorte de post-scriptum qu'il se loue des intentions d'Anne d'Autriche.

La fortune a manqué à ce livre. Le journal de Mervault a eu trois éditions et est encore recherché ; le *De Rupella ter obsessa*, n'en a eu qu'une que je sache et reste presque inconnu. La principale cause de ce fait est la langue dans laquelle il est écrit. Malgré la précaution qu'on a prise de mettre en français au bas des pages les noms propres trop altérés dans leur traduction latine, les choses elles-mêmes sont trop souvent déguisées par des périphrases. En outre Reveau qui a de la prétention en tout, qui aime l'appareil oratoire ou sententieux, cherche le grand style ; en évitant la construction trop française, il s'éloigne parfois de la construction naturelle du latin : il mêle des expressions d'époques différentes ; enfin, ce qui n'est plus sa faute mais son malheur, son livre imprimé à l'étranger fourmille de fautes : il y a des mots omis ; les signes de ponctuation sont jetés plutôt que placés ; la lecture en devient très-pénible. Aucun ouvrage de la littérature vraiment latine ne m'a offert autant de difficultés et laissé aussi souvent incertain du véritable sens. Je le regrette : cette histoire du siége n'est pas celle qui contient le plus de détails, qui offre le récit le plus animé des faits ; c'est celle qui en présente le mieux l'ensemble, qui rattache le mieux les effets aux causes : c'est celle que j'indiquerais à un homme qui voudrait prendre dans un seul ouvrage une idée de ces événements : celle qui me fournira ici les différents points de vue sous lesquels j'envisagerai les documents que j'ai à parcourir.

Il y a pourtant une question qu'il n'a ni résolue ni même posée : comment, malgré une si grande inégalité des forces , ce siége dura-t-il si longtemps ? C'est aux écrivains de la cour qu'il faut l'adresser , et nul n'y répond avec autant d'autorité, ni même avec autant de franchise que le cardinal de Richelieu. Ses *mémoires* n'ont été publiés qu'en 1823 ; ses lettres plus récemment encore ; on ne trouve ni dans les uns ni dans les autres une histoire méthodique du siége ; mais il n'y a pas un point de droit ni de fait sur lequel il n'y ait intérêt à les consulter. Aucun livre ne montre surtout aussi bien quelles considérations complexes rendaient aussi difficile que nécessaire de prendre la Rochelle. Nous ne savons plus ce que c'était que cette ville et quelle renommée elle s'était acquise : sans chercher les témoignages à cet égard, j'en prends deux tout récents que le hasard me présente , deux qui s'appliquent aux époques extrêmes de son histoire et qui ne diffèrent pas moins par le caractère de leurs auteurs.

M. Damas-Hinard vient de publier et de traduire la *Cronica rimada*, poème sur le Cid, dont le manuscrit est du xive siècle et qu'on croit composé de 1157 à 1230 ; dans cette œuvre toute légendaire on prête au Cid des exploits fabuleux, et l'on y trouve cette phrase : « Il ravage toute l'Espagne , il pousse jusqu'à Paris, il défie jusqu'à l'Arménie et la Perse, la Flandre et la Rochelle. (Revue Hachette , 2 août 1860 , p. 279.) » D'un autre côté dans la Revue d'Edimbourg de juillet 1860 (p. 67) un publiciste, pour montrer la France sous Louis XIII reprenant en Europe une position formidable, met sur la même ligne la campagne d'Italie et la chute de la Rochelle.

Dans sa semi-indépendance , cette ville en prêtant son appui aux partis à l'intérieur , en cherchant un appui à l'étranger , pouvait être ce qu'avait été Calais dans les mains des Anglais. Son entière soumission était une condition de toute la politique de Richelieu.

Il n'y a pas à s'étendre sur l'importance de ces lettres et de ces mémoires, puisqu'on convient que s'ils ne sont pas toujours de la plume de Richelieu , ils expriment toujours sa pensée.

Je n'oserais dire que cette pensée, relativement à la Rochelle, s'était déjà fait jour dans une des premières histoires qui furent publiées ; c'est une conjecture que rien ne confirme et que pourtant je ne puis m'empêcher de former en rapprochant des mémoires si tardivement posthumes de Richelieu l'ouvrage du jésuite Philibert Monet : *Capta Rupecula, Cracina servata, auspiciis ac ductu christ. Regis et herois invictissimi Ludovici XIII.* — La Rochelle prise, l'Ile-de-Ré défendue sous les auspices et la conduite du roi très-chrétien , du héros invincible, Louis treizième. — A Lyon , Pillchote , 1630 , in-12 de 346 pages. — Les livres des Rochelais Reveau et Mervault ne parurent qu'après la mort de Richelieu et de Louis XIII. On ne put écouter d'abord que des cris de triomphe ; mais tandis que la plupart des écrits semblent surtout destinés à exalter la gloire de Richelieu, celui-ci par l'ensemble comme par le titre paraît consacré à faire ressortir celle de Louis XIII. Richelieu avait écrit dans ses mémoires : (liv. xviii, p. 501, éd. Michaud) « qu'il avait à craindre » et les bons et les mauvais succès.,. les bons, parce que, pen- » sant faire plaisir à Sa Majesté, s'il arrivait que l'on lui donnât » quelque part en la gloire qui est due à Sa Majesté , d'autres » essaieraient de lui persuader qu'elle diminuait la sienne. » Le chapitre viii où , résumant les causes de la victoire du roi , l'historien l'attribue au bon état de ses finances, à la discipline de ses troupes , et surtout à la présence du monarque à leur tête , devait être un véritable avis ou plutôt une menace à l'étranger, et reproduit si fidèlement plusieurs passages du livre xix des mémoires qu'il en semble être la traduction. Richelieu n'y est pourtant pas oublié, mais il est placé au second plan ; le livre lui est dédié et il est terminé par une véritable notice sur le grand ministre, qui le présente surtout comme un serviteur toujours fidèle, toujours dévoué, du roi.

Le savant jésuite , qui avait passé sa vie (1566-1643) au collége et qui n'est connu d'ailleurs que par des travaux de grammaire ou de numismatique, se montre dans son livre fort au
fait de la politique et de l'histoire de son temps. Il a vu et bien
vu dans les deux camps ; il connaît les Rochelais comme peu de
ses contemporains les connaissaient. Il n'en parle jamais que
comme de rebelles et d'hérétiques, presque en se signant, mais
il comprend tous leurs motifs, tous leurs intérêts , toutes leurs
espérances; il sait toutes leurs divisions, bien qu'il en charge un
peu le tableau ; il a eu des espions à la Rochelle, ou il a écouté
les rieurs qui s'en frottaient les mains dans la tente du cardinal. Il s'est même informé de leur histoire , qu'il résume brièvement depuis l'introduction de la réforme. Il ne s'étonne pas
que leur ville n'ait pas été prise par l'armée royale en 1573. Ils
ne l'ont dû ni à leur valeur , ni aux fautes de leurs ennemis ;
mais à un dessein de la providence qui réservait cette gloire à
Louis XIII. Mais Monet devient très-dur quand il parle de la
conduite des Rochelais sous ce prince , de 1610 à 1627 ; il poursuit dès lors en eux des auxiliaires de l'Angleterre.

Son livre embrasse, à la fois , dans un récit suffisamment
vivant la défense de l'Ile-de-Ré contre les Anglais et la prise de
la Rochelle en dépit de leur secours. Monet était un excellent
latiniste et son livre s'imprimait sous ses yeux ; malgré ces
deux avantages qu'il a sur Reveau , il n'est guère plus lu aujourd'hui.

Cette influence officielle, à laquelle je soupçonne Monet d'avoir
obéi , se laisse aussi sentir , au moins parce qu'elle permet ,
peut-être parce qu'elle dicte , dans la compilation du libraire
Richer, le *Mercure français*. On y trouve, sous les années 1627
et 1628, une histoire non pas suivie, mais complète du siége de
la Rochelle. Il reprend même à cette occasion les questions qui
s'y rattachent, renvoyant aux volumes précédents pour les documents qu'il a déjà donnés , en reproduisant de nouveaux. La

politique rochelaise y est examinée non pas en elle-même, dans les traditions rochelaises, mais dans ses rapports avec les Huguenots et avec les Anglais. Aux premiers on reproche leur méfiance et leurs empiétements continuels sur le pouvoir dont la bienveillance les tolère ; aux seconds une hostilité continue, malgré les traités d'amitié, et d'incessantes tentatives pour retrouver un autre Calais. On s'efforce de montrer aux Rochelais que l'appui qu'ils prêtent à ces deux sortes d'ennemis les entraîne dans l'abîme : on leur retrace l'histoire de leurs relations passées soit avec l'Angleterre, soit avec la France, pour leur faire voir qu'ils ont tout dû aux bienfaits de cette dernière couronne. Mais toutes ces discussions sont dominées par ce principe que tous les sujets doivent au souverain une obéissance sans conditions, qu'ils ne sauraient en poser, encore moins les défendre par les armes sans être des rebelles. C'est sous cette réserve que sont discutés le manifeste de Buckingham, le manifeste des Rochelais, et leurs réclamations relatives au Fort-Louis. Il n'en est pas moins vrai qu'il y a discussion et par conséquent de grandes lumières sur les prétentions opposées et sur l'esprit du temps.

Quant au récit des faits, bien qu'écrit après leur accomplissement total, il est présenté au jour le jour, disséminé au milieu de beaucoup de choses qui lui sont étrangères, de sorte qu'il faut le chercher ; mais on le trouve avec assez de détails, et il est la source de beaucoup d'autres. Il se termine par l'exaltation des triomphes du roi, dans lesquels on voit, au propre et sans métaphore, de véritables miracles, et de son incomparable clémence. Mais ce dernier éloge est un peu modifié par les fréquentes annotations de pendaisons dont sont émaillées les pages qui précèdent. C'est un détail auquel ne font guère attention les écrivains qui présentent l'ensemble des faits et qui ne frappe nulle part comme ici.

Ce n'est guère qu'une compilation aussi que la relation qui fait partie de l'*histoire des deux derniers siéges de la Rochelle,*

Paris , chez Targa , 1630. « Elle est exacte , succincte et fort estimée » dit Fevret de Fontette. Elle réunit dans un court espace des notes intéressantes ; mais ce n'est pas un travail original et elle retranche beaucoup , ajoute peu au Mercure français. Elle est anonyme , et je ne puis même bien distinguer l'esprit qui l'a dictée. Elle respire , elle affecte peut-être une grande indignation contre les rebellions des Rochelais ; elle traite assez durement les réformés pour faire sentir une plume catholique. Sans cela je l'aurais volontiers attribuée à quelqu'un des protestants qui avaient repoussé et blâmé cette prise d'armes. Elle contient l'avertissement de Tilénus à l'assemblée de la Rochelle, imprimé en 1621, manifeste des protestants pacifiques ; l'avis du fidèle Français au roi d'Angleterre ; la lettre de Lamilletière à Monbrun : elle résume en 40 pages les événements militaires de la défense de l'Ile-de-Ré ; en 20 ceux du siége de la Rochelle. Les lettres du pape , des lettres, édits, déclarations du roi , achèvent le livre. C'est encore une histoire complète , puisque les différentes vues politiques s'y trouvent à côté des événements proprement dits.

C'est à ceux-ci que se bornent la plupart des autres relations.

Lenglet-Dufresnoy et Lelong désignent comme la meilleure des descriptions contemporaines celle d'Abel de Sainte-Marthe. *Expeditio Rupellana , auspiciis et armis Ludovici justi Regis christianissimi et invictissimi confecta*. Paris. 1629. VIII et 110 pages, 8° — qui obtint l'honneur exceptionnel d'une traduction, sous ce titre : *Histoire de la rebellion des Rochelais et de leur réduction à l'obéissance du roi, tirée du latin du sieur de Sainte-Marthe l'aîné* , par J. Baudoin. Paris 1629. 8°. C'est une histoire encore ; mais déjà elle prend le caractère oratoire : ni les détails ni les noms n'y manquent , quoique la traduction soit souvent bien utile pour reconnaître ces noms , mais ils ne concernent plus que les assiégeants. L'œil de l'historien ne pénètre pas derrière les murs de la Rochelle, et les rebelles ne s'animent un peu dans son récit que pour louer la clémence du vainqueur.

C'est aussi une histoire des assiégeants que celle de Nicolas Descarneaux, historiographe du roi : *De obsidione Urbis Rupellæ libri IV,* Paris, 1631, XIV et 254 pages 8º. Pour ces historiens courtisans, les assiégés ressemblent à ces soldats fantastiques créés par les enchanteurs des romans de chevalerie qui, sortant tout-à-coup de leurs murailles, fournissent un noble exercice à la valeur des chevaliers, mais qui, le combat fini, s'évanouissent sans laisser voir leurs traces.

Pour retrouver les Rochelais dans cet ordre de récits, il faut recourir au journal de Mervault, aux mémoires de Colin. J'ai consacré à ces écrivains des articles sur lesquels je n'ai pas à revenir.

Entre les auteurs rochelais et les auteurs royalistes, il y a encore cette grande différence que les derniers accordent bien plus d'attention que les premiers à la défense de l'Ile-de-Ré. Elle est toute naturelle. Au double point de vue des royalistes, l'abaissement des protestants comme parti politique et l'humiliation des Anglais, cette défense et le siége de la Rochelle ne sont que deux actes d'un même drame. Mais les Rochelais, tout en comprenant combien la prise de l'Ile-de-Ré importait à leur propre situation, n'y avaient guère aidé que par la fourniture secrète et imprudente de subsides, par des vœux combattus encore par leur fidélité et leur amour-propre de Français. Pour eux, les deux faits étaient donc complètement distincts et c'est aussi pourquoi je n'ai fait aucune mention des écrits nombreux qui n'ont que la défense de l'Ile-de-Ré pour objet.

Je ne m'arrêterai pas non plus aux feuilles volantes si nombreuses consacrées aux détails, même à ceux qui sont spéciaux au siége, depuis la lettre de M. de Netz, aumônier du roi, à M. le cardinal de La Rochefoucauld, des premiers jours de 1627, où, en mentionnant l'incendie de dix-huit maisons de la Rochelle, il croit déjà toucher à la fin du siége ; espérances longtemps frustrées qui donnent la mesure des maux et de la constance

des Rochelais ; jusqu'à la relation de l'entrée du roi dans la
ville, le 1er novembre 1628 ; depuis la relation simple et pleine
du combat naval du 3 octobre 1628 envoyée par la roi à la
reine-mère jusqu'à celle de la victoire du roi contre les Anglais
du 8 mai 1628, qui commence par cette belle phrase : « Enfin
» nos âmes altérées depuis cinq jours de savoir l'événement de
» la plus importante affaire qui ait jamais paru en cet Etat
» sont aujourd'hui rassasiées dans le fleuve des bonnes nou-
» velles de l'heureux succès des armes du roi. » Je ne puis pour
ces pièces d'un intérêt si inégal, dont le nombre dépasse cinq
cents, que renvoyer à la nomenclature analytique de ma
bibliographie rochelaise.

Je citerai seulement, à cause du nom de son auteur, car je ne
l'ai pas vue, la *relation du siége de la Rochelle en 1628*, par le
duc d'Angoulême, qui se trouve dans le tome XVI de la collection Conrard, bibliothèque de l'Arsenal, à Paris.

Plusieurs des relations donnent la description des fortifications de la Rochelle et des forts construits pour l'attaquer ; nous
en avons une dans nos manuscrits fournis par M. Masse, habile
ingénieur, et il y a beaucoup de cartes contemporaines, une
entr'autres grande et belle, par l'ingénieur Carle. La digue attire
naturellement une attention toute particulière. Les cartouches
de la carte du siége par Callot donnent les détails de sa construction, et l'on trouve à cet égard des renseignements fort
intéressants dans un livre qui n'est pas spécial à la Rochelle ;
mais dont elle fut l'occasion et l'objet principal : *De aggeribus
et pontibus hactenus ad mare extructis digestum novum*, par
P. Bertius, géographe, Paris, 1629, in-8o. L'auteur, après avoir
décrit tous les travaux antérieurs analogues à la digue, en
expose la construction, en relève l'importance, exalte la prise
de la Rochelle et finit par proposer une médaille pour en conserver la mémoire et la date par les lettres numériques de ce
verset : *oMnes qVI te VIDent e gentIbVs obstVpesCent sVper te,*

Ezech. 28. Malgré tout ce qu'il y a de déclamatoire dans ce livre, il faut en tenir compte et le lire.

On en pourra rapprocher les projets présentés par le sieur de Matel dans sa *lettre au roy où sont représentés les moyens de réduire doucement la Rochelle à son obéissance et de la prendre à force ouverte en peu de temps,* Lyon, 1638, 16 pages in-8°. Cette lettre, datée du 17 octobre 1627, présente le plan d'une levée ou digue qu'elle prétend plus facile à exécuter, plus économique et plus efficace que toute autre, et qui devait tout à la fois isoler et inonder la Rochelle.

Enfin, outre tous ces documents spéciaux, on en trouvera dans les *mémoires* qu'ont laissés les officiers qui avaient assisté à ce siége. J'ai cité ceux de Richelieu ; il faut lire en entier ceux du duc de Rohan, jusqu'à 1628. Il n'y a que quelques pages spéciales à la Rochelle ; mais l'auteur tient une telle place dans le parti protestant, sa pensée est d'une telle valeur qu'il n'en faut rien négliger. Il y a des détails plus nombreux, mais plus personnels et moins importants dans ceux de Bassompierre. On en pourra glaner dans le Précis de la régence de Marie de Médicis, écrit par un officier protestant, qui forme l'avant dernier chapitre des mémoires de Sully, dans les mémoires d'Arnauld d'Andilly, petit neveu du gouverneur du Fort-Louis, dans ceux de Gaston, duc d'Orléans, de Fontenay-Mareuil. On en rencontre, surtout au point de vue rochelais, dans ceux de Pontis. Malheureusement si cette source est la plus abondante, elle est aussi la moins sûre, et je crains bien qu'en y puisant le plus récent historien de la Saintonge ait manqué de critique autant que de sobriété.

Après les narrateurs, il faut interroger ceux dont les écrits se rapportent moins à l'histoire proprement dite qu'à la discussion politique. Le livre de Reveau indique trois ordres de questions : Les rapports de la Rochelle avec le roi de France — avec le roi d'Angleterre — avec les chefs du parti protestant.

Pour tous les trois elle a voulu être un appui et une alliée ; tous les trois ont voulu en faire un instrument ; c'est en essayant de défendre sa liberté contre tous les trois qu'elle a succombé. Ces questions en font naître une quatrième : dans quelles mœurs , dans quelles passions du peuple les factions trouvaient-elles leur appui ?

Dans ses rapports avec le roi de France, les prétentions de la Rochelle étaient celles-ci : La Rochelle s'est d'elle-même délivrée de l'Angleterre, d'elle-même donnée à la France ; les priviléges qu'elle a reçus sont les conditions d'un contrat synallagmatique: l'absence de toute garnison royale à la Rochelle en est la garantie. C'est par suite de ces principes qu'elle disait à Louis XIII : La construction du fort Louis a été un fait de guerre ; sa destruction une condition de la paix ; l'engagement qu'a pris le roi à cet égard est immédiatement obligatoire ; le roi d'Angleterre est intervenu comme garant dans ce traité d'Etat à Etat et est par conséquent l'allié naturel de la partie lésée. Le roi faisait répondre : Les priviléges accordés à la Rochelle ont été dans tous les temps des concessions gratuites , des bienfaits des rois. Ils sont et restent toujours subordonnés aux besoins de l'Etat. L'ingratitude obstinée des Rochelais a forcé le roi d'élever contre eux le fort Louis : en récompense de leur soumission , il a promis de le démolir; il accomplira cette promesse quand il jugera suffisantes les preuves de leur obéissance. L'étranger n'a rien à voir dans les discussions d'un souverain avec ses sujets.

Bien peu de gens en France comprenaient alors et voyaient sans indignation la thèse des Rochelais : et elle n'aurait pas aujourd'hui plus d'adhérents. Sous le nom d'autorité royale ou sous celui d'unité nationale, la France, depuis plus de deux cents ans, n'a conçu que le pouvoir absolu ; la Convention supportait moins de divergences que Louis XIV, et même sous le gouvernement dit parlementaire on ne craignait et ne raillait rien tant que les influences de clocher. Je ne prétends pas discuter en passant de telles doctrines et ce n'est que pour l'acquit de ma conscience que je déclare que je ne prends pas pour une unité salutaire celle qui bannit toute diversité et absorbe toute vie en une seule, que je ne comprends pas de grand peuple sans liberté et que je ne crois pas à l'union de l'ordre et de la liberté, c'est-à-dire à la liberté durable, là où il n'y a de droit reconnu qu'à l'Etat ou à l'individu.

En fait, la thèse des Rochelais était surannée ; elle avait contre elle le mouvement des idées ; elle était un obstacle aux grands desseins d'un grand ministre, à la destinée de la France, à ce progrès qui légitime les révolutions. J'ai exposé dans ma notice sur Philippe Vincent la discussion entre ce ministre et Moïse Admyrault, qui montre que sur ce point les protestants ne se séparaient pas des catholiques. Mais enfin avait-elle pour elle la légalité telle qu'elle l'entendait et l'invoquait ? Les écrivains royalistes ne sont pas tellement sûrs d'en faire rejeter les conclusions qu'ils ne discutent avec ardeur les faits sur lesquels elle s'appuie. Il en résulte que l'histoire tout entière de la Rochelle est résumée, discutée, tiraillée en tout sens.

Comme principales pièces de ce procès, je crois qu'on peut indiquer l'*Apologie pour les églises réformées de France, où est amplement démontrée la justice des armes prises par ceux de la Religion, pour leur nécessaire défense contre les ennemis de l'Eglise qui les persécutent sous le nom du roi,* par Théophile Misathée. De l'impression de Timothée Philadelphe. 1625, in-8º. Les pièces sur la Rochelle y abondent, et Lelong la croit imprimée dans cette ville. Il ne donne et je ne connais aucune indication des noms cachés sous ces pseudonymes.

Le manifeste du sieur de Soubize, ou discours sur la prise des armes en 1625, attribué à Lamilletière, intendant de l'amirauté des églises. — On le trouve dans le tome XI du *Mercure français,* avec deux réponses, l'une de Duferrier, l'autre

du M. Gaulois. Je ne puis deviner ni qui se cache sous ce nom,
ni même ce que veut dire cette initiale. Cette dernière réponse
est la plus explicite sur la Rochelle.

*Le manifeste contenant les causes et raisons qui ont obligé
ceuls de la ville de la Rochelle de prendre les armes et se
joindre à celles du sérénissime roi de la Grande-Bretagne.*
Rochelle. 1627.

Mais ces pièces , assez rares , peuvent être remplacées par la
réponse à la dernière : *Le discours au roy sur la naissance ,
ancien état, progrès et accroissement de la ville de la Rochelle,
pour montrer que ladite ville est naturellement submise à la
souveraineté du royaume , que la propriété d'icelle et tous
droits qui en dépendent appartiennent aux rois à titre légitime,
et que les prérogatives et priviléges accordés aux habitants sont
concessions gratuites et bienfaits.* 1628. In-4°. — Souvent
réimprimé. — L'auteur de ce discours , Auguste Galland ,
procureur-général du domaine de Navarre et conseiller d'Etat ,
né à Tours vers 1572, avait pris dès 1623 une part très-active
aux affaires de ses coréligionnaires , les protestants , mais
toujours pour appuyer le parti de la soumission et les intérêts
du roi. Le duc de Rohan, dont il contrariait sans cesse les vues,
en parle avec une grande rudesse, sans contester pourtant son
habileté. Des protestants zélés, MM. Haag, se sont crus obligés
de le défendre contre les rancunes de Rohan, et de déclarer que
« son dévoûment absolu à la cause royale découlait de ses
principes et qu'il se montra aussi honnête qu'habile à défendre
l'autorité du roi. » L'étude des droits du roi lui avait donné une
grande connaissance de l'histoire de France ; il a publié plusieurs
autres ouvrages dans lesquels on trouve de l'érudition, de la
bonne foi et de la critique. Galland mourut vers 1644.

Le discours contre la Rochelle ne dément pas les éloges qu'on
lui accorde. C'est un plaidoyer , et il ne faut pas y chercher
l'entente exacte du point de vue de ses adversaires. Il se presse

même un peu de triompher d'une phrase déclamatoire ou peut-être mal interprétée de leur manifeste. Arcère (I. p. 615) l'a combattu avec avantage sur un incident secondaire. Mais il est instruit, il est de bonne foi, il attaque vivement mais en face, il cite beaucoup et la lecture de son livre est instructive. On ne pouvait pas au temps d'Arcère, et on n'a pas su depuis en tirer tout le parti qu'il offre pour l'histoire de la Rochelle.

Le débat particulier sur le Fort-Louis est suffisamment instruit dans les écrits dont j'ai parlé, mais il a donné lieu à deux pamphlets opposés et curieux. Le premier a pour titre : *Les augustes et fidèles amours du haut et puissant cavallier le Fort-Louis , filleul du roy, avec la belle , riche et noble Rochelle : ensemble les articles portant les conventions de leur contrat de mariage.* — Fontenay. Pierre Petit-Jean. 1625. In-16 de 131 feuillets. L'auteur, qui ne se désigne que comme le secrétaire de Bon-Espoir, l'un des personnages , essaie par cette fiction allégorique de persuader aux Rochelais qu'une transaction est de leur intérêt. Il peint en passant, sous des noms tirés du Grec, les divers partis qui s'agitaient à la Rochelle , les magistrats , le consistoire , le peuple. On entrevoit d'autres allusions plus personnelles, mais bien moins transparentes.

Le second est intitulé : *Suitte des amours du brave cavallier le Fort-Louys et de la belle dame Rochelle. 1626.* — A Nyort. 1628. Petit in-12 de 252 pages. Cette suite est une réfutation. L'auteur, dans son argument, résume le livre qu'il va continuer, et déclare que le titre de noces lui est suspect et lui rappelle trop les noces de 1572. Cette réflexion indique l'esprit du livre, qui dissuade en effet les Rochelais de toute concession. La plaisanterie est plus lourde et plus triviale que dans le premier ouvrage ; elle sent beaucoup moins son gentilhomme.

L'alliance du roi d'Angleterre avec les Rochelais donne lieu à bien des questions. Jusqu'à quel point la permettaient à Charles Ier ses devoirs envers un roi voisin , son alliance récente avec la France ? qu'exigeaient de lui ses devoirs comme protestant envers les protestants de France ? Il y eut sur ce point de nombreux écrits, les uns sérieux et dogmatiques, les autres satyriques, burlesques même. En général, les Français reprochent aux Anglais de soutenir non pas des coreligionnaires mais des rebelles , de ne pas se borner même à les appuyer , mais de les exciter, de jouer en secret, et à peine en secret, le rôle de boutefeux. Pour répondre à leurs réclamations en faveur des réformés français , ils tracent un tableau rembruni de l'état des catholiques anglais comparé à la tolérance dont jouissent en France les Huguenots. En général , les historiens anglais reprochent à Charles Ier d'avoir abandonné , après les avoir encouragés , les protestants de France , mais leurs jugements et même leurs récits à cet égard dépendent le plus souvent des sentiments que leur inspire cet infortuné monarque. L'accusation la plus grave est celle de Ludlow, qui lui impute non pas seulement un appui insuffisant , mais une trahison formelle ; un ordre signé de lui donné à son amiral de se joindre aux ennemis de ceux auxquels il promettait ses secours ; ce qui a fait dire à Voltaire qu'une telle lettre justifierait la cruauté avec laquelle les Anglais traitèrent depuis leur roi. Mais il est visible que Ludlow a confondu deux époques , 1624 avec 1628, et que dans les termes où il le présente son reproche n'est pas fondé.

Probablement à cette époque l'Angleterre aussi produisit ses pamphlets ; mais ils échappent à la connaissance très-superficielle que j'ai de la littérature anglaise. Je n'en connais qu'un, c'est l'*Expedilio in Ream insulam* , d'Herbert , baron de Cherbury , composé en réponse aux récits de Monet et d'Isnard. Comme le titre l'indique , il ne s'occupe que de l'expédition de l'Ile-de-Ré , et c'est surtout la bravoure anglaise qu'il défend. Or, ce qui est ici réellement en cause ce n'est pas la valeur des armées de l'Angleterre, mais la loyauté de sa politique.

La conduite de Buckingham, objet de tant de haines, dut être aussi l'objet de bien des écrits. On connaît la tradition de la cour de France sur ses amours avec Anne d'Autriche , vraie peut-être , romanesque à coup sûr. Je ne m'y arrête pas parce que ce n'est pas là la question rochelaise.

La question rochelaise est celle-ci : Les Rochelais dans leur traité avec l'Angleterre eurent-ils réellement soin de sauve-garder leur fidélité envers le roi de France ? Cette réserve fut-elle la cause de la tiédeur du secours anglais ? Du côté des Français elle a été traitée avec grand soin par le principal agent de cette négociation, Philippe Vincent, dans sa discussion avec Admyrault et dans le journal de Mervault. On a , pour vérifier ses assertions, un précieux document, dans le *registre du greffe des conseils tenus en la maison commune de l'échevinage de la Rochelle , en la mairie de Jehan Godefroy* , d'avril 1627 à mai 1628. Malheureusement le registre analogue manque pour les six mois de la mairie de Guiton. Ces registres enlevés par Richelieu ont péri pour la plupart dans l'incendie de la cour des comptes, où ils avaient été déposés. Echappé à cet incendie et entré dans la bibliothèque de M. de Courcelles , celui-ci fut acheté à un prix élevé par la ville de la Rochelle. Il contient le début de ces négociations et confirme le récit donné par Mer-vault. Comme le rôle imputé à l'Angleterre n'est pas honorable, il serait intéressant d'entendre aussi sa voix. Mais l'accusation ne vint que tard , lorsque la question était jugée et oubliée, lorsque la voix de la Rochelle était bien faible, et peut-être n'a-t-elle été l'objet d'aucun écrit anglais. S'il y en a , je ne les connais pas.

Ce n'est pas pendant le siége, c'est pendant qu'il se préparait, c'est-à-dire pendant tout le règne de Louis XIII, qu'eurent lieu des luttes entre le corps de ville de la Rochelle et les chefs les plus hardis du parti protestant s'appuyant sur le peuple de la ville. Dans les articles que j'ai consacrés à Bruneau, à Merlin, à Colin, j'ai assez longuement parlé de ces débats, et assez indiqué les sources où l'on en peut puiser l'histoire complète. Je me borne à mentionner ici quelques documents intéressants qui peuvent lui servir comme de jalons.

La bibliothèque de la Rochelle possède un recueil de lettres écrites ou reçues par M. de Berrendy pendant sa mairie, d'avril 1611 à avril 1612, *touchant l'assemblée de Saumur*, comme il les désigne lui-même en les remettant au conseil de la ville. Le nouveau règne commençait alors, et inspirait de vives inquiétudes aux réformés et aux Rochelais en particulier. Les craintes étaient communes et les désirs de paix aussi, ce semble. Parmi ces lettres on en trouve une du duc de Rohan, avertissant le corps de ville de la Rochelle « que quelques malavisés de la » religion ayant entrepris sur Nérac ont été découverts, pour » leur faire entendre combien il trouve mauvaises telles actions » qui ruinent leurs affaires et enveloppent les bons dans la » mauvaise députation des autres. » Ce sont là des lettres officielles sans doute, mais écrites entre amis toutefois, ce sont de véritables conversations où s'épanchent les craintes et les espérances, et des conversations du maire de la Rochelle avec M. de Mirande, l'agent des églises protestantes auprès de la cour, avec MM. de Sully, de Rohan, de Soubise, ne peuvent qu'être pleines d'intérêt.

Il est tout simple que l'union soit au début. Elle ne fut pas longue. Dès la mairie qui succéda à celle de M. de Berrendy, le corps de ville s'opposait à ce que les protestants bravassent par une assemblée à la Rochelle les défenses expresses du roi ; dès lors, les ardents du parti cherchaient à soulever le peuple pour paralyser l'action du corps de ville et rester seuls maîtres. Ils ne réussirent pas d'abord et c'est une première tentative demeurée impuissante qui fit naître un pamphlet imprimé en 1613, sous ce titre : *La guerre des singes et des marmouzets*, représentée par un discours véritable de ce qui s'est passé à la Rochelle le vendredi 11e jour de janvier 1613, sur le sanglant dessein des factieux contre leurs compatriotes. 1613 . 30 pages

in-8°. Le pamphlet est moins piquant que le titre ne le ferait
espérer. Il faut même le lire avec défiance : il est écrit au nom
des réformés qui veulent rester soumis et en paix ; mais plusieurs indices feraient croire qu'il émane d'un catholique et
même qu'il ne part pas de la Rochelle, entre autres une erreur,
si ce n'est une faute d'impression , sur le nom du maire , Jean
Albert, pour Jean Salbert.

Les *Actes des assemblées* de 1616 et de 1620, les lettres et les
mémoires des hommes éminents qui représentaient les deux
sections du parti protestant, ceux surtout de Duplessis Mornay,
sont ici tout naturellement indiqués. Ils sont néanmoins, sur le
point spécial qui nous occupe, beaucoup moins instructifs qu'on
ne pourrait le croire. Les divisions entre le sénat rochelais ,
comme on l'appelait quelquefois au dehors , et les chefs de
l'assemblée donnent lieu à plus de petites intrigues que de
démarches officielles ; on en aperçoit bien les traces dans une
sphère supérieure , il arrive même que ces divisions pénètrent
et éclatent jusque dans l'assemblée et vont jusqu'au scandale,
mais on ne peut les suivre et les bien concevoir qu'à condition
d'être averti par ailleurs. Si , toutefois , ces grands documents
ne disent pas tout , il est évident qu'on ne saurait s'en passer.

Ces dissidences ne cessèrent pas avec l'assemblée ; à la veille
du siége et pendant sa durée , il y eut toujours deux courants
d'idées à la Rochelle ; les deux maires qui commandèrent la
résistance , Godefroy et Guiton , appartiennent à des partis
différents , sans en être l'expression la plus prononcée. Vingt
pamphlets annoncent par leur titre seul qu'ils se rapportent à
ces divisions ; je n'en nommerai que deux.

Nous avons dans les collections de Mervault un écrit qu'il
intitule : *L'histoire des tenants au blocus de la ville de la Rochelle, sous le très-puissant et très-redoutable monarque Louis,
XIII*e *du nom, roi de France et de Navarre* , copiée par Mervault. — Copiée, assurément. Mais sur qui ? Parmi les écrivains

que j'ai rencontrés à la Rochelle , je n'en vois aucun que je puisse soupçonner de cette verve satyrique. L'auteur connaît bien la Rochelle , mais il n'y est pas toujours resté ; il en sait trop sur les intrigues et les contreintrigues qui se croisent en Angleterre. Par malheur , il n'a écrit qu'un premier livre qui n'embrasse que les préliminaires , et s'arrête en 1626 , de sorte qu'il promet et ne donne pas ; il est amusant, peu instructif, si peu même qu'on ne saurait dire à quel parti il appartient. Il semble toutefois que ce soit un protestant assez indifférent, sans grand dépit contre les vainqueurs, et drapant volontiers les siens.

C'est au contraire une main franchement ennemie qui a écrit *Les grandes divisions nouvellement arrivées entre les maire , soldats et habitants de la ville de la Rochelle et le subject pourquoi. Ensemble tout ce qui s'est nouvellement passé en l'armée du Roy* , 1628 , 15 pages in-8o. Elles présentent pourtant un tableau assez fidèle des diversions qui régnaient entre les Rochelais dans les derniers jours de résistance. On en concluait déjà , au mois d'avril , la prochaine reddition de la ville.

J'ai pris ces deux écrits entre beaucoup d'autres du même genre , plutôt comme spécimens que par préférence ; j'attache au contraire une importance singulière au livre de Jean de Gaufreteau, prêtre et curé de Libourne : *La digue , ou le siège et prinse de la Rochelle, livre premier.* Bordeaux, 1629 , in-8o, 436 pages.

Les écrits des Rochelais laissent voir , ceux de leurs ennemis disent clairement quel motif rangeait si vite le petit peuple aux partis favorables à la guerre. L'Espagnol était bon à piller , et les expéditions de corsaires étaient une source féconde de richesses : mais ni ces demi-aveux ni ces reproches ne peignent au vif ce peuple. Ce peuple vit et se remue dans quelques pages du livre bizarre de Gaufreteau.

Je ne trouve nulle part aucun détail sur l'auteur et il nous apprend peu de choses sur lui-même. Après avoir été conseiller

du roi et commissaire aux requêtes du palais de la cour de
parlement de Bordeaux , après avoir été marié , il était entré
dans l'église et était devenu curé de Libourne. On trouve au-
devant de son livre des vers latins que lui adresse le fils de sa
fille , J. de Bavolier ; par les faits qu'il rappelle comme témoin
ou comme acteur , on voit qu'il avait vécu longtemps , sinon
constamment, à Bordeaux et à Libourne. Il était donc voisin de
ces Rochelais dont s'occupaient alors tous les peuples qui prenaient part, ne fût-ce qu'en pensée, aux guerres de religion. En
1598, en revenant de la cour à Bordeaux, il avait voulu voir la
Rochelle ; il y avait vu le peuple à l'œuvre dans le pillage d'un
navire capturé sur des Français, quoiqu'il n'eût pas été déclaré
de bonne prise ; il avait appris que , présageant l'expiation de
tant de désordres , une ânesse en mourant venait de parler et
d'annoncer bien des maux à la Rochelle ; en 1615, il avait appris
de la bouche de plusieurs Rochelais qu'on avait des prophéties
données en 1573, qui garantissaient que la ville ne saurait être
prise qu'à des conditions impossibles à réaliser et par conséquent était invincible. Mais c'était là une de ces vérités trom-
peuses comme en dit Satan ; c'était un piége dans lequel il
avait pris ses bien aimés Rochelais ; la prophétie était fondée ,
elle venait de s'accomplir par les efforts des assiégés eux-
mêmes, mais pour amener leur ruine.

C'est à prouver cet accomplissement que Gaufreteau consacre
son ouvrage , qui me paraît complet malgré les mots du titre :
Livre premier. Il en poursuit la vérification de point en point
dans quatorze chapitres qu'il appelle remontrances. Mêlant à
de mauvaise prose de plus mauvais vers ; procédant le plus souvent par apostrophes, au roi, au cardinal de Richelieu, surtout
à la Rochelle ; ne se refusant ni digression , ni déclamation , ni
satire amère, ni éloge emphatique, le crédule prêtre va probablement plus d'une fois jusqu'à la calomnie , mais à cette
calomnie il se mêle bien des médisances ; il n'a peut-être pas
une ligne exactement vraie, mais il met sur la voie de bien des

vérités. Seul, il donne une idée de ces traditions merveilleuses qui ne pouvaient manquer , en un pareil temps et dans de pareilles circonstances , de courir dans le peuple , d'exalter son courage ou de causer son abattement. Après avoir cité quelques lignes de ce livre , Arcère ajoute : voilà un vrai conte de peau d'âne : il a raison, mais ces contes peignent peut-être mieux les hommes que des pages plus sensées , et celui qui veut savoir toute la vérité des choses ne peut les négliger.

Il s'en faut bien cependant que Gaufreteau soit le seul auteur dans lequel on trouve du merveilleux : sans parler des présages heureux ou menaçants que rapportent si souvent Merlin et Mervault , les prophéties contre la Rochelle abondaient dans le camp opposé. La passion religieuse suggérait des révélations à un saint homme milanais ou même à un homme tel que le cardinal de Bérulle; la poésie empruntait, en les couvrant d'un vernis catholique les inspirations du vieux Protée ; la haine parlait de châtiments miraculeux déjà infligés aux maires de la Rochelle ; on interprétait contre elle les quatrains mal rimés de Nostradamus ; d'autres prophètes plus savants encore demandaient leurs prédictions à David , à Virgile ; d'autres à la langue des nombres et aux propriétés merveilleuses de l'octonaire ; d'autres enfin à celles moins connues de la lettre canine , c'est-à-dire de la lettre R ; quelques-unes, et ce sont les plus précises et les plus sûres, portent une date postérieure à la prise de la ville. Toutes ces prophéties peuvent peindre les croyances et les passions du temps , mais elles n'apprennent , elles , rien de spécial sur les Rochelais.

Comme je ne sais pas jusqu'à quel point sont rares ces divers écrits , je crois pouvoir rappeler que j'ai donné une analyse détaillée du livre de Gaufreteau dans la *Revue organique* de 1845, et de la plupart des autres , car il y en a dont j'ignorais alors l'existence, dans la *Charente-Inférieure*, de novembre 1847.

En assiégeant la Rochelle, le roi avait combattu trois ennemis, la Rochelle elle-même, les protestants et les Anglais. Le triomphe obtenu , l'on ne songea plus à la première. Tous les historiens l'ont dit , surtout les historiens rochelais : si la guerre avait été cruelle , la victoire fut clémente. On peut voir les conditions qu'elle imposa dans deux pièces , rapportées du reste dans la plupart des relations , les articles de la grâce accordée par le roi à ses sujets de la ville de la Rochelle , du 28 octobre , et la *déclaration* du mois de novembre 1628. Il faut y ajouter pour les pertes matérielles le *procès-verbal* de la livraison faite au duc de Saint-Simon de l'emplacement des fortifications de la Rochelle , sous le nom de fief Saint-Louis , à lui donné par Louis XIII , don immense qui n'est que très-incomplètement désigné par ces mots : l'emplacement des fortifications, et le *Catalogue* de pièces qui ont été envoyées à la chambre des comptes à Paris , ainsi que le dépouillement analogue qu'on trouve dans le travail de Elie-Pierre Bareau sur les domaines et droits du roy. Réunis toutefois, ces deux inventaires ne donnent qu'une idée très-incomplète des livres, registres, papiers, appartenant à la ville, au consistoire, à tous les corps constitués de la Rochelle, dont Richelieu s'appropria une partie , dont une partie fut transportée à la cour des comptes et a péri dans l'incendie de cet édifice.

J'ai dit plus haut, en parlant de Reveau , et dans ma notice sur Philippe Vincent, quels documents ils fournissent sur la manière dont les promesses de paix furent interprétées et exécutées.

En dehors de la Rochelle , je ne connais qu'un petit écrit qui témoigne un certain regret de la prise de cette ville : *Les équivoques et vers faits sur la prise de la Rochelle par toute la noblesse de la cour du roy, le 2 novembre 1628.* Ce sont vingt-et-une stances de six vers , où l'on raille , quelquefois assez finement , les vainqueurs qui , en soumettant la Rochelle , ont assuré un pouvoir sans bornes à Richelieu ; c'est un commentaire du mot connu : Vous verrez que nous serons assez fous pour prendre la Rochelle. Je n'en ai qu'une copie manuscrite, mais ces vers sont certainement postérieurs à la date qu'on leur donne, puisqu'on y parle de l'emprisonnement de Bassompierre, qui ne fut mis à la Bastille que le 23 février 1631. — Je ne sais s'il faut rattacher au même ordre d'idées une pièce d'une date bien postérieure, que je ne connais que par son titre : Quiproquo, ou erreur d'état au sujet de la réduction de la Rochelle, Cologne, 1676, in-16°.

Quant aux chants de triomphe, ils abondent en prose et en vers, en Français, en Italien, en Espagnol, en Latin, en Grec, en Hébreu même ; joignez-y les descriptions de fêtes, de représentations, de feux d'artifices. Jamais l'enthousiasme ne fut plus expansif et plus bruyant. En cela aussi le règne de Louis XIII a devancé celui de Louis XIV, et n'en a pas été surpassé. Des deux faits qui font les frais de tant d'éloges, l'humiliation de l'Angleterre, et l'abaissement de l'hérésie, prélude à son entière destruction, celui-ci domine en général, mais surtout dans les écrits des membres du clergé, les plus nombreux de beaucoup. Les exhortations à ce dernier égard s'adressent à Louis XIII bien plus qu'au prêtre, à l'évêque, son ministre, le cardinal de Richelieu. Ce grand homme d'état en effet avait promis aux protestants la liberté de conscience, et une liberté sévèrement réglée, mais réelle encore, dans l'exercice de leur culte. Or, beaucoup de ces panégyriques font voir à quelle pression il devait résister pour tenir, même partiellement, sa promesse.

La vie et les écrits du cardinal de Bérulle, celui que Bossuet appelle le grand, le *contrat* passé à Fontenay-le-Comte, le 17 juin 1628, par lequel le clergé consent au paiement de 3,600,000 livres pour aider au siége de la Rochelle, témoignent assez que bien avant la victoire un grand parti songeait à extirper de France l'hérésie. Le lendemain du triomphe, le pape en donnant de bien haut l'exemple de la déclamation louangeuse, exprimait la pleine confiance que le roi achèverait bientôt de *détruire tout le reste de ces hérétiques qui désolent dans la France la vigne du Seigneur.* Un jésuite, le père Etienne Pétiot, dont Arcère a cité entre toutes la *belle* harangue latine, reprenant l'histoire de la Rochelle depuis 1573, trouve que les Huguenots ont dépassé de bien loin en barbarie les Huns, les Turcs, les Ostrogotes, les Visigoths et les Sarrazins. Charles Hersent, chancelier de l'Eglise cathédrale de Metz, dans un discours français prononcé en chaire, sur l'heureux succès des armes du roi, n'est pas plus modéré et est encore plus pressant.

Ce sont les vers cependant qui gardent la plus haute expression du fanatisme; dans une satire d'une extrême virulence, qui porte pour titre : *Le désespoir d'un avocat rochelais ayant médit de Sa Majesté, avec son enfer furieux;* dédié à tous les parlements de France, un versificateur furibond qui ne se désigne que comme un homme célèbre de ce temps, exprime l'espérance qu'on réparera enfin le tort d'avoir été incomplète, le seul qu'il reconnaisse à

La Saint-Barthélémy,
Dont le brasier ne fut embrasé qu'à demy.

La poésie ne pouvait faillir dans ce concours d'éloges emphatiques; je ne sais si une seule de ses formes a été négligée. Il y a des distiques, il y a des épopées, des églogues, des sonnets, des odes, des élégies, des ballets mêmes; les écoliers du collège des jésuites de Rheims dansèrent pieusement en réjouissance de la mort de plus de 20,000 Rochelais. Dans la plupart de ces poèmes, les dieux du paganisme, grands ennemis apparemment de l'hérésie, viennent aider au triomphe de Louis XIII; Alecton et Mégère exécutent les ordres du Dieu des chrétiens; la Rochelle y est le plus souvent personnifiée, mais les personnes des assiégés n'y paraissent pas; ce sont pour ces poètes des anonymes. Ceux qui ont le plus d'importance par la longueur de leur œuvre sont Paul Thomas d'Angoulême, dont la *Rupellaïs, sive de Rebus gestis Ludovici XIII*, contient en six chants plus de 3,600 hexamètres ; Martin, dont *la Rochelle au roi très-chrétien, Louis-le-Juste,* XIIIe *de ce nom,* d'abord en cinq, puis en six chants, renferme plus de 2,300 alexandrins.

Marc Lescarbot, dans ses poèmes *la chasse aux Anglais, et la victoire du roy contre les Anglais,* offre du moins cette exception avantageuse qu'ils contiennent soit dans leur texte soit dans des notes marginales, beaucoup de détails et de noms propres.

De ces pièces qu'on pourrait compter par milliers, une seule peut-être a complètement survécu, l'ode de Malherbe *pour le roi allant châtier la rebellion des Rochelais.* Je la trouve belle, quoique je n'aime guère que la poésie excite les rois à n'écouter jamais ni pitié ni clémence ; mais il faut avouer qu'il y aurait bien peu à y changer pour l'appliquer à toute autre lutte, et qu'elle intéresse beaucoup plus l'histoire de notre poésie que l'histoire de la Rochelle.

Et maintenant, me demanderai-je quel retentissement a eu ce grand bruit dans les époques postérieures ? Essaierai-je, comme je l'ai fait pour le siége de 1573, de grouper et de comparer entre eux les historiens qui n'ont pas été contemporains des faits.

Les récits du temps de Charles IX laissaient à prendre parti entre eux sur des divergences importantes. Le siége de 1628 est un événement qui occupe une bien plus grande place dans l'histoire, mais par ses conséquences et non pas par lui-même. Tous les historiens de la France et de l'Angleterre, Hume ou Lingard, Anquetil ou Sismondi, Henri Martin ou Michelet, Jay ou Bazin, ont mentionné le fait et l'ont jugé, bien plus qu'ils ne l'ont raconté. Il n'y aurait donc pas autre chose à discuter ici que l'ensemble et la tournure habituelle de leurs idées.

Il n'en pouvait être de même des historiens spéciaux de la

Rochelle , et chez eux le récit ne pouvait manquer ; mais eux
aussi ne diffèrent que par leurs qualités et leur caractère habi-
tuels. Que sert de répéter qu'Arcère voit dans la Rochelle trop
uniquement une des métropoles du protestantisme et pas assez
l'ancienne commune ; que Dupont , dont , au reste , ce siége est
le morceau capital, se préoccupe trop de sa place dans l'histoire
générale de la France et pas assez de son histoire intime ; que
Massiou songe plus à réunir des matériaux que n'ont pas connus
ou pas employés ses devanciers qu'à les choisir ou à leur conserver leurs justes proportions. Ce ne sont là que des traits
généraux.

Un ouvrage tout récent, fort estimé et fort estimable, l'histoire
des assemblées politiques de France, de M. Léonce Anquez, consacre un de ses chapitres non pas au siége de la Rochelle, mais
à l'assemblée de 1620 qui le rendit inévitable. Il envisage à la
vérité cette assemblée dans ses rapports avec le pouvoir royal
bien plus que dans ses rapports avec la commune rochelaise ;
toutefois il ne pouvait ne pas rencontrer ceux-ci , et je dois
d'autant plus le signaler que ses conclusions sont loin d'être
d'accord avec les opinions que j'ai laissé voir dans cette étude.
« Les députés réunis à la Rochelle décidèrent, dit-il , leur
» levée de boucliers sous la pression de la partie violente de la
» population de cette ville. » Je ne veux pas discuter ici cette
assertion ; je dois au moins montrer à quel degré je m'en
sépare. J'ai assez dit quels intérêts propres poussaient cette
partie de la population à désirer la guerre. J'ai dit aussi qu'elle
n'eût jamais formé un parti puissant , jamais suivi des desseins
précis sans les excitations de quelques hommes de l'assemblée ;
car l'assemblée non plus n'était pas une. Que ces hommes
ardents aient ensuite eux-mêmes subi la pression des passions
qu'ils avaient éveillées et qu'ils ne pouvaient plus diriger , c'est
ce qui trouve des analogies dans toutes les révolutions, et que
j'admets sans peine ; mais je crois que, faute de remonter assez
haut dans le temps , et d'étudier d'assez près les relations

extra-officielles des chefs protestants avec les Rochelais, M. Anquez n'a pas donné à chacun sa juste part de responsabilité.

Dans la plupart des mémoires , le siége de 1628 ne réveille
plus que deux noms , Richelieu et Guiton. Tous les étrangers
qui viennent à la Rochelle veulent voir ce qui reste de la digue,
et Guiton a toujours beaucoup agi sur l'imagination.

Dans un épisode de son roman de Cléveland (1732), qu'on a
réimprimé à part il y a quelques années sous le titre de la
Colonie rochelaise , l'abbé Prévôt s'était plu à placer un fils
supposé de Guiton , uniquement , ce semble , pour le plaisir de
prononcer ce nom.

C'est probablement lui (je ne connais pas la pièce , mais la
date ne permet guère d'en douter), qui est le héros d'une tragédie en trois actes: *Le Maire de la Rochelle* , jouée ou du
moins imprimée en 1792 et que Bartier attribue à M. Deshaye-
Pollet.

Lorsque, sous la Convention, de nouveaux noms furent donnés
aux rues de la Rochelle , l'une d'elles reçut le nom de Guiton,
et dans la notice sur la nouvelle nomenclature de ces rues,
M. Seignette rappela et justifia la popularité attachée à ce
nom. Cette rue a depuis repris la dénomination de rue de la
Grille , et c'est une rue ouverte depuis 1839 qui a reçu celle de
rue Guiton.

Je présume bien que c'est aussi à Guiton que se rattache un
drame en trois actes, joué en 1802, qui a nom le *Siége de la Rochelle*, et que je regrette d'autant plus de ne pas connaître que
l'auteur, M. L.-F.-G. Béraud, est un Rochelais.

En août 1836 parut enfin un document qui avait la prétention d'être de l'histoire , et qui n'était pourtant qu'un roman
généalogique assez mal agencé. Un M. de Clinchamps, soi-
disant petit neveu de Guiton , réclamait pour la Normandie

non seulement l'origine , mais la naissance de ce maire de la Rochelle. La première prétention paraît fondée encore aujourd'hui à MM. Haag ; la seconde était insoutenable. Non seulement les historiettes de M. de Clinchamps étaient en contradiction directe avec les témoignages des gens qui avaient connu Guiton , de Mervault et Reveau , non seulement elles n'opposaient aucune preuve aux assertions précises de Bousseau et de Bernardeau, qui , plaidant l'un contre l'autre à propos de la noblesse des maires de la Rochelle, s'accordent à reconnaître que Guiton était noble comme fils d'échevin , et cela trente-cinq ans après le siége, neuf ans seulement, comme on l'a su , après la mort de cet homme célèbre; mais encore elles portaient en elles-mêmes des preuves de fausseté, des chiffres impossibles. Une complaisance excessive pour les documents inédits fit pourtant adopter celui-ci par un historien d'un vrai mérite , M. Massiou. Il le publia dans un journal avant de l'insérer dans les notes de son histoire. M. Callot en montra non seulement la fausseté, mais l'absurdité. Mais telle est la faiblesse humaine que, lorsqu'on lui eut fait voir que son enfant adoptif ne pouvait marcher, M Massiou, l'un des hommes les plus loyaux que l'on pût trouver. au lieu de l'abandonner, essaya de lui raccommoder les jambes pour qu'il pût du moins se tenir debout.

Cette erreur d'un homme de talent eut un avantage. M. Callot n'abandonne pas ses idées avec une extrême facilité ; il voulut connaître , il connut et fit connaître aux autres toute la vie de Guiton, dans un travail définitif: *Jean Guiton , dernier maire de l'ancienne commune de la Rochelle ,* 1628 , vol. in-8º de 150 pages. 1847. Cette monographie peut paraître difficile à apprécier devant le président de la société littéraire ; aussi me bornerai-je à citer quelques lignes écrites il y a plus de treize ans dans un journal... « M. Callot a mis beaucoup de courage , » de soin, de patience , cet héroïsme de l'érudit, à reconstituer » la vie de Guiton. Il a réussi, parfaitement réussi. Toutes les » questions sont résolues et à peine quelques-unes des moins

» importantes laissent-elles place au doute. La vérité nous
» paraît établie avec une rigueur qui suffirait à un tribunal. »

Ce livre en effet mettait fin aux recherches historiques, non
aux fictions romanesques.

C'est probablement comme telle, tout en rappelant sérieusement le fait vraisemblable que Guiton tirait son orgine de
Villeneuve-sur-Lot, que M. Cassany-Mazet, maire de cette
ville, a publié une nouvelle historique avec le titre de *Jean
Guiton, maire de la Rochelle*, et ce n'est peut-être pas sa
faute si M. Lesson l'a insérée comme une véritable page
d'histoire dans son histoire des Marches de la Saintonge.
(1846.)

L'une des *Cinq époques* de M. Labretonnière (1847), la Famine,
est consacrée à peindre les angoisses des Rochelais en 1628, et
à en rendre le tableau dramatique. Il n'y cherche la vérité que
dans le degré où l'exige la fiction même.

La place qu'elle occupe au bas des colonnes d'un journal,
indique assez que la *Catherine Guiton*, de M. Félix Fleury, n'a
pas d'autre prétention. (*Ère nouvelle*, avril 1857.)

Les traditions, assez mal vérifiées, de la cour de Louis XIII,
prêtent à Buckingham un rôle passablement romanesque. Il
faut tenir pour encore plus suspecte l'addition qu'y fit la plume
galante du maréchal de Tessé ou peut-être de l'abbé de Choisi
dans le *récit des incidents secrets qui firent que l'Angleterre ne
secourut point la Rochelle*, inséré en 1745 dans le recueil A.
C'est du moins une nouvelle spirituelle et amusante ; M. Dumas
l'a adoptée et largement développée dans son roman des *Trois
Mousquetaires* ; dans les autres scènes qu'il a placées à la Rochelle, il n'a même pas cherché à conserver aux lieux et aux
faits cette vérité de physionomie que le roman même ne devrait
jamais enlever à l'histoire.

Encore moins faut-il chercher des caractères historiques, des
tableaux de mœurs, des détails locaux dans le *Siége de la Ro-*

chelle, roman de Mme de Genlis (1808). Il n'emprunte presque rien à l'histoire et le peu qu'il emprunte, il l'altère. Cependant, au moins en sa qualité de professeur, M. Durozoir eût pu se dispenser de répéter le reproche que lui a adressé un critique, de n'avoir pas opposé à Richelieu le fameux Lanoue, gouverneur de la place. (Biog. Michaud, suppl, tome 65.) Les professeurs doivent encore moins que les romanciers faire de tels anachronismes.

C'est au contraire le désir de reproduire en entier les caractères, les mœurs, les passions du temps, et de présenter de grands dévouements en exemple à notre génération sceptique et amollie qui a inspiré le roman très-historique, *De val van het laatste bolwerk der protestanten in Frankrijk, la Rochelle, in 1627* : La chute du dernier boulevard des protestants en France. La Rochelle en 1627, 1853, 2 vol. in-8°. M. Kindermann, ministre de l'Evangile en Hollande, qui abandonne au bas de la préface le pseudonyme Chonia qu'il avait pris sur le titre, a tout interrogé, les livres imprimés et les manuscrits, les hommes et les lieux, puis, sûr de l'exactitude de son érudition, il n'a plus demandé à l'imagination que de lui donner la passion et la vie. Malheureusement la langue hollandaise, dans laquelle est écrit ce livre, lui laisse bien peu de lecteurs en France. Les autres pourront au moins en chercher une esquisse dans la fidèle analyse qu'en a donnée M. Meyer fils, dans le premier cahier des pièces de la Société littéraire de la Rochelle, 1855.

IX.

VINCENT, PHILIPPE,

NÉ A SAUMUR, MORT A LA ROCHELLE, 1595 — 1651.

L'histoire politique de la Rochelle finit en 1628 ; mais elle est pendant près d'un siècle tellement unie à celle du protestantisme, qu'on ne saurait négliger de rechercher comment cette forme du culte s'y est introduite, comment elle y a été étouffée. Il faut donc comprendre parmi les historiens de la Rochelle l'auteur des Recherches sur les commencements et les premiers progrès de la réformation en la ville de la Rochelle, et celui de l'Histoire des réformés de la Rochelle depuis l'année 1660 jusqu'à l'année 1685, Philippe Vincent et Abraham Tessereau.

Le premier de ces livres est loin, il faut l'avouer, bien loin de tenir ce que semble promettre le nom de son auteur ; mais il n'est pourtant pas sans intérêt : en outre, il conduit l'histoire religieuse de la Rochelle jusqu'au premier siége ; entre les deux siéges, elle est tellement unie à l'histoire politique qu'il est impossible de l'en séparer , et la vie même de Philippe Vincent remplit en grande partie la lacune qui existe entre 1628 et 1660 , époque où commence le second ouvrage. C'est là ce qui m'engage à tracer, après plusieurs autres écrivains, dont quelques-uns tout récents, une biographie de Vincent, et à demander des réponses toutes spéciales aux documents qu'ils ont explorés avant moi.

On lit dans le livre mortuaire conservé au consistoire de la Rochelle : « Le 13 mars 1651, Philippe Vincent, ministre du Saint-» Évangile en cette église, âgé de cinquante-quatre ans environ, » a été enterré. » Il faut étendre à deux ans à-peu-près ce mot *environ*, puisque Vincent nous apprend lui-même dans son testament qu'il avait trois ans lorsque Dieu lui ôta son père, et dans ses *recherches* que ce père mourut en 1598. Il était donc né en 1595, probablement à Saumur, de Jean Vincent, ministre de l'Évangile dans cette ville. Sa mère se remaria avec Périlleau, également ministre de la parole de Dieu, qui fit élever le jeune Vincent pour la même carrière. Il était à l'académie de Genève en 1618, et fut nommé en 1620 desservant de l'église de l'Ile Bouchard. En 1626, le synode de Castres le donna à l'église de la Rochelle, et j'y remarque pour la première fois sa signature, le 20 juin de cette année, au bas de l'acte de baptême de Pierre de Tandebaratz. Déjà antérieurement cette église avait voulu s'attacher son père , qui y étudiait en 1592, et y était retenu par une profonde admiration pour Odet Denort, mais Duplessis-Mornay, qui avait tout droit sur Jean Vincent, l'avait appelé à Saumur.

Apparemment Philippe apportait à la Rochelle et justifia une bonne réputation puisqu'il reçut bientôt une mission de confiance. Le corps de ville, les bourgeois , l'église avaient désigné chacun un député pour être envoyé en Angleterre; le ministre Salbert, désigné par l'église, s'étant excusé, Vincent fut nommé à sa place, le 28 octobre 1627, et accepta. La veille cependant

il avait témoigné peu de confiance dans Buckingham et dans les
Anglais; insistant pour qu'on se servît d'un Espagnol fait prisonnier afin de ménager un commencement de traité avec le roi
d'Espagne. Ce trait de prévision nous est assuré par lui-même ;
mais, il faut le dire, par lui seul, Mervault ne faisant qu'enregistrer son témoignage.

De concert avec David et Dehinsse en Angleterre , plus tard
en Hollande, il se montra négociateur dévoué, prévoyant, actif,
énergique, sans pouvoir échapper aux fausses espérances suivies
d'amères déceptions que ne lui épargna pas l'égoïsme des Anglais. Lorsque tout fut perdu , ce fut lui encore qui traita avec
Richelieu , et obtint au nom d'une clémence politique ce qu'on
ne pouvait plus demander au nom d'une résistance désormais
impossible. Il rassura ceux des Rochelais qui pouvaient s'enfuir,
en leur montrant les garanties de bonne foi qu'offraient dans
ces circonstances le caractère du cardinal et des intérêts qu'il
ne pouvait pas mal comprendre, et en déclarant que , pour lui,
bien qu'il fût plus sûr que tout autre de trouver un asile en
Angleterre , il était résolu à partager , sous les lois nouvelles
qu'ils allaient subir , le sort de ses concitoyens : enfin il résista
avec une noble et courageuse fierté à l'impudence de Montaigu,
lorsque cet Anglais , poussant au dernier degré l'injustice , osa
accuser les Rochelais de s'être rendus avec précipitation et proposer de retenir malgré eux ceux qui étaient sur la flotte anglaise.
Le commandant anglais lui-même, Lindsey, ne put s'empêcher de
se prononcer pour Vincent. J'ai déjà dit que ses mémoires sur
ses négociations avaient été fondus dans le Journal du siége de
Mervault.

A la vérité , c'est d'après son propre témoignage que nous
jugeons ainsi Vincent; car ceux de ses contemporains qui en
parlent, n'en parlent guère que d'après lui; mais rien n'infirme
ses récits et les auteurs qui les répètent ajoutent sans doute à leur
autorité en les adoptant. Il est donc difficile de ne pas recon-

naître dans ce ministre un homme de cœur et de mérite , qui avait un vif sentiment de la vie pratique et qui avait pris une part noble et importante à de grandes choses. Son talent de parole fut estimé de son temps, et le discours qu'il adressa le 24 juillet au roi d'Angleterre est inséré dans le trésor des harangues publié en 1654.

Pour lui , comme pour tous les Rochelais, 1628 mit fin à la vie politique; mais ses qualités devaient encore trouver à s'exercer dans la vie privée que lui faisaient ses fonctions sacerdotales. Richelieu avait voulu sincèrement assurer aux protestants vaincus le libre exercice de leur culte, à la Rochelle ; mais il avait dû et voulu y assurer le libre exercice du culte rival , et il ne pouvait empêcher que le clergé catholique ne sentît sa victoire, qu'il n'en usât et ne fût très-prêt à en abuser en faveur de son prosélytisme. Dans ces luttes, les protestants ne pouvaient attendre d'impartialité d'aucun pouvoir et la partialité contre eux devait être d'autant plus grande qu'on descendrait plus bas dans la hiérarchie. Ils se plaignent en particulier de la difficulté qu'ils trouvent à se faire imprimer, chose toute simple dans un temps où la responsabilité des imprimeurs allait jusqu'à la potence inclusivement. La position des ministres de l'Évangile demandait donc une singulière alliance de la prudence à la fermeté. C'est le degré auquel il possède ces vertus, c'est le degré de liberté dont il jouit et dont il use, que je chercherai en parlant de quelques controverses que soutint Philippe Vincent , sans vouloir en rien me faire juge des questions discutées.

La première eut trait à la conversion au catholicisme du marquis de Lavilledieu. Ce changement de religion avait eu lieu, en 1631 , après des prédications opposées de Vincent et d'orateurs catholiques, et après une controverse en règle entre ce même Vincent et le père Tranquille, supérieur des capucins de la Rochelle. Tout naturellement , le clergé catholique en

triomphait et proposait le marquis en exemple aux autres
réformés. Vincent prétend que cette conversion avait des motifs
étrangers aux convictions religieuses , qu'elle était arrangée
avant toute discussion et qu'on n'en avait provoqué une que
pour se donner l'apparence d'une victoire théologique. A l'appui,
il publie un exposé de la controverse , et le dédie à Messieurs
de l'Église réformée de la Rochelle , auxquels il le présente
comme un préservatif contre la chute vers laquelle on les pousse.

Il est difficile de juger la question de fait ; dans l'unique
exemplaire de ce livre que j'aie entre les mains , les quatorze
dernières pages et les deux dernières de la dédicace ont été
déchirées, à dessein, ce semble. D'ailleurs je n'ai pas les documents émanés des adversaires de Vincent. Quant à la discussion,
elle roule sur ces trois points, la distinction des viandes, l'invo-
cation des saints , la vocation des pasteurs. Elle ne manque ni
de force ni de liberté ; Vincent ne se borne pas à la défensive,
et sait fort bien à l'occasion porter l'attaque dans le camp
ennemi. Il n'est pas facile de juger si une discussion est modérée,
puisque tous les discuteurs du monde sont prompts à prendre
pour injures les contradictions qu'ils rencontrent, pour contradictions nécessaires ou pour railleries agréables les injures
qu'ils disent. Il y a cependant un degré facilement appréciable.
On peut par exemple accuser d'erreurs l'église romaine sans
l'appeler prostituée, et combattre l'autorité du pape sans en
faire l'antéchrist. Ces termes ne se rencontrent pas chez
Vincent, et il me semble en général respecter ses adversaires et
lui-même.

Un sermon contre la danse que Vincent prononça en 1634
devint l'objet d'une nouvelle discussion , qui dura longtemps et
dont les pièces furent en partie publiées en 1646, sous ce titre :
Le procès des danses débattu. Arcère , sur des sermons manuscrits qu'avait dans sa bibliothèque M. de Villars et que nous
n'avons plus , juge que Vincent n'était pas orateur et trouve

son style sec et gothique. J'avoue que la lecture de ce sermon
ne me fait pas partager cet avis. J'y trouve de la force oratoire,
j'en trouve trop même. Lorsque Vincent, après avoir rappelé ce
texte de l'évangéliste : « Celui-là a déjà commis adultère qui a
jeté sur une femme un regard de convoitise », demande à ses
auditeurs s'ils ne sont jamais sortis du bal coupables de cet
adultère ; lorsqu'il fait apparaître dans la salle de danse, Jésus
étalant toutes sanglantes les plaies reçues au Golgotha, et
demandant : Danseriez-vous autour de ma croix ; lorsque
demandant à son auditoire quel temps et quel lieu il choisit
pour danser, il lui rappelle de quels fléaux il a plu à Dieu de
frapper la Rochelle, et leur demande ce que fait leur joie, au
milieu « de cette pauvre ville qui n'a endroit où il ne soit tré-
» buché plusieurs morts et qui toute n'est qu'un cimetière de
» nos proches et de nos intimes » ; ce n'est pas l'éloquence qui
me paraît manquer ; et elle dut même, à cette date et devant
des Rochelais, atteindre, dans le dernier tableau, à ses
plus grands effets ; mais je me demande, je l'avoue, s'il en
fallait tant prodiguer pour empêcher quelques jeunes filles de
danser.

Deux des pères jésuites de la Rochelle avaient assisté à ce
sermon et le jour même l'un d'eux en attaqua en chaire l'exagération. — On reprocha aussi à l'orateur de n'avoir fait que
copier un traité de Boisseul, aussi pasteur à la Rochelle, publié
en 1606. — Pour toute réponse Vincent fit imprimer son
discours. On l'accusa alors de l'avoir changé pour déguiser son
plagiat. Il réfuta cette calomnie dans une lettre à M. Desmarthes, qui porte aussi pour titre : *Le Bâillon de la calomnie*, où
il s'échappe en termes assez vifs contre l'anonyme. Je ne sais
si cette lettre datée du 14 mars 1634 a jamais été imprimée ;
mais il en courut sans doute plusieurs copies manuscrites,
comme celle qui nous reste. Par des circonstances qui me sont
inconnues ces reproches contre les danses se renouvelèrent
après le carnaval de 1639. C'est alors que le jésuite Destrades

adressa une lettre à la personne qui avait donné le bal, occasion
de ce blâme , pour la soulager dans ce qu'il appelle la persécution. Il justifie en peu de mots la danse , pour en venir bien
vite à accuser les ministres de développer sans mission comme
sans pouvoir ce zèle peu discret. La danse n'est là qu'un prétexte ou tout au plus une occasion. Réponse de Vincent sous le
nom de celui auquel la lettre était adressée ; réplique de
Destrade; duplique de Vincent.

L'année suivante , la question est encore ranimée dans un
pamphlet intitulé : xxxv *Demandes aux ministres de l'église
prétendue réformée*, et Vincent y répond de nouveau.

Sans doute dans les circonstances où l'on était alors tout
était bon aux prêtres catholiques pour en faire un sujet de
querelle : à voir cependant la persistance des deux partis sur ce
point, on est conduit à quelques conjectures relatives à son
importance. Parmi les objections que Vincent prévoit et réfute
dans son sermon, on en trouve une fondée sur la considération
des personnes qui invitent au bal, auxquelles on paraîtrait
faire insulte en refusant d'y assister et en blâmant ainsi indi-
rectement comme un scandale les plaisirs qu'elles offrent dans
leur maison. On pourrait donc penser que ces fêtes étaient un
moyen pour le Pouvoir de faire oublier le passé , d'unir entre
eux tous les citoyens , et certes ce n'est pas là l'objet d'un
blâme; que les ministres au contraire n'étaient pas fâchés que
les protestants, s'ils n'étaient plus un parti et comme une nation
à part, restassent pourtant unis entre eux et séparés des catholiques par un souvenir douloureux et constant du passé comme
par des mœurs différentes.

Dans le recueil de 1646 , à la suite du sermon contre les
danses dont le texte est tiré de Jérémie, VIII, 7, et des pièces qui
s'y rapportent, Vincent fit imprimer sa paraphrase, en vers, sur
les lamentations du même prophète. La pagination recommence,
mais l'index, l'approbation, la dédicace à la duchesse de la Tré-

mouille la mentionnent comme partie intégrante du livre. C'est cette imitation qui lui a attiré cette épigramme d'Arcère : « Vincent était poète par amusement, et ce qu'il y a de » fâcheux en ce genre c'est que l'amusement de l'écrivain » devient souvent l'ennui du lecteur. » N'en déplaise au judicieux oratorien, qu'un retour sur lui-même eût dû rendre plus indulgent, le motif est moins frivole, les vers sont moins mauvais qu'il ne le dit. Vincent a souvent relu les lamentations, et ne les a jamais lues sans être touché, mais cette émotion est devenue tout autrement vive depuis le dernier siége de la Rochelle, tant il a retrouvé chez le prophète un fidèle tableau des souffrances de cette malheureuse ville : d'un autre côté quand il compare les maux que firent subir à Jérusalem ses barbares vainqueurs à cette clémence dont le roi de France donna après sa victoire un exemple signalé, il y trouve un nouveau sujet d'adorer ce Dieu qui, tout irrité qu'il fût contre leurs péchés, n'a point laissé jusqu'au bout sa colère étouffer la voix de sa miséricorde. Dans un moment d'enthousiasme qui a suivi l'une de ces méditations, il a senti se réveiller cette affection pour la poésie qu'il avait eue dans sa jeunesse et que de plus sérieux travaux avaient fait taire ; cette paraphrase est née de ce feu passager et, quelque faible qu'il la juge , surtout comparée à des chants inspirés, il la présente aux fidèles, parce que les vers, même loin du sublime , *ne laissent pas d'avoir je ne sais quelle force cachée pour réveiller l'âme et toucher les affections.*

Ce sont là des sentiments chrétiens, c'est un mobile non seulement grave , mais touchant. Quant aux vers, sans doute ils ont beaucoup vieilli et même dès ce temps ils devaient paraître surannés, comparés aux chants de Malherbe ; ils violent certaines règles déjà adoptées, celle de l'hiatus, par exemple, celle de l'E muet final après une voyelle (Rient de mes hélas !) ; ils sont souvent durs , plus d'une fois ils peuvent paraître , à nous surtout, plats et barbares ; peu de traductions pourtant ont

moins de remplissage oiseux ; peu sont plus fidèles à la pensée
et au sentiment de l'original ; et il y a plusieurs passages où
ne manquent ni l'émotion, ni le tour, ni l'image. Comme poète
ainsi que comme orateur, Vincent me semble bien supérieur à
l'idée qu'en donne Arcère ; or, tout le monde a copié Arcère ,
excepté M. de Richemond, qui seul a rendu à son coreligionnaire
une justice encore timide et imparfaite.

L'année suivante, en 1647, Philippe Vincent publia son Traité
des théâtres : il ne donna lieu , que je sache , à aucune controverse. Il est empreint de la sévérité des docteurs protestants :
mais celle des docteurs catholiques n'est pas moindre à cet
égard. Une seule phrase pourrait faire croire , et peut être
serait-ce trop la presser , que les intérêts de secte dont j'ai
admis l'action relativement au traité des danses ne sont pas
étrangers à la rédaction de celui-ci, ce sont ces mots de la
dédicace : « De vous spécifier le motif particulier que j'ai eu
» de l'entreprendre ainsi par exprès, il serait superflu ; joint
» que ce sont des plaies domestiques , qu'il est bon de cacher
» plutôt que de les tirer au jour. »

Je suis entré dans ces détails sur les polémiques que firent
naître la conversion de M. de Lavilledieu et le sermon contre
la danse, parce qu'elles me donnaient lieu de signaler quelques
traits intéressants de la situation de la Rochelle après sa reddition ; il y en aurait bien d'autres à y relever , et la seconde
surtout offre à cet égard une lecture instructive. Je n'ai pas
les mêmes raisons d'insister sur les autres controverses qui
remplirent la vie de Philippe Vincent. Les attaques sont plus
nombreuses que variées : non pas qu'elles ne diffèrent par le
point de départ et même par la forme ; tantôt s'adressant
sérieusement à un point de dogme ou à des points de discipline,
tantôt poussant l'ironie jusqu'à la bouffonnerie et jusqu'à
l'insulte, comme il paraît par la litanie publiée sous le nom d'un
des réformés de la Rochelle, que Vincent, en la réfutant, appelle

blasphématoire ; mais quel qu'en soit le sujet , la polémique catholique le ramène promptement à son chapitre de prédilection, la vocation des pasteurs. Elle semble bien moins s'attacher à ramener les calvinistes à la vraie foi qu'à les détacher de leurs ministres. C'est toujours la vieille histoire, persuader aux brebis de livrer leurs chiens. M. de Lavilledieu dit à Vincent : Vous voulez que je dépende d'un consistoire et vous n'avez pas voulu dépendre de toute l'église, et chacune des xxxv demandes d'un catholique rochelais revient presque à demander aux ministres de quel droit ils osent limiter par une règle quelconque les divagations individuelles.

Cette difficulté , grave peut-être par elle-même , devait le paraître surtout dans un temps où l'opinion ne voulait plus qu'en politique on opposât aucun contrepoids à l'autorité du monarque , où le souffle de l'esprit français l'emportait vers cette unité qui ne souffre aucune diversité, vers cette discipline passive plus propre à faire une armée redoutable qu'une grande nation.

Je ne crois pas que dans ces débats Vincent ait toujours raison ; encore moins faudrait-il s'imaginer que les lumières des réformés soient supérieures à celles des catholiques. Dans le sermon sur les danses, par exemple, parmi les raisons que leur oppose Vincent figurent les danses du sabbat, et je ne crois pas qu'ils eussent moins brûlé de sorciers que leurs adversaires : mais, il a des connaissances, de la souplesse, souvent de l'esprit, et, autant que j'en puis juger, toujours, même quand il passe de la défense à l'attaque, l'avantage de la modération et de la dignité. Pour justifier cette dernière assertion, il faudrait avoir les écrits qui lui sont opposés ; je n'en ai qu'un bien petit nombre , et il serait téméraire de les juger sur des citations ou sur les réponses ; toutefois il est bien difficile , en lisant celles-ci, en voyant les railleries qu'elles écartent , les ironies qu'elles relèvent , de ne pas croire que l'attaque était singulièrement provoquante. Dans les lettres de Destrade , il y a un dédain affecté plus injurieux encore que l'injure. Celle-ci d'ailleurs est fort directe. Vincent, en répondant à la lettre que Destrade avait adressée au protestant qu'il trouvait persécuté, avait parlé au nom de celui-ci. C'est là un artifice mille fois employé, qui ne veut tromper et ne trompe personne. Le prêtre catholique qui écrivait sous le nom d'un réformé la litanie ironique se déguisait beaucoup plus et ne croyait certainement pas mentir. Destrade, sur cela, commence ainsi sa seconde lettre : « Ainsi » que votre foi est feinte, ainsi l'est la lettre que j'ai reçue de » vous. La main est d'Esaü et la voix est de Jacob. » Ce que j'ai vu me paraît respirer le désir d'entraîner au-delà des bornes : il me semble voir des gens qui cherchent une querelle, en sentant derrière eux les gendarmes tout prêts à les appuyer; soit bon goût naturel, soit prudence, Vincent ne tombe pas dans ces piéges.

Cette habileté pratique lui fut plus nécessaire que jamais lorsqu'il s'agit de recevoir l'abjuration non pas seulement d'un catholique, mais d'un jésuite, d'un homme de 42 ans, estimé comme humaniste et comme théologien, et parvenu à un rang élevé dans son ordre, puisqu'il était régent de la première classe au collége de la Rochelle, confesseur et père spirituel de cette maison, admoniteur du recteur et prédicateur ordinaire. On avait pu passer aux ministres protestants leurs récriminations contre la conversion de M. de Villedieu, vaine consolation de leur défaite ; mais il était aisé de prévoir quelles colères soulèverait ce triomphe.

D'un autre côté, il était impossible à des prêtres chrétiens de fermer, par crainte, leur église à un prosélyte dont les circonstances mêmes semblaient démontrer la sincérité.

Les pièces relatives à cet épisode, certainement curieux à cette date, ont été imprimées.

Dans une lettre à Drelincourt, Philippe Vincent expose comment, surpris, touché, mais aussi effrayé de la demande de

M. Jarrige, il lui a fait voir tous les dangers auxquels l'exposait
sa démarche. Le néophyte a persisté ; sans se plaindre en rien
des jésuites, sans dire d'eux aucun mal, il ne peut plus partager
leurs convictions : la grâce l'appelle , et on a dû l'admettre à
faire sa profession de foi conforme à celle de l'Église réformée.

Suit une déclaration de Jarrige, datée du 24 novembre 1647 ,
attestant que sa conversion n'a été provoquée par personne ;
puis l'acte même de sa profession de foi extrait des actes du
consistoire de l'église réformée de la Rochelle du 25 décembre ;
puis deux lettres de lui , l'une à M. Pierre Cadiot, recteur du
collége des jésuites de la Rochelle ; l'autre à M. Gilbert
Rousseau , provincial des jésuites de la province de Guienne.
Dans toutes deux, Jarrige cherche à montrer qu'aucun dépit ,
aucun mécompte, aucune ambition n'a pu le porter à ce changement de religion ; qu'il est l'œuvre de la grâce. « Les premiers
» mouvements , dit-il , m'en vinrent lorsqu'étant régent de la
» première classe de ce collége, j'étais commandé d'accompagner
» le P. Audebert aux prédications que faisaient lors les pasteurs
» de l'église réformée. Cette modeste gravité avec laquelle je
» leur entendais prêcher l'évangile , cette retenue à ne se point
» échapper en paroles ridicules et injurieuses , ainsi que je le
» voyais faire dans nos sermons , et cette force accompagnée
» d'une grande netteté dans l'interprétation de la sainte
» parole, etc. »

Ces motifs de sa conversion n'étaient pas moins que cette
conversion elle-même de nature à plaire aux ministres protestants, à déplaire à leurs adversaires ; aussi le jésuite Jacques
Beaufès, un des anciens antagonistes de Vincent, en chercha-t-il
de tout autres raisons. Au contraire Drelincourt, en répondant
à Vincent, tout en voyant bien quels dangers des faits de ce
genre peuvent attirer sur les réformés. ne peut s'empêcher de le
féliciter. Il se tient dans des réflexions générales . appuyant
surtout sur celle-ci, que la grâce frappe où elle veut.

Jarrige fut obligé de laisser la France. Réfugié à Leyde, il écrit au consistoire de la Rochelle et à Drelincourt. Il les remercie, il remercie Dieu de lui avoir donné la force de proclamer sa foi, il en accepte résolûment les conséquences, la pauvreté à laquelle elle le condamne, et « les combats que les » jésuites lui livrent de toutes parts, si grands et si cruels que » sa vie n'est pas en assurance. »

Peut-être ce dernier point est-il une exagération de Jarrige effrayé ; mais on ne peut douter que cet acte ne l'ait mis en butte à des haines redoutables. Rien n'indique cependant que le pouvoir civil soit intervenu ni sur-le-champ ni plus tard, et cette affaire est peut-être la plus propre à montrer ce que, malgré la gêne et la surveillance dont ils étaient entourés, les protestants de la Rochelle conservaient encore de liberté. Peut-être aussi contribua-t-elle à la résolution de la leur retirer.

Dans sa réponse à Jacques Beaufès, Jarrige ne garda plus aucune mesure, et il mit plus de violence encore dans un autre libelle, les Jésuites mis sur l'échafaud. Par sa conduite ultérieure, il fit mettre en doute la sincérité de sa conversion, et motiva l'article par lequel Bayle l'a flétri : mais ce sont là des choses que ne pouvait certainement atteindre la prévision des protestants rochelais.

La modération était moins commandée à Vincent et peut-être lui eût été plus difficile dans une autre querelle qu'il eut, toujours en 1647, avec un homme de sa communion, le célèbre ministre Amyraut.

Déjà dix ans auparavant, il s'était trouvé en opposition avec lui sur un précepte de conduite ; Amyraut croyait qu'on ne pouvait en conscience obéir à la prescription de tendre sa maison sur le passage des processions de la Fête-Dieu ; Vincent pensait qu'on le pouvait faire sans scrupule, en déclarant qu'on n'accomplissait pas un acte de culte, mais qu'on obéissait à une ordonnance de police. Ce n'était là qu'une légère divergence d'opinion, qui ne paraît avoir eu aucun éclat et qu'Arcère ne rapporte que d'après une lettre de Vincent à Georges Reveau, qui se trouvait apparemment, comme ses sermons, dans le cabinet de M. de Villars et que je n'ai pas retrouvée. Le fragment qu'il en cite paraît assez explicite, et cependant, soit qu'on n'acceptât par la réserve que voulait y mettre Vincent, soit qu'il fût plus sévère dans sa conduite que dans ses opinions, nous voyons dans Reveau même (p. 425) que pour vaincre sa résistance à mettre ces tentures, on envoya chez lui des soldats qui y vivaient à discrétion à ses dépens, et que ses efforts parvinrent, en 1637, à délivrer les protestants d'une servitude personnelle, mais non pas d'une redevance pécuniaire, à cet égard.

Le débat de 1647 roula sur une question beaucoup plus brûlante et beaucoup plus personnelle.

Dans son Apologie pour ceux de la religion, Amyraut veut prouver que « si on considère ceux de la religion dans les » devoirs auxquels ils sont obligés envers le roi et l'état en » tant que Français, ils ne sont point dignes de l'aversion de » qui que ce soit, » et il dit : « Pour ce qui regarde les guerres » de nos temps..... s'il y a eu quelque ville capable de cette » mutine et criminelle pensée de secouer l'autorité de la monar- » chie et de donner la naissance à un nouvel état dans l'état, » c'est un crime qui est demeuré dedans l'enceinte de ses » murailles, et tant s'en faut que le reste de ceux de la religion » qui sont épandus dans le royaume en aient été ou complices » ou corrompus, qu'ils peuvent protester en bonne conscience » qu'il n'est jamais venu à leur connaissance, et que s'ils en » eussent su quelque chose, ils l'eussent eu en horreur. » Il disait ensuite que pour les autres la crainte de se voir enlever la liberté de conscience avait été le seul mobile de prendre les armes ou de faire des vœux pour ceux qui les avaient prises, et il ajoutait : « Encore crois-je certes qu'il n'en faut excepter » ni ville, ni grand, et que tous universellement ont été préoc- » cupés de la même crainte. »

Les Rochelais crurent que leur ville était clairement désignée, que cette forme dubitative et cette tardive restriction n'empêcheraient personne de voir là un aveu de leur culpabilité. Ainsi la Rochelle avait payé bien cher le droit de se dire le martyr de la cause protestante et au nom de cette cause on la reniait , et on la vouait à l'aversion ! Elle n'avait pas voulu acheter sa seule espérance de salut, le secours efficace de l'Angleterre , en renonçant à être française, et on l'accusait de haute trahison ! Vincent en particulier avait attesté à Richelieu que dans les négociations dont il avait été chargé avec le roi d'Angleterre, il lui avait été enjoint de mentionner toujours l'expresse réserve de ne point se détacher de l'État , et le sévère ministre avait déclaré que c'était la porte qui était restée seule ouverte à ceux de la Rochelle pour rentrer en la grâce du roy; et les insinuations d'un ministre protestant venaient après vingt ans mettre sa véracité en doute, et donner au pouvoir la tentation de substituer de nouvelles rigueurs à cette austère clémence. Une autre chose encore irritait Vincent. Cette Apologie se couvrait de l'approbation du pasteur Vacher, son beau-frère, un Rochelais !

C'est à lui d'abord qu'il adressa sa plainte , et Vacher lui écrit que M. Amyraut n'a point publié son approbation telle qu'il l'avait donnée , qu'il n'avait vu le livre qu'imprimé et que dès lors il avait fait à l'auteur des observations sur plusieurs passages et notamment sur celui relatif à la Rochelle. Amyraut apprend la plainte et écrit au consistoire de la Rochelle, lui-même s'irrite contre Vincent, se réfugie derrière le *si*, qui d'après lui suffit à corriger et à justifier sa phrase; il prétend du reste qu'on suscite contre lui des préventions et qu'on l'accuse à tort d'hérésie. Le consistoire de la Rochelle trouve que la cause de Vincent est la sienne, et en vérité il est difficile de penser autrement. Les lettres sont de plus en plus aigres. Cependant d'autres pasteurs de l'Anjou ou de Paris interviennent ; ils insistent surtout sur la nécessité d'éviter tout scandale , de ne pas prêter des armes à la cour contre les protestants. Vincent renonce au dessein d'abord formé de publier une justification de la Rochelle; Amyraut écrit une lettre plus douce, promet de faire, s'il y a lieu, une réparation qu'il n'a jamais faite, et la querelle reste prudemment étouffée. Nous ne la connaissons, je crois, que par ces lettres, originales ou copies, et par une relation, restée aussi manuscrite, que le consistoire de la Rochelle rédigea de toute l'affaire. Peut-être est-ce à cette querelle que Reveau (p. 368) fait une allusion obscure pour nous.

Il n'y a là, on le voit, qu'une question de fait, non une question de doctrine, comme le ferait croire la mention trop abrégée d'Arcère. Je ne trouve pas le passage latin qu'il cite des manuscrits de Vincent, et, en général, je ne trouve nulle part une ligne latine de cet écrivain. Arcère avait donc des pièces que nous n'avons pas, mais il avait sous les yeux celles que nous avons, qui sont annotées de sa main, et c'est certainement à cette discussion qu'il fait allusion.

Au fond pourtant il y avait bien une grave dissidence d'opinion. Vincent alléguait, ce qu'on ne peut contester, que la Rochelle n'avait pas voulu se détacher de la France; mais il ne niait pas et l'on ne peut nier que, tout en combattant pour le protestantisme, elle n'eût combattu pour sa propre cause, pour le maintien de ses priviléges et de ses remparts qui en étaient la garantie. Cette guerre n'avait donc pas été purement religieuse; peut-être Amyraut pensait-il que des sujets n'ont pas droit de recourir aux armes pour forcer les rois de respecter leurs engagements, et on voit par une lettre d'un M. Bastid qu'il disait en effet que ses restrictions avaient été dictées par la charité plus que par une conviction réelle de l'innocence des Rochelais. Dans la discussion et devant les deux consistoires, il évite de s'en expliquer. Il ne nie pas non plus absolument la légitimité de la résistance armée, mais sans doute il ne sentait pas que les libertés, les droits sont solidaires. Il put garder jusqu'au bout ses opinions, car il mourut avant l'édit de 1685.

Il ne paraît pas que les opinions opposées de Vincent lui ôtassent tout crédit à la Cour. En 1632 et 1633, il fut un des députés que les Rochelais envoyèrent au cardinal de Richelieu, et Colin, qui n'est indulgent pour personne, dit qu'ils en furent très-bien reçus. En 1645, le synode de Charenton le députa en cour. On a des lettres des secrétaires d'Etat, de 1645 à 1649, qui le félicitent du succès avec lequel il s'employait pour porter les protestants à s'acquitter rapidement des obligations financières ou autres qu'on leur imposait. Le frère du ministre Lefaucheur l'ayant prié de chercher dans un port comme la Rochelle des personnes capables d'assembler des vaisseaux à feu et de les conduire à Venise pour le service de la République, il soumet cette demande à Lavrillère qui l'approuve et l'encourage. Le 8 juillet 1646, Mazarin lui écrit lui-même pour le louer de son zèle. Tout cela prouve une sorte de faveur. Ce n'est pas que Vincent démentît par le détail, des opinions qu'il ne désavouait pas dans l'ensemble ; mais il pensait que, s'il est juste et beau de combattre et de mourir pour les grandes causes, il n'est que ridicule de rechigner et de pâtir pour les petites.

On serait déçu si l'on cherchait les traces de cette vie ou de ces qualités dans ses Recherches sur les commencements et les premiers progrès de la Réformation en la ville de la Rochelle.

Vincent ne trouvait pas dans les historiens, publiés ou inédits, de renseignements suffisants sur l'introduction de la Réforme à la Rochelle. Un des membres de l'église, Michel Pacqueteau, lui communiqua des notes recueillies par son aïeul Pierre Pacqueteau, simple boulanger, et par un sieur Hémond, contemporains de ces faits : Vincent les compléta et les éclaircit par différentes pièces, réunies dans un registre ou éparses, qu'il rencontrait au consistoire, par quelques autres documents, par des souvenirs de famille des gens qui l'entouraient. Il rédigea très-simplement ces différentes notes, en attendant qu'on lui fournît d'autres mémoires.

Comme il dit qu'il écrivait cinquante ans après la mort d'Odet Denort, qu'il place en 1794, un an plus tard qu'elle n'eut lieu ; qu'en parlant de ce livret, Tessereau dit, en 1688, qu'il y a près de cinquante ans qu'il est écrit, il en faut placer la rédaction entre 1638 et 1644, et vraisemblablement plus près de cette dernière année. Vincent ne paraît pas avoir songé à le publier : seulement il en laissa prendre des copies à ses amis, et Mervault en avait une datée du 26 avril 1644, que Jaillot transcrivit près de cent ans plus tard, et qu'il collationna ensuite sur le livre imprimé. C'est celle qui est à la Bibliothèque de la ville.

Vincent se trouvait déjà fort malade et sentait la mort venir, le 2 février 1651, jour où il signait son testament. Il mourut le 12 mars ; il laissait un fils majeur, Frédéric, issu de son mariage avec demoiselle Claude Maulvault ; et cinq enfants d'un second mariage avec une Rochelaise, Elisabeth Thévenin, qui ui survivait, une fille déjà mariée, mère de deux enfants et veuve ; trois autres filles et un fils. Georges Reveau était nommé son exécuteur testamentaire.

Après la révocation de l'Édit de Nantes, Bouhereau, filleul de Vincent et fils d'un de ses collègues, emporta en Angleterre une copie des Recherches. Tout ce qui regardait la patrie et le berceau de la Réforme dans cette patrie prit un grand prix aux yeux des exilés. Tessereau, dans son histoire des Réformés de la Rochelle de 1660 à 1685 parla de ce livre. Un libraire hollandais chercha et trouva les moyens de le publier, avec quelques pièces personnelles à Vincent. Il parut en 1693, in-12, à Roterdam, chez Abraham Ascher. Bayle et tous ceux qui en ont parlé le trouvent peu considérable, sans doute autant par son importance réelle que par son volume, mais il a de l'intérêt, et a justement obtenu de la confiance.

J'ai parlé assez vaguement de plusieurs ouvrages de Vincent pour avoir besoin d'en reprendre en finissant une liste exacte. Je cite mon autorité toutes les fois que le livre lui-même n'est pas à la Bibliothèque de la ville.

Examen de ces paroles : *ceci est mon corps* ; s'il les faut exposer à la lettre, ou y reconnaître une figure. — (Cité par Arcère, sans autres détails).

Le décret du concile de Constance en la session XIX, interprété selon son vrai sens, contre l'écrit que le sieur Audebert, jésuite, en a ces jours publié, par les pasteurs de l'Église réformée de la Rochelle. 1630. (Cité par Arcère).

Récit au vrai de ce qui s'est passé au changement de religion fait par M. le marquis de la Villedieu. Item en l'abouchement qu'ont eu à ce sujet le sieur Tranquille, supérieur des capucins de la Rochelle, et Philippe Vincent, &., à Niort. Jean Bureau. 1631. In-8º, VIII, 178 pages.

Lettre du sieur Vincent... responsive à une du sieur Tranquille... sur le sujet du livre de M. de Champvernon, intitulé : *Défense des droits de Dieu.* — Saumur, J. Lesnier et Desbordes 1634. 64 pages. (Arcère).

Sermon sur Jérémie, VIII, 7. 1634.

Le Baillon de la calomnie, ou lettre de M. Vincent... à M. Desmarthes, conseiller du roi au siége présidial de la même ville, de présent à Poitiers, responsive à celle d'un qui se nomme le Catholique rochelais contre ledit sieur Vincent, 1634. Copie manuscrite, 19 pages.

Lettre du sieur Vincent... responsive à une du sieur Victorin, l'un des récollets de ladite ville. 1635. 24 pages in-8º. (Sur le choix des livres canoniques de la Bible.)

Extrait de quelques sermons touchant la cognoissance et l'interprétation de l'écriture sainte, avec la réponse à l'écrit d'un récollet de la Rochelle intitulé : *Question théologique sur le IVe article de la confession de Foy.* Saumur, J. Lesnier et Desbordes, 1635. In-8° de XVI et 210 pages. Ce livre est hardiment dédié à MM. de l'Église romaine de la ville de la Rochelle.

L'Imposture confondue ou réfutation de la litanie blasphématoire publiée depuis peu par l'un des docteurs romains sous le nom de ceux de la religion réformée. Rochelle, Mathurin Charuyer. 1635. In-8° de 118 pages.

Response à XXXV demandes faites sous le nom d'un catholique Rochelais aux ministres de l'Église réformée. 1640. In-8° de 102 pages.

Lettre du sieur Vincent... sur la conférence entre lui et le sieur Beaufès, l'un des jésuites de ladite ville. Item extrait de deux sermons sur la vocation des pasteurs avec un entretien sur la matière des possessions. Saumur. Jean Lesnier. 1640. In-12 de 78 pages (Arcère).

Le Procès des danses débattu entre Philippe Vincent..., et aucuns des sieurs jésuites... A la suite : Paraphrase sur les lamentations du prophète Jérémie. Rochelle, J. Chuppin. 1646. In-8° de VIII, 168, 14, 56 pages.

Traité des théâtres. — Rochelle. Jean Chuppin. 1647. In-8° de VIII, 72 pages.

Lettre à M. Drelincourt sur la conversion de M. Jarrige, cidevant jésuite. 1648. (Bibliothèque impériale, Ld 176, n° 132).

Epistola historica ad Cabriolum. Londres. 1648. In-8° (Cité par MM. Haag).

Recherches sur les commencements et les progrès de la réformation en la ville de la Rochelle depuis l'an 1534 jusqu'en l'an 1587. Rotterdam. Ascher. 1693. In-12.

P. S. — Depuis que cette notice est écrite, le consistoire de la Rochelle a reçu parmi les papiers de Bouhereau longtemps conservés en Irlande, plusieurs lettres de Philippe Vincent. Je ne crois pas qu'elles modifient sensiblement la physionomie que j'ai tâché de faire saisir.

X.

TESSEREAU , ABRAHAM,

NÉ A LA ROCHELLE, MORT EN HOLLANDE, 1626 — 1691.

L'intérêt qu'éveille l'Histoire des Réformés de la Rochelle de
1660 à 1685, qu'on attribue à Tessereau , ne ressemble point à
celui que présentent les Recherches de Philippe Vincent. En
1660 , la Rochelle ne diffère en rien des autres villes qui
comptent parmi leurs habitants un certain nombre de calvinistes ; on connait très-bien , dans leur ensemble, les moyens
par lesquels fut, disait-on , extirpée de France la religion qui
déplaisait au roi ; on sait à quelle date. La curiosité ne peut
donc ici que s'attacher à quelques détails sur les personnes et
chercher quel degré de manœuvres , d'indignités , de crimes ,
commandèrent ou permirent non pas les classes violentes d'une
société relativement barbare , mais les deux ordres qu'on est
le plus habitué à respecter dans un temps dont on vante encore
la politesse et le bel ordre, la magistrature et le clergé au siècle
de Louis XIV. Encore quelque odieux que paraissent en eux-

mêmes, si on les accepte, les faits que révèlent les plaintes et les accusations contenues dans ce livre, le sont-ils moins que ceux qu'eurent à déplorer d'autres provinces.

Au point de vue rochelais, comme à un point de vue plus général, ce livre peut donc être rejeté sur un second plan; mais il a son intérêt, et cet intérêt est assez vif pour qu'on se demande : son auteur a-t-il bien pu connaître les faits dont il parle ? mérite-t-il confiance ?

Les premiers bibliographes qui ont cité ce livre, Lelong, Lenglet Dufresnoy, depuis, MM. Haag, l'attribuent à Abraham Tessereau. Arcère le met sous le nom de Louis Renard. Barbier, dans le dictionnaire des anonymes, rappelle, sans prendre parti, ces deux attributions. Quelque grave que soit l'autorité d'Arcère quand il s'agit de la Rochelle, je n'hésite pas à la rejeter ici, parce que je crois voir la source de son erreur. Il trouvait sur son exemplaire cette note empruntée par Jaillot aux mémoires de Trévoux, février 1709, p. 364 : « Louis Renard a imprimé l'Histoire des réformés de la Rochelle et du pays d'Aunis depuis l'année 1660 jusqu'en l'année 1687, in-8°. » Louis Renard était un libraire d'Amsterdam, et je ne doute pas que le journaliste n'ait désigné seulement l'éditeur de la seconde édition, que notre historien a pris pour l'auteur. Il est bien vrai que cette seconde édition, dont je n'ai vu que la table, commence par trois lettres à l'auteur, l'une de Tessereau lui-même, les deux autres de Bouhereau et d'Amelot. Mais il n'est nullement improbable que Tessereau, qui ne s'était pas nommé sur le livre, ait pris cette voix indirecte pour l'appuyer de son autorité ; ainsi que Bouhereau et Amelot, qui n'y avaient peut être guère moins travaillé que lui.

L'auteur dit de lui-même qu'il est Rochelais, qu'il a eu sa part en ces affaires presque aussitôt qu'on les commença. Ces circonstances conviennent parfaitement à Tessereau.

Abraham Tessereau était né à la Rochelle, le 6 juin 1626,
d'Abraham Tessereau, pair de la commune, et de demoiselle
Françoise Franchard; il eut pour parrain François Prévost, échevin. Son baptême n'eut lieu que le 13 du même mois, au temple
Saint-Yon. Son père et son oncle Mathieu prirent une part
active au siége qui mit fin à l'existence politique de la Rochelle.
Au rapport de Colin, c'est sur l'ordre de Mathieu que, le 10
septembre 1627, vers cinq heures du soir, fut tiré, de la batterie
de la Verdière, sur le fort Louis, le premier coup de canon qu
fut comme le signal des combats; les deux partis. dit Mervault,
se déclarant la guerre les uns aux autres par ce foudroyant ton-
nerre. Aussi les deux frères furent-ils compris parmi ceux des Rochelais qui, à l'entrée du roi, reçurent l'ordre verbal de se retirer
de la ville. Mais cet exil, qui était plutôt une marque de mécontentement qu'une punition, fut limité à six mois ; aucun des
habitants, on le sait, après la reddition, ne souffrit ni dans sa
personne ni dans ses biens, et Abraham Tessereau, le père,
revint dans la ville, jouir non seulement de sa fortune, mais de
considération même auprès du pouvoir, puisque c'est dans son
logis, proche l'Hôtel-de-Ville, que fut reçu, le 2 mars 1641,
l'ambassadeur du duc de Bragance, devenu roi de Portugal, à
Louis XIII, et que lui-même, le 9 septembre de l'année suivante,
fut désigné par le consistoire et accepté par le président de la
cour des Salins comme membre de la commission chargée des
affaires de la ville.

Après la mort de son père, notre Abraham acheta une charge
de conseiller secrétaire du roi, maison, couronne de France et
ses finances, et fut reçu dans ces fonctions le 7 juin 1653, à la
place de Nicolas de Longueil, décédé. Il prenait alors le titre de
sieur de Bernay, ou de la haute Garenne, d'une terre relevant
du comté de Marans, qui lui venait de sa mère. Son frère,
nommé Mathieu, comme son oncle, portait celui de sieur de la
Garenne.

J'ai souvent montré combien était commun à la Rochelle le

goût de connaître le passé du corps auquel on appartenait. Tessereau emporta ces habitudes dans sa nouvelle position : persuadé, comme il le dit, qu'un officier est obligé de savoir les fonctions et les droits de sa charge pour l'exercer dignement, il se mit à étudier les ordonnances, les titres , les règlements , et lorsque, en 1672, un édit eut réuni en un seul corps les secrétaires du roi , il publia le fruit de ses recherches sous le titre de : *Observations sur les règlements et sur les privilèges des charges de conseillers secrétaires du roi.* Cet opuscule trouva toute la faveur que lui promettait l'esprit de corps ; mais les secrétaires du roi désirèrent qu'il prît plus de développement. Tessereau se mit donc à fouiller dans les archives ; ses recherches s'étendirent, se multiplièrent , embrassèrent bientôt une foule d'objets, et ce qui n'avait d'abord été qu'un abrégé devint un gros volume in-folio sous ce nouveau titre : *Histoire chronologique de la grande chancellerie de France, contenant son origine, l'état de ses officiers, un recueil exact de leurs noms depuis le commencement de la monarchie jusqu'à présent, leurs fonctions, privilèges, prérogatives, droits et règlements; ensemble l'établissement et les règlements des chancelleries près les cours de parlement , autres cours et sièges présidiaux du royaume : le tout tiré des chartes, édits, déclarations, arrêts, règlements, registres et autres actes authentiques.*

Cet ouvrage n'a pas de valeur littéraire. Le peu que l'on sait relativement aux chanceliers et aux secrétaires des rois antérieurs à Philippe-le-Bel (1283) , y est réuni avec cet esprit du XVIIe siècle, qui tendait à assimiler les cours des barbares de la première et de la seconde race , ou les maisons seigneuriales des premiers rois de la troisième à l'autocratie de Louis XIV. A dater de cette époque, l'auteur ne fait guère que lier par des transitions les pièces officielles qu'il cite dans leur entier. Le soin minutieux et la fidélité dans les recherches , voilà donc le mérite de ce livre, mérite propre à en faire un excellent document et une fastidieuse lecture.

Publié à Caen en 1676, ce volume était épuisé et fut réimprimé à Paris en 1710, avec une continuation par René Lecomte, en deux volumes in-folio. L'ouvrage de Tessereau, augmenté d'un petit nombre de pièces forme le premier volume.

Cependant Tessereau n'avait pas perdu de vue la Rochelle ; il y avait sa mère, qui vécut jusqu'en janvier 1677 ; il y avait son frère Mathieu qui ne mourut qu'après 1680 ; il avait épousé une demoiselle protestante du Poitou, Louise Venaud, et c'est à la Rochelle qu'elle accoucha, en octobre 1667, d'un fils nommé Abraham, comme son père, et qui paraît ne pas lui avoir survécu. La signature de Tessereau est au bas de l'acte de baptême, et il y a des pièces écrites et signées par lui dans le gros livre des rentes de l'hôpital Aufrédi. Il était resté un des anciens de l'église de la Rochelle, et c'est à ce titre qu'en novembre 1663, il collationna aux originaux et signa un extrait des registres de baptêmes et de mariages tenus par le consistoire depuis 1559 jusqu'en 1595, produit par les protestants pour justifier de leur droit de faire à la Rochelle l'exercice public de leur culte. C'est ce qu'il rappelle dans l'avis qui termine l'Histoire des réformés de la Rochelle, et à quoi, sans doute, il fait allusion dans celui qui est placé en tête, en parlant de la part qu'il eut en ces affaires aussitôt qu'on les commença.

Le 16 juin 1673, Tessereau ayant rempli pendant vingt ans sa charge de conseiller secrétaire du roi, reçut ses lettres d'honneur, confirmées par d'autres lettres du 16 août 1674, époque à laquelle il résigna ces fonctions. Il ne quitta pas Paris pour cela. Au contraire, il y devint un des anciens de l'église. C'est comme tel qu'il assista au synode provincial tenu à Charenton le 27 avril 1679 ; il y remplit les fonctions de secrétaire et fut un de ceux que le synode nomma pour agir aux affaires des églises. Il y montra ses qualités ordinaires, du zèle dans les affaires, de l'attention à recueillir et classer les documents. « C'était, dit Elie Benoît, un homme plein de zèle pour sa

» religion, qui tenait rang entre les députés des provinces quoi-
» qu'il demeurât ordinairement à Paris, et qui, étant d'un
» naturel soigneux et diligent, ramassait avec exactitude tout
» ce qui pouvait servir à éclaircir les affaires des églises. On
» est redevable à son affection de plusieurs pièces qu'on aurait
» eu de la peine à rassembler, s'il ne les avait conservées, et
» on en aurait encore trouvé davantage, si les voyages, les
» affaires et les diverses agitations de sa vie n'avaient dissipé
» la meilleure partie de ses recueils... »

C'est peut-être par les prévisions que lui donnait la vue des
affaires que Tessereau, réalisant sa fortune, vendit son domaine
de Bernay. En effet, les persécutions contre les réformés allaient
se dévoilant et se grossissant, et le 19 janvier 1684 intervint
un édit qui force à vendre leur charge tous les secrétaires du
ı oi faisant profession de la religion prétendue réformée, et qui
*révoque tous les priviléges tant de noblesse qu'autres et toutes
les exemptions, prérogatives et prééminences dont jouissent les
sieurs... Abraham Tessereau, etc., etc., en vertu des lettres de
secrétaires du roi honoraires qui leur ont été accordées par
S. M., lesquelles demeureront nulles et non avenues.* L'année
suivante l'édit de Nantes fut révoqué. Tessereau et sa femme
se réfugièrent en Hollande.

C'est là qu'à la demande d'Elie Benoist et de quelques
compatriotes il écrivit et publia l'Histoire des réformés de la
Rochelle. On ne peut guère en effet méconnaître l'auteur de
l'Histoire de l'édit de Nantes dans ce *savant homme qui a
entrepris d'écrire l'Histoire des églises réformées de France*,
quand on remarque que l'Histoire des réformés de la Rochelle
est presque entièrement fondue dans celle de l'édit.

Il est donc à-peu-près indubitable qu'Abraham Tessereau est
l'auteur de l'Histoire des réformés de la Rochelle, qu'il a été
en position d'être très-bien informé. Mais quelle confiance lui-
même mérite-t-il ? S'il a été le seul rédacteur du livre, évi-

demment il a reçu des notes de ses compagnons d'exil. N'a-t-il
pas été trop crédule à leur égard ? N'ont-ils pas tous écouté la
passion ? A la vérité MM. Haag voient là un *petit volume écrit
sans aigreur, avec autant de simplicité que de bonne foi.* Il y
a de la simplicité , à coup sûr, quelquefois même jusqu'à la
familiarité. L'écrivain, quelque attaché qu'il soit à son culte ,
reste un homme plus occupé des affaires que des querelles religieuses. L'absence d'aigreur est un point plus délicat. Il n'y a
point à la vérité de déclamation, point d'injure contre Louis XIV :
il y a même un certain ton de modération ; mais il y a l'expression plutôt dédaigneuse qu'emportée , franche et vive néanmoins,
de la haine contre le clergé en général, malgré quelques exceptions dans les personnes, et contre les membres de la magistrature ou de l'administration qui se sont faits les agents de la
persécution. Cette haine n'entraine-t-elle jamais l'auteur jusqu'à
l'exagération. jusqu'à l'altération des faits ou de leurs circonstances ? C'est ce qu'on ne pourrait dire qu'en discutant ces
faits un à un. Cette discussion est impossible : elle n'intéres-
serait du reste que la vérité en elle-même et dans les détails.
Quant à un jugement général sur les circonstances qui ont
accompagné l'édit de Nantes , c'est une affaire de principe plus
que de faits. Rien n'arrachera un cri d'indignation à ceux qui
trouvent que cette fin justifiait les moyens ; ceux qui pensent
autrement , et certainement je suis de leur nombre , n'ont pas
besoin d'écouter les plaintes des victimes ; il leur suffit des pièces
officielles et des vanteries des bourreaux.

Ce livre a eu deux éditions :

Histoire des Réformés de la Rochelle depuis l'année 1660
jusqu'à l'année 1685. — Imp. à Leyden, chez Claude Jordan, et
se vend à Amsterdam chez Pierre Savouret. 1688. — Il parait
qu'il y a des frontispices datés de 1689. — In-12 de 20 et 316
pages. — Une planche.

Histoire, etc. , 2e édition. Amsterdam, Louis Renard , 1708.
In-8º. Quelques catalogues portent in-12 et datent de 1709.

14

Abraham Tessereau mourut à Roterdam en 1691. MM. Haag
seuls disent en 1689, sans motiver et sans faire remarquer cette
différence.

XI.

MASSE, CLAUDE,

NÉ A SALLES (?), MORT A MÉZIÈRES, 1652 — 1737.

« Que ne dois-je pas à la mémoire de M. Claude Masse, ingé-
» nieur ordinaire du roi ! »

Cette mention d'Arcère suffisait bien pour que dans une
revue des historiens de la Rochelle on se demandât qu'était-ce
donc que M. Masse, et quels services a-t-il rendus à l'histoire ?
Or, Arcère n'est ni le seul qui ait cité M. Masse, ni celui qui
lui a fait le plus d'emprunts ?

« Claude Masse, dit M. Rainguet dans la Biographie sainton-
» geaise, naquit à Salles de la Jarrie, vers 1650. » J'ai changé
cette date, fait mes réserves sur ce lieu de naissance. Voici mes
raisons.

M. Rainguet ne cite pas la source de sa double assertion. La
date lui est sans doute fournie par Arcère, qui ajoute aux mots
que j'ai transcrits plus haut (préface, 28) : « M. Masse, mort à

Mézières, en 1737, âgé de quatre-vingt-sept ans. » Le renseignement est précis et vient d'un homme qui peut faire autorité.
Mais voici une autorité encore supérieure et un renseignement
non moins précis : «Ayant déjà bientôt atteint l'âge de soixante
ans » dit M. Masse lui-même dans un avis au lecteur daté du
28 juillet 1712 : à moins donc qu'on ne suppose une faute de
copiste, Claude Masse était né en 1652 et n'avait que quatre-
vingt-cinq ans en 1737, époque de sa mort.

Quant au lieu, Masse avait à Salles une maison dont le plan
figure dans ses recueils, d'où il a daté ses écrits et qui est restée
jusqu'à ce jour dans sa famille ; mais il n'en résulte pas qu'il y
fût né ; quand il parle de *ce pays-ci* comme il appelle ordinairement la Saintonge et l'Aunis, rien ni dans les choses ni dans
l'accent n'indique qu'il parle de son pays natal ; il y a plus, il
dit que, dès 1673, il était connu de Vauban et de M. Ferry ;
Or, M. de Ferry ne vint dans l'Aunis qu'en 1679, et il pourrait
bien l'y avoir suivi. Ce ne sont là que des indices qui ne sauraient prévaloir contre un document positif, s'il y en a , mais
qui sont contraires à la conjecture, si ce n'est qu'une conjecture,
qui le fait naître en Aunis.

Sa femme au contraire était Rochelaise , au moins d'origine.
Elle avait pour père un sieur Papin , qui semble avoir habité
l'île de Ré, mais elle était petite-fille de Dehinsse qui fut un des
envoyés des Rochelais en Angleterre, et dont Masse avait encore
le portrait.

Il paraît s'être marié tard , puisqu'en 1715 son fils aîné ,
François, n'avait que huit ans et demi, son second fils, Claude,
que trois ans.

Des recommandations qu'il adresse à ses enfants, on peut
induire qu'il était d'une origine obscure et pauvre. En leur
dédiant son mémoire géographique , il les invite à comprendre
par son exemple qu'en forgeant on devient forgeron ; et à se
mettre devant les yeux cette infinité de gens qui sont morts

très-grands seigneurs « et qui n'étaient pas plus fortunés qu'eux
» dans leur bas âge, surtout dans l'art militaire et génie » :
d'Argencourt, d'abord petit garçon apothicaire ; Fabert, reven-
deur de livres ; Vauban, simple soldat ; Cohorn, simple piqueur :
MM. Descombes, fils d'un patron de barque de l'Ile-Dieu ; le
marquis de Courbon, fils d'un petit cabaretier d'Avignon.

Il n'avait point reçu d'instruction littéraire ; il prévient ses
enfants qu'ils trouveront dans son ouvrage une infinité de fautes
de langage et d'orthographe. et les notes qu'il prend sur l'histoire pour se préparer à son travail, dont nous avons quelques-
unes, semblent d'un homme qui a tout à apprendre.

C'est comme dessinateur, ou, comme il dit, comme dessineur,
qu'il fut employé par M. Ferry, dont le nom revient sans cesse
sous sa plume, et, accessoirement par MM. Arnoul et Atgier.
Sous les ordres de ces divers ingénieurs, il prit part pendant
quarante ans à tous les travaux de lever de plan et de fortification, dans les provinces de l'Ouest. entre la Loire et l'Adour.
Lelong a cité sa carte de ces régions d'où a été extraite la carte
de l'Aunis, qui figure au premier volume de l'histoire d'Arcère.
En 1700, M. Ferry étant mort, ses projets furent pour la
plupart abandonnés par suite du mauvais vouloir de Vauban,
qui, selon Masse, lui aurait fait l'honneur d'être jaloux de lui.
La Rochelle n'a pas été favorable à Vauban. Masse, qui en
parle souvent, ne nie pas ses grands talents, mais en rapporte
plusieurs anecdotes qui l'inculperaient de petitesse. et c'est de
la Rochelle que partit la lettre à l'Académie française où
Choderlos de Laclos tente de le faire descendre du premier
rang.

L'épuisement des finances qui désola la fin du règne de
Louis XIV fit suspendre presque tous les travaux d'ingénieurs
dans l'Ouest ; en 1712, Masse, qui venait de perdre près de
3,000 livres sur ce qui lui était dû de ses appointements par
le paiement en papier-monnaie, ne se trouvant plus occupé. se
retira dans sa maison de Salles, et s'y mit à revoir les porte-

feuilles qui contenaient les originaux et les brouillons des plans
et dessins qu'il avait envoyés au ministère.

« J'ai fait, dit-il, dix recueils de plans et mémoires des prin-
» cipales places du monde , où il y a 432 feuilles ; outre cela,
» trois gros manuscrits in-folio de fortifications où il y a 114
» feuilles de dessins en grand , où il y a plus de 400 figures ou
» systèmes différents, sans compter trois recueils que M. Lepel-
» letier a en mains, et un nombre infini d'autres plans et des-
» sins et quantité d'autres ouvrages qui ne sont qu'en crayon
» et imparfaits. »

Parmi ces plans, il choisit ceux qui avaient rapport aux lieux
voisins de ceux qu'il habitait, recueillit ses notes, ses souvenirs,
les documents imprimés ou manuscrits, fit de nombreux travaux
préparatoires , et enfin rédigea son Mémoire géographique sur
partie du Bas-Poitou, pays d'Aunis et Saintonge , sur lequel je
reviendrai tout-à-l'heure.

Ce mémoire fut écrit de 1712 à 1715, mais revu plus tard et
poussé jusqu'en 1724. A cette époque, selon M. Rainguet, Masse
porta ses recueils de la Rochelle à Lille où il les fit relier en
1728 ; j'ignore si ce furent des affaires de service , quoiqu'il eût
alors soixante-seize ans, ou des affaires ou des affections privées
qui l'attirèrent à Mézières , où il mourut en 1737. J'ai déjà
dit qu'il portait alors le titre d'ingénieur ordinaire du roi.

Je n'ai pas vu les recueils de Masse ; je ne les connais que
par les copies ou les extraits qu'on en trouve à la Bibliothèque
de la Rochelle ; or , c'est par erreur que M. Rainguet indique
comme provenant de cet établissement les volumes qui lui ont
été prêtés : ils étaient et sont encore dans les mains de sa
famille, dont deux membres au moins appartiennent à l'armée.
Cette famille, dit-on, respecte encore, quoiqu'elles n'aient plus
d'objet , les injonctions de son chef de ne pas communiquer au
public ces plans , dont quelques-uns lui paraissaient devoir
rester secrets dans les intérêts militaires du roi et de la patrie.

Ces scrupules étaient très-honorables sans doute , mais les changements que le temps a apportés dans les choses comme dans les habitudes internationales ne leur laissent plus d'importance et les cartes de Beautemps Beaupré sont livrées à tout acheteur. Claude Masse avait seulement autorisé ses fils à prêter ses manuscrits à ceux qu'ils sauraient bons Français et serviteurs du roi. C'est à ce titre que Jaillot en obtint communication soit de François Masse, soit de sa veuve, qui demeura à Salles. après que son mari fut mort en Hanovre, où il servait comme ingénieur dans l'armée française, et qu'il put en prendre copie.

Par suite de ses principes , Masse ne mit à la tête de son mémoire qu'un extrait peu rigoureux, et fait par à-peu-près de ses cartes de l'Aunis. et de ses plans des villes, se servant pour cela d'une carte de Lafavolière sans y ajouter ses propres rectifications. Il en prévient. Il refit en outre d'après d'anciens plans et des notes recueillies avec soin le plan de la Rochelle à diverses époques. Ces plans historiques ont sans doute quelque chose de conjectural , mais ils proviennent d'un homme intelligent et soigneux. Ce sont ces restitutions qui ont fourni la principale partie du recueil intitulé : *Plans de la Rochelle* , de la Bibliothèque de la ville. Ils sont encore pleins d'intérêt.

Cinq autres manuscrits empruntés à Masse figurent dans ma bibliographie. Ceux des numéros 22 , 50, 51 , 91, sous les titres *d'Histoire abrégée ou d'Histoire militaire de la Rochelle*, ne sont que des compilations , des notes préparatoires. « Le véritable » sujet de cet ouvrage , dit l'auteur en parlant de son histoire » militaire de la Rochelle , est de faire une brève explication » en forme de journal de ce qui a rapport aux fortifications et » au militaire, » et il dit vrai. A peu d'exception ces matériaux ont été employés et fondus dans son véritable travail, le Mémoire géographique.

Le vrai titre pourtant serait plutôt Mémoire statistique. L'ensemble y manque en effet. Les localités y sont prises une à

une sans beaucoup d'ordre et sans qu'on marque leur position
respective. Masse avait bien aperçu ce défaut, mais il ne faisait
pas un livre , il recueillait des souvenirs et des notes. Il était à
tout prendre aussi modeste que laborieux et l'on peut accepter
son propre jugement sur son ouvrage : « En levant les cartes
» de ces provinces, j'ai recherché ce qu'il y avait de plus curieux
» dans le pays , dont j'ai extrait ce que l'on verra par la suite
» de ce discours, que bien des gens n'ont pas su, c'est avec
» connaissance de cause, ne disant rien que de ce que je suis
» bien sûr. Je ne dis pas la même chose de ce qui regarde
» l'histoire ancienne : je peux avoir été mal informé par de
» mauvaises traductions ou suivi de mauvais mémoires tant
» imprimés que manuscrits, dont je ne suis pas garant, que j'ai
» pourtant autant qu'il m'a été possible tâché d'éclaircir par
» ce qui reste de mon temps par les vestiges de l'antiquité. »

Masse prend les principales localités de l'Aunis et de la Saintonge , en décrit l'état au temps où il en a levé le plan ; il
compte les maisons, les habitants, les produits des récoltes ; il
dit ce qu'il a fait ou vu faire ; puis il recherche dans le passé les
détails analogues : les fortifications par conséquent attirent sa
principale attention. Il ne cherche pas trop , mais n'évite pas
les occasions de se mettre en scène, sans chercher à grossir son
rôle , le plus souvent par de très-petites circonstances, qui
toutefois portent à la confiance en son récit. 1679 est la date la
plus ancienne à laquelle il se montre à l'œuvre. C'est alors qu'il
dessina la tour de Chassiron, d'après les dessins de M. Augier ,
directeur des places du pays d'Aunis, auquel il est redevable
du peu qu'il sait ; s'il parle des ruines de Châtelaillon, effacées
en 1709 , il ajoute qu'en 1680 il a vu encore les vestiges d'une
grosse tour du côté du Nord. Il a aidé à planter les premiers
piquets et à tracer la ville et la citadelle de Saint-Martin de Ré,
et c'est lui qui a versé le vin qui est dans un verre encastré
dans la première pierre qui fut posée à la citadelle par M.
Arnoul.

L'action personnelle de Masse ne peut pas , on le voit , beaucoup influer sur son jugement. Je ne répondrais pas qu'il eût aussi peu de préventions en faveur de ses patrons. Il paraît partout gardien zélé de la réputation de M. Ferry , et est au moins sévère pour Vauban. Il discute avec une liberté voisine de la médisance les projets et les travaux relatifs à Rochefort.

A côté des travaux accomplis , il place parfois les travaux projetés et en donne son avis. C'est ainsi qu'il présente un aperçu des avantages, des dépenses, des moyens d'exécution d'un canal de la Seudre à la Garonne.

Il se détourne parfois pour raconter de brèves anecdotes qui peignent les choses ou les hommes, soit qu'il fasse remarquer que le prix du sel descend quelquefois si bas qu'une année le sieur Papin , son beau-père , voulait échanger tombereau pour tombereau du sel pour du sable, ou que l'hiver de 1709 détruisit une branche de commerce pour les pays entre le Lay et la Seudre en y faisant périr la plupart des noyers et des châtaigniers ; soit qu'il nous montre un ouvrage à corne, construit en 1689 à l'île d'Oleron , en grande hâte , par 7000 ouvriers levés dans tout le pays à l'entour , que les prévôts conduisaient par force comme des criminels et dont il mourut un grand nombre de chagrin et de fatigue , ou, en 1681 , la première procession générale du Saint-Sacrement faite d'autorité par M. l'intendant, à la Tremblade , dans un pays tellement peuplé de protestants que dans un bourg voisin il n'y avait de catholiques que le curé et le juge , et qu'un jour de fête solennelle , ce dernier étant absent, le curé ne put dire la messe faute de quelqu'un pour la lui servir. Il trouve du reste dans tout le pays le peuple peu dévot, anciens ou nouveaux catholiques, et s'indigne à plusieurs reprises de l'état de négligence où restent les églises dans des pays où presque tous les habitants sont aisés et font habituellement bonne chère. Il trouve ce peuple enclin à la nouveauté en religion et rapproche les faciles succès de Calvin à la

Rochelle de l'agitation qu'il y a vue en 1711 , causée par un simple prêtre breton.

La sévérité de Masse n'est pas arrêtée par la galanterie, et je ne sais trop ce que disait Mme Masse quand son mari lui rappelait , à propos des méchantes femmes , ce proverbe du pays : Tête de la Rochelle et gueule de la Tremblade. Du reste , il paraît avoir acquis , par des voyages , des points nombreux de comparaison, et cite les produits et les mœurs de la plupart des provinces de France.

Si l'on en excepte ses chefs, Masse s'occupe peu des individus, et je ne vois guère que l'ingénieur Lafavolière , originaire de la Rochelle, qui y revint comme directeur des places fortifiées et mourut en prison à Rochefort pour avoir donné un soufflet à M. de Muing, intendant de la marine, sur lequel il se soit quelque peu étendu.

En général il se pique d'être essentiellement un homme pratique , relatant des faits , laissant la recherche des causes aux spéculatifs, ce qui pour lui veut à-peu-près dire aux rêveurs. Il n'accepte pourtant pas sans critique ce qu'on lui donne , et, pour n'en prendre qu'un exemple qui rentre tout-à-fait dans des études bibliographiques , il montre toute l'invraisemblance des assertions qui placent à Maillé une imprimerie au service de d'Aubigné.

La Rochelle a été pour Masse l'objet de travaux tout particuliers. Les études historiques dont j'ai parlé peuvent être avec avantage reprises à leurs sources ou vues dans des écrivains postérieurs plus savants ; toutefois il y a sur la construction de la Digue des détails fort bien étudiés et plus clairement rendus que partout ailleurs. Mais ce que rien ne remplace c'est la relation des travaux de fortification de 1691. On trouvera aussi à la suite de l'Histoire militaire et dans le carton n° 91 des notes presque informes qui n'ont pas été employées , surtout parmi celles qui furent réunies en 1718, d'où l'on pourra encore extraire des documents importants pour la topographie de la Rochelle.

Somme toute, le mémoire de Masse, dénué de qualités littéraires, offre les principales qualités de la statistique, richesse, exactitude, autorité dans les détails, et la sécheresse du genre est de temps en temps corrigée par la vie que donne le : J'étais-là, telle chose m'avint.

En 1856, M. Marchegay a publié dans la *Revue des provinces de l'Ouest,* puis fait tirer à part, la partie de ce mémoire qui se rapporte à la Sèvre niortaise.

XII.

JAILLOT, CLAUDE-HUBERT,

NÉ A PARIS , MORT A LA ROCHELLE , 1690 — 1749.

Aucun livre relatif à notre histoire ne porte le nom de Jaillot; mais il a pris une telle part au plus important de tous , l'ouvrage d'Arcère , qu'il y aurait une insigne ingratitude à le passer sous silence. Arcère , hâtons-nous de le dire , n'a pas commis cette injustice. L'hommage qu'il a rendu à son collaborateur a été spontané , prompt, complet , aussi public qu'il dépendait de lui. L'éloge historique de Jaillot qu'il lut à une séance particulière de l'Académie de la Rochelle, le 4 février, à la séance publique du 5 mai 1750 , fut imprimé en format in-4º, puis en entier dans le *Mercure* du mois d'août de la même année, puis dans le second recueil de l'Académie de la Rochelle , en 1752, puis reproduit en grande partie dans le second volume de l'Histoire de la Rochelle, en 1757; mais il y a des détails dans lesquels Arcère ne pouvait entrer, qui feront peut-être comprendre l'importance des travaux de Jaillot. Il faut auparavant jeter un coup-d'œil rapide sur cette noble vie.

Claude-Hubert Jaillot naquit à Paris, le 18 février 1690, d'Alexis-Hubert Jaillot, célèbre, ainsi que la plupart des siens, par ses talents comme graveur-géographe. Bizarrerie de la gloire, ainsi que des autres choses humaines ! Le père, l'oncle, le frère, les neveux de Claude-Hubert ont leur place dans les dictionnaires biographiques, lui n'y figure pas. S'il eût, comme son âge et sa santé semblaient le promettre, vécu dix ans de plus, son nom eût partagé la renommée modeste mais très-réelle de celui d'Arcère, et il serait le plus connu des membres de sa famille. Mais ce n'était pas de la gloire qu'il avait fait le but de sa vie.

Ami de la retraite et de l'étude, il entra dès sa jeunesse dans la congrégation de l'Oratoire, l'une des plus illustres, la plus paisible, peut-être, des congrégations chrétiennes. Après y avoir, selon l'usage de son ordre, suivi son cours de régence jusqu'à la philosophie, qu'il enseigna à Soissons, il se destina aux fonctions ecclésiastiques, et vint à la Rochelle en 1715, âgé de vingt-cinq ans.

Il paraît qu'il prêchait avec talent, mais avec une sorte d'emportement, cachant, selon la remarque d'Arcère, sa timidité derrière une chaleur factice. Devenu curé de Saint-Sauveur, il s'occupait avec zèle des devoirs multipliés de son état, charitable envers les pauvres, doux envers tous. Il consacra une partie des revenus que lui laissait sa charité à réparer et à orner son église, que l'incendie de 1705 avait laissée nue et en désordre.

Le 13 décembre 1734, il fut élu membre de l'Académie de la Rochelle ; ce fait si simple devait modifier singulièrement les quinze dernières années de sa vie. Il y lut le 9 février 1735 quelques petits ouvrages de poésie. Arcère nous apprend que ces délassements étaient d'un caractère naïf et enjoué, rappelant, à cela près qu'ils étaient d'une sévère décence, la muse de Marot.

L'Académie alors naissante avait formé le projet de travailler à l'Histoire de la Rochelle : mais elle s'était déjà aperçue qu'il y avait là un travail, non une distraction, et qu'il y fallait autre chose que les efforts variés, inégaux, d'une réunion d'amateurs. D'un autre côté, le père Jaillot avait donné dans les Éphémérides rochelaises quelques pages historiques ; le comte de Matignon, gouverneur de la Rochelle et du pays d'Aunis, l'engageait à agrandir ses vues et à entreprendre une histoire de la ville. L'Académie joignit ses instances à celles du gouverneur, et ses membres, M. Richard Desherbiers en particulier, ouvrirent au futur historien leurs portefeuilles bien pauvres encore. Jaillot accepta cette tâche et la prit fort au sérieux.

Tous ses travaux académiques s'y rapportent. Le 20 novembre 1736, il lut un morceau que dans les tables données par l'Académie, on a intitulé : *Discours sur l'émulation littéraire*, mais qui dans son manuscrit porte ce titre plus juste : *Discours sur les savants de la Rochelle*. C'était là sans doute un de ces morceaux qu'il donnait aux Éphémérides, et non pas un fragment de l'histoire qu'il allait préparer : une pareille matière ne pouvait pas se présenter au début.

Mais le 10 décembre 1738, il lut une dissertation sur l'origine de la Rochelle, dont l'exorde annonce qu'il s'était activement mis à l'œuvre. Elle ne contient toutefois que des vues bien provisoires, puisque la plupart des opinions vers lesquelles il paraît pencher sont abandonnées dans une autre dissertation sur le même objet, lue le 21 avril 1747 et qui est entrée dans l'Histoire de la Rochelle.

Quelque laborieux qu'il fût, Jaillot trouva trop lourd le fardeau dont il s'était chargé ; peut-être aussi sa modestie, fondée, je crois, lui persuada-t-elle qu'il était plus apte à faire des recherches exactes qu'à les mettre en œuvre. Vers 1745, il proposa à Arcère, membre de l'Oratoire comme lui, de partager son travail, et celui-ci accepta. Tous les fragments lus depuis aux séances académiques le sont au nom des deux auteurs, et c'est Arcère qui tenait la plume.

Ce sont , 28 avril 1745 : Discours qui rend compte des travaux de M. Jaillot et de M. Arcère relativement à l'histoire de la Rochelle.

27 avril 1746 : Relation abrégée du siége de la Rochelle en 1572. J'ai déjà dit ailleurs que ce n'était qu'avec beaucoup de modifications que ce morceau avait trouvé place dans l'histoire de la Rochelle.

21 avril 1747 : Dissertation sur l'origine de la Rochelle.

1er mai 1748 : Notice sur Aliénor.

Mais ces lectures ne donnent pas une idée, même imparfaite, des travaux de Jaillot. Il n'avait pas de devancier ; ceux que nous lui connaissons aujourd'hui, Barbot, Bruneau , Merlin , n'étaient guère connus, même de nom, lorsqu'il se mit à l'œuvre. Jaillot commença par rassembler des documents ; il acheta les livres , et en fit des extraits ; il réunit les pamphlets, les fit transcrire ou les transcrivit lui-même au besoin ; à plus forte raison, en agit-il ainsi avec les manuscrits ; il chercha toutes les pièces que ces études lui indiquèrent ; il eut recours aux correspondants que lui assurait la confraternité des membres de l'Oratoire , et même quelquefois la confraternité ecclésiastique ; puis , la trouvant insuffisante , il fit des voyages pour fouiller les dépôts qu'elle lui ouvrait. Il fit trois fois exprès celui de Paris. Il réunit ces matériaux que nous avons encore , pour la plupart , tous transcrits par ses soins , collationnés , annotés par lui. Il y porta cette attention qui a fait dire justement à son contemporain Bourgeois, citant un titre dont il n'a vu qu'une copie : « On ne saurait accuser le copiste d'oubli ou de méprise, » car ce titre est écrit de la main d'un homme exact jusqu'au » scrupule, feu M. Jaillot. » (Rech. sur Othon IV, p. 53.)

On peut voir dans la lettre de M. de Chassiron sur l'établissement de l'Académie (1er recueil, p. 14), combien les hommes qui vivaient dans l'intimité de Jaillot étaient frappés de cette activité.

Mais elle ne s'arrêta pas là. Des matériaux isolés ne donnent même pas les faits. Il faut les confronter. Jaillot les dépouillait, les transcrivait les uns en face des autres. Il ne se bornait pas à faire une fois ce travail. Après l'avoir fait dans l'ordre chronologique, il le renouvelait par ordre de matières.

Dans le volume intitulé : *Annales des Maires*, 44 pages, grand in-folio, les faits sont rangés en forme de tableaux synoptiques dans onze colonnes (Bibliographie Rochelaise n° 38).

Dans les Annales de la Rochelle, 2 vol. in-4° de 850 pages (Bibl. Roch. n° 41), dans les Recherches curieuses, 198 pages in-4° (Bibl. Roch. n° 42), ils sont rapprochés sous chaque année. Un homme d'un coup d'œil aussi rapide que sûr, M. Michelet, me faisait remarquer que ce dernier volume contenait surtout ces détails familiers qui révèlent le mieux la vie intime, et que c'était celui auquel il resterait le plus à redemander.

Les 215 pages in-4° intitulées : *Annales ; religion prétendue réformée* (Bibl. Roch. n° 238), contiennent une véritable histoire du protestantisme à la Rochelle, par les auteurs protestants.

Ailleurs (Bibl. Roch. n°s 43 et 594) ce sont des anecdotes ou des faits alors récents ; ou (Bibl. Roch. n° 111) des détails sur les fortifications et les bâtiments, ou (Bibl. Roch. n° 49) une nouvelle disposition des faits dans l'ordre d'une table alphabétique.

Ajoutons qu'à ces mérites, les cahiers de Jaillot joignent celui d'une écriture nette et correcte, quoique assez serrée, qui les rend aussi faciles à lire que des imprimés.

Nous pouvons presque voir combien peu il manquait à ces travaux préparatoires par ces lignes d'Arcère, très-juste envers son prédécesseur, mais qui enfin ne prétendait sans doute pas rabaisser son propre travail : «Je m'attachai surtout à la partie « géographique, qui ne présentait dans ses collections que

» quelques noms isolés. Je me chargeai encore des morceaux de
» discussion , des notes ou éclaircissements , selon que le cas
» l'exigerait, et je devais tenir la plume. » En effet, les morceaux
qu'Arcère lit en son propre nom à l'Académie , du vivant de
Jaillot, sont des dissertations sur l'île de Ré , sur l'île d'Oleron,
sur divers lieux.

Jaillot avait donc creusé laborieusement les fondations si
nécessaires à la solidité du bâtiment ; il avait réuni de riches
matériaux ; mais des matériaux ne sont pas un édifice ; ces
travaux sont des compilations intelligentes, mais ce ne sont
enfin que des compilations.

Quelle eût été son influence sur l'Histoire de la Rochelle , s'il
en eût pu surveiller l'exécution ? Il connaissait mieux qu'Arcère
les documents qu'il avait tant maniés et remaniés ; il eût sans
doute comblé quelques lacunes, prévenu quelques erreurs, dont
on trouve en effet la réfutation dans ce qu'il a laissé. Il était
moins homme de lettres , en bonne comme en mauvaise part ,
que son confrère, et il eût pu corriger quelquefois son exubé-
rance ou son élégance apprêtée. Toutefois on n'écrit pas une
histoire comme une dissertation , et surtout on ne modifie
guère le style d'un homme mûr par des conseils : il n'est pas
probable que, sauf dans quelques détails, ce livre eût beaucoup
gagné à la coopération prolongée de Jaillot.

Mais il y eût, lui, gagné en réputation ; il y eût gagné la
satisfaction de voir éclore son œuvre. Elle lui fut refusée. Sa
santé demandait des ménagements bien difficiles à un homme
laborieux, actif, qui ne voulait pas que les travaux qu'il s'était
imposés par goût coûtassent rien à ceux que lui imposait son
devoir.

Un abcès se forma dans sa tête et il mourut avant d'avoir
atteint le milieu de sa soixantième année, le 31 juillet 1749.
Arcère qui était parti pour l'Amérique vers le mois de janvier

précédent n'était pas de retour. Ils n'eurent pas la consolation d'échanger les derniers adieux. Mais les consolations ne manquèrent pas au père Jaillot : il avait été homme de bien toute sa vie.

XIII

ARCÈRE, LOUIS-ÉTIENNE,

NÉ A MARSEILLE, MORT A LA ROCHELLE, 1698 - 1782.

L'Académie de la Rochelle savait très-bien qu'elle n'était qu'une réunion d'amateurs ; aussi n'avait-elle pas voulu consacrer par son règlement l'usage de louer ses membres après leur mort. Elle s'imposait même une grande réserve en mentionnant leur décès dans ses procès-verbaux. Cependant en annonçant la mort de M. Arcère, doyen de l'Académie, arrivée le 7 février 1782, l'impassible procès-verbal s'émeut pour ajouter qu'on a donné des regrets à la perte de *ce célèbre et respectable académicien*. Cette notice aurait la vie qui lui manquera si nous avions pu recueillir seulement les propos qui s'échangèrent à cette séance.

Ils animaient encore sans doute l'éloge historique que prononça M. de Longchamps, à la séance publique du 24 avril suivant, et celui-là nous devrions l'avoir : car le 8 mai, l'auteur réclamait l'attache de l'Académie pour le faire imprimer ; cependant je n'ai jamais vu, jamais entendu mentionner ce discours. C'est donc seulement avec les écrits d'Arcère et quelques notes vagues qu'il faut refaire sa biographie. Elle en sera à la fois plus longue et moins complète.

Louis-Etienne Arcère naquit à Marseille le 15 avril 1698. Il embrassa la carrière ecclésiastique et entra dans la congrégation de l'Oratoire. Selon l'usage de son ordre, il remplit d'abord les diverses fonctions de l'enseignement, et professa pendant neuf ans la philosophie, aux colléges de Niort et de Condom. Nous avons, sous le titre : *Prælectiones philosophicæ*, une rédaction complète de son cours, écrite en latin, en partie de sa main. Un professeur de philosophie n'est pas nécessairement un philosophe ; on pourrait plutôt soutenir le contraire, du moins en France ; mais comme les prêtres de l'Oratoire mettaient assez bien en pratique l'adage *In dubiis libertas* ; comme Arcère en particulier, à ce que nous apprend une note de sa vieillesse (papiers concernant la société d'agriculture, 6ᵉ page avant la fin) avait pris cette devise : *Ego compedes ne aureas quidem tulerim ,* qu'il restreignait pourtant ainsi : « Croire fermement la vérité de la religion, en pratiquer la » morale, respecter le gouvernement; quant au reste , liberté » plénière » ; comme il rejette nommément la *mauvaise philosophie de Saint-Thomas et les subtiles inepties de Scot*, il peut y avoir quelque intérêt à indiquer, sans les discuter, les opinions qu'il embrassait entre 1730 et 1740.

Le cours ne contenait pas seulement ce que nous appelons philosophie ; il se divisait alors en quatre parties, logique, métaphysique, morale et physique, et la chimie et le système du monde entraient dans cette dernière section. Ce fardeau, presque impossible à porter depuis les progrès de la chimie et de la physique mathématique, était déjà bien lourd et ces cahiers offrent la preuve d'une grande instruction chez Arcère. Il

oppose l'un à l'autre le système de Descartes et celui de
Newton ; il repousse celui-ci, mais il trouve à l'autre bien des
inconvénients et cherche à le corriger en le modifiant. Il adopte
au contraire pleinement le système de Copernic, mais seulement
comme l'hypothèse la plus vraisemblable. Il y a dans ce cours de
physique une petite innovation ; c'est en français qu'il traite de
la sphère. Il en donne deux raisons, dont l'une peut paraître
singulière ; c'est que cette matière ne donne pas lieu aux discussions des philosophes : l'autre suffirait, c'est que ce sera une
difficulté de moins dans cette matière difficile.

La philosophie, proprement dite, elle-même, embrasse bien
des points que nous en écartons : Arcère traite, par exemple,
de la nature des preuves qu'exige la certitude de la religion
révélée ; du rôle des anges, et il s'arrête à combattre la doctrine des génies assistants, plus séduisante pourtant que celle
qui fait intervenir des diables dans des tables qui se remuent et
écrivent : en général il a, plus souvent que nous ne le ferions,
recours à la théologie et aux théologiens. Il n'en connaît pas moins
bien les modernes ; il cite Descartes, Bossuet, Fénelon, Malebranche, Leibnitz ; il s'appuie sur la logique de Port-Royal,
réfute avec modération et avec fermeté Huet, Daniel et un
écrivain moins connu de nos jours, Legendre de Saint-Aubin ; il
connaît même Locke, qu'il attaque sur sa doctrine de la sen-
sation. Spinosa seul a le triste privilége de lui faire perdre son
sang-froid. Arcère ne sait pas plus que Malebranche et Fénelon
s'interdire l'injure envers ce grand et redoutable philosophe.

Arcère a reçu une forte empreinte de Descartes ; s'il ne le
nomme presque que pour s'en séparer, il le suit souvent sans
le nommer. Il soutient contre les Cartésiens que le monde est
fini ; que la conservation n'est pas une création continue ; que
les bêtes ne sont pas de pures machines et qu'il y a en elles un
principe actif immatériel. Ce qui semble plus grave, il soutient
que l'idée de Dieu n'est pas innée et même que son existence ne
peut pas être démontrée *à priori*. Mais les raisons qu'il en

donne montrent qu'ici il se sépare plus sur les mots que sur les choses. Dieu, en effet, selon lui, ne peut pas être démontré *à priori* parce qu'il n'a pas de cause dont il découle ; et son idée ne peut être innée au fœtus, puisqu'elle est une attention actuelle à la notion de Dieu. Or, ce sont-là des assertions que personne ne conteste.

Mais Arcère déclare que l'idée de Dieu est claire par soi et en soi dès que l'esprit y fait attention, et il reconnaît l'idée claire comme caractère suprême de la vérité ; il déclare valable et défend contre Daniel, Legendre et Lherminier, l'argument de Descartes concluant l'existence de Dieu, de l'idée même de Dieu ; il reconnaît des notions premières, c'est-à-dire des idées immédiates par soi, imprimées dans notre esprit par la nature ou plutôt par Dieu ; il appuie l'existence des corps sur ce que, si les corps n'étaient pas malgré la conviction que nous en avons, Dieu se jouerait de nous. Au moment de terminer sa logique, il se retourne tout exprès pour faire remarquer que la dialectique ne serait qu'un piège si l'on ne s'assurait soigneusement de la vérité des prémisses. Toutes ces assertions sont cartésiennes.

Leibnitz a aussi une grande influence sur son esprit. Dans la question de l'âme et du corps, il repousse l'influx physique et les causes occasionnelles, et penche pour l'harmonie préétablie. Il se rapproche aussi de Leibnitz dans l'explication de la liberté, le plus irrécusable des faits, le plus difficile à concilier avec nos systèmes, ce qui accuse beaucoup nos systèmes. Il se prononce pour Leibnitz contre Fénelon dans la question de l'optimisme. C'est à la suite du même philosophe qu'il proclame l'accord nécessaire de la foi et de la raison. Je suis bien fâché d'avoir à ajouter que pendant qu'Arcère soutenait cette thèse en assez bonne prose, il la contredisait en assez mauvais vers. Dans une ode sur la vanité de la philosophie, il dit à la logique :

> Tu ne rends pas plus raisonnable
> En apprenant à raisonner.

Et plus loin :

> Je saurai désormais m'aveugler pour mieux voir.

Qui faut-il croire ? Enfin c'est au moins dans deux rôles différents qu'Arcère se contredit. Le plus souvent les philosophes n'y mettent pas tant de façons.

Dans les questions plus anciennes de la scholastique , Arcère est réaliste ; il accepte l'universel, *à parte rei* , c'est-à-dire *indépendant de l'esprit*. Il soutient qu'il y a une distinction réelle et indépendante de l'esprit entre la substance et le mode. Il reconnaît un principe d'individuation , mais un principe caché et dont il se déclare impuissant à déterminer la nature.

C'est certainement en morale que je me séparerais le plus complètement d'Arcère , si j'avais à discuter ses idées. Le but suprême des actions humaines , pour lui, c'est le bonheur. Parmi les choses qui servent au bonheur, il place ce qui est utile et agréable , et soutient directement contre Cicéron que l'utile est souvent fort différent de l'honnête. Il s'arrête , il est vrai, sur cette pente glissante , en enseignant que c'est en Dieu seul qu'il faut chercher le bonheur. Mais si ce pieux correctif limite les dangers pratiques de cette doctrine , il ne l'empêche pas de n'être qu'une nuance de la doctrine fausse et énervante de l'intérêt bien entendu. Arcère avait pourtant lu les lettres de Descartes , puisqu'il les cite : comment a-t-il oublié cette féconde distinction entre le blanc qu'il faut atteindre et le prix qui excite à tirer. Je m'étonne peu , je l'avoue , après de pareilles erreurs que dans l'ode déjà citée , où il accuse la logique d'une vaine subtilité, il accuse la morale d'impuissance.

De ces indications, quelque sommaires qu'elles soient, on peut conclure qu'Arcère n'était pas un esprit vraiment philosophique, fortement saisi par une doctrine ; mais un homme fort instruit, modéré et suffisamment indépendant. Tel nous le retrouverons dans l'histoire.

Nous avons vu qu'il cultivait la poésie : il lui fut fidèle toute sa vie et il faisai encore des vers dans sa 84e année. Il n'est pas probable qu'il ait attendu la 35e pour commencer ; cependant l'ode sur la vanité de la philosophie , publiée en 1733 , dans le recueil des Jeux floraux , est la première pièce où je trouve son nom , quoiqu'elle n'eût pas été couronnée et que ces morceaux de concours soient habituellement anonymes.

Il envoya à une autre académie un poëme sur le commerce , qui n'eut pas plus de succès et qui fut imprimé dans le *Mercure* d'octobre 1734.

En 1736 , il obtint aux Jeux floraux l'amaranthe d'or pour une ode sur la politique.

En 1741 , son ode sur la Providence fut couronnée par l'Académie de Marseille ;

En 1743, celle sur les consolations du chrétien, par l'Académie de Pau ;

Il avait envoyé sans succès, en 1742 , à Toulouse , une ode sur l'histoire ;

En 1744 , à Marseille , une ode sur l'héroïsme de Saint-Louis dans les fers ;

En 1745, à Toulouse , une ode sur la campagne du prince de Conti , en 1744.

Mais il obtint de nouveau l'amaranthe des Jeux floraux , en 1746 , pour son ode sur l'eau , en 1748 pour celle sur les dangers des spectacles. Cette dernière obtint un honneur plus rare. Le cardinal de Quirini, qui aimait si peu les représentations théâtrales que, pendant vingt-cinq années d'épiscopat, il n'avait jamais assisté même à celles des colléges, fit imprimer cette ode, avec une traduction latine et une traduction italienne , toutes deux en vers, et la recommanda à ses diocésains dans une lettre pastorale. Une note d'Arcère dit que les vers latins sont du cardinal et les autres d'un poète d'Italie ; mais dans une introduction en vers latins où il raconte que c'est en se rendant visiter les travaux de l'église Saint-Eustache qu'il a fait parler à la muse française le langage de l'Ausonie et celui de la Toscane , le savant cardinal semble bien se déclarer auteur des deux traductions , et un sixain latin le loue en effet de toutes les deux. C'est là un singulier honneur , et c'est aussi, à mon gré , une preuve d'un tact bien modeste de la part d'Arcère de n'y avoir pas fait la moindre allusion dans les vers qu'il adressa au cardinal , au nom de l'Académie de la Rochelle , en 1754.

On ne pouvait plus concourir aux Jeux floraux dans un genre où l'on avait reçu trois prix , et je ne vois pas qu'Arcère ait remporté ou même cherché ailleurs d'autres couronnes. Seulement il lut diverses pièces de vers aux séances de l'Académie de la Rochelle , des odes sur l'air , sur la pêche , sur le luxe ; des stances sur la vanité des choses humaines , sur les passions ; des vers de circonstance ; des traductions d'Hoschius et de Martial. Plusieurs fois il fit ses adieux aux muses ; il y revenait sans cesse en s'excusant plaisamment. Tantôt il dit avec Martial qu'il vaut mieux faire des vers que jouer :

> Si je ne gagne rien, du moins je ne perds pas ;

tantôt il remarque qu'il n'y voit plus et qu'on n'a pas besoin d'y voir pour trouver des rimes ; tantôt enfin il avoue qu'un poète comme un amant trouve plus facile de dire adieu à sa maîtresse que de la quitter. Enfin , à la séance du 24 avril 1782 , qui suivit la mort d'Arcère , on entendit encore , non pas , sans doute , sans attendrissement , une dernière ode sur la liberté.

De ces pièces , celles qui ont pris part à des concours , ont été imprimées dans les recueils des académies auxquelles elles ont été présentées. Il est présumable qu'ils en contiennent d'Arcère, plusieurs que nous ne connaissons pas, et il en est que

sur la similitude du mètre et sur d'autres ressemblances je lui
attribuerais volontiers ; mais il n'est pas un poète assez original
pour qu'on fît avec confiance cet acte de divination. Quelques
morceaux ont été imprimés à part (les consolations du
chrétien , — l'eau, — le danger des spectacles). Tous ceux
antérieurs à 1762 , excepté les deux premiers que j'ai cités , ont
été publiés dans les trois volumes de l'Académie de la Rochelle,
quelquefois avec des corrections ou des additions. Il nous reste
en manuscrit les stances sur la vanité des choses humaines ,
celles sur les passions , une épigramme traduite de Martial
(XIII, I) et une plaisanterie assez faible, bien que datée de 1745 ,
sur la triste aventure du P. Pajon , curé de Notre-Dame , qui
se leva en hiver à quatre heures du matin , sur la foi du clair
de lune.

On peut, nous le savons de reste , garder longtemps le goût
des vers sans être un poète. Cinq couronnes pourtant ne permettent pas de placer Arcère au dernier rang des versificateurs
de son temps. Tout en reconnaissant ce fait, je ne puis être bien
frappé de son mérite poétique. Ses odes sont toutes en strophes
de dix vers, de douze et de huit syllabes , croisés de différentes
manières, mais où l'alexandrin domine habituellement assez
pour les rendre un peu lourdes et ne laisse pas toujours le
retour périodique assez saisissable à l'oreille ; je n'y trouve ni
image forte ni sentiment vif; ce sont trop souvent des moralités
vagues ou des descriptions étudiées. Les strophes semblent
faites une à une et pourraient parfois se transposer. Il y a bien
de la chaleur et du mouvement ; mais une chaleur factice, un
mouvement convenu , qui n'échauffent ni n'animent le lecteur.
Je dois dire cependant que Tabaraud y trouve de l'élévation et
du feu. Il faut ajouter que la poésie lyrique est le genre où
notre siècle s'est le plus élevé au-dessus de ses devanciers, et je
ne sais si l'ode même au comte du Luc, tant vantée par
Laharpe, trouve aujourd'hui beaucoup de lecteurs en dehors du
collége.

J'ai devancé l'ordre des temps pour embrasser d'un coup-d'œil les œuvres poétiques d'Arcère. C'est par elles qu'il était connu lorsqu'il fut appelé à la maison de l'Oratoire de la Rochelle, en 1741. Ses succès et ses goûts le désignaient à l'Académie. Cependant, soit parce qu'on ne le regardait pas encore comme domicilié à la Rochelle, soit parce qu'on ne voulait pas dépasser un certain nombre d'académiciens, il n'y fut d'abord admis que comme membre associé. Cette élection eut lieu le 13 décembre 1744. Il y assista dès lors assez régulièrement et lut ses poésies aux séances soit particulières soit publiques.

J'ai dit, en parlant de Jaillot, quelles circonstances lui avaient fait entreprendre l'histoire de la Rochelle, quels motifs lui faisaient désirer un collaborateur. Il était tout naturel qu'il ne le cherchât pas en dehors de son ordre. Il s'adressa au père Arcère. Le choix était heureux. Arcère avait professé la philosophie sans être un philosophe, remporté des prix de poésie sans être poète ; il n'avait pas une vocation plus décidée pour l'histoire. Mais c'était un homme intelligent, exercé à écrire, et qui apportait à toutes ses études du zèle et de la loyauté ; un de ces hommes qui ne sont dans aucun genre destinés au premier rang, mais qui ont reçu en compensation une souplesse de talent qui les rend propres à beaucoup de choses. Les deux historiens prirent en quelque sorte acte de leur association, dans un discours prononcé par Jaillot à la séance publique du 28 avril 1745, et ces travaux communs leur fournirent le sujet de presque toutes leurs lectures académiques.

Au commencement de 1749, Arcère fit en Amérique un voyage de quelques mois. Lorsqu'il revint, à la fin de l'année, Jaillot n'était plus. Il prit sa place comme titulaire à l'Académie de la Rochelle, et à la première séance publique qui suivit il prononça l'éloge de son collègue. Il se remit aussitôt à la tâche. On en peut suivre les progrès, par la lecture qu'il fait annuellement de divers fragments dans les séances publiques.

Au mois de septembre 1754 , le premier volume de l'Histoire de la Rochelle était soumis à la censure ; il parut en 1756 , et fut dédié à M. d'Argenson ; le second parut l'année suivante. C'était une œuvre nationale , et les secours qui avaient aidé à sa confection ne manquèrent pas à sa publication. Une société en fit les frais. Elle fut imprimée à la Rochelle, chez Desbordes, en 2 volumes in-4°, ensemble de 1440 pages , et tirée à un nombre considérable d'exemplaires. Dès que le premier volume fut prêt, Arcère désira le présenter lui-même au Corps-de-ville. La délibération relative à cette demande caractérise trop bien les idées du temps , elle est trop honorable à Arcère et à la municipalité pour que l'intérêt n'en compense pas la longueur. Je la transcris donc textuellement du registre n° 10 des délibérations du Corps-de-ville, p. 108 , verso.

« Le 9 août 1756 , le Corps-de-ville assemblé , M. le Maire a dit que M. Arcère , de l'Oratoire , auteur de l'Histoire de la Rochelle, lui a fait connaître qu'il désirerait présenter au Corps-de-ville le premier volume de cette histoire , lequel vient d'être achevé d'imprimer ; que cet ouvrage , en peignant avec la plus exacte fidélité les malheurs de la Rochelle , en fait aussi connaître les vrais auteurs , ce qui détruira enfin des préjugés qui n'ont régné que trop longtemps sur le caractère des anciens habitants de cette ville, repréhensibles à la vérité , mais à qui peut-être il n'a manqué, pour développer mille vertus estimables, que des temps plus sereins et des guides plus sûrs.

» Tel est le but de l'Histoire de la Rochelle, surtout lorsqu'elle retrace des événements que nous voudrions voir ensevelis dans un oubli éternel.

» Cette histoire en elle-même si intéressante par la variété et l'importance des faits qu'elle décrit et par la liaison qu'elle a avec les événements que firent éclore dans le royaume des conjonctures pleines de troubles et d'horreur, est remplie d'ailleurs de savantes recherches , de détails curieux, de discussions plausibles sur l'origine, les mœurs et le caractère des premiers habitants de ces provinces, sur les hommes illustres qui y ont pris naissance, sur des époques mal fixées, des faits historiques altérés ou développés sans soin, et entre autres sur cette opinion populaire, trop légèrement adoptée par quelques savants, que la Rochelle respira toujours l'indépendance, et que d'elle-même elle penchait aux factions où toute la France paraissait entraînée.

» Cet ouvrage est le fruit de quinze ans de travaux; le style et la manière de l'auteur y répondent et à la décence de son état et à la gravité du sujet qu'il traite. On n'a même rien oublié de ce qui pouvait contribuer à rendre l'édition parfaite, et elle fera autant d'honneur à l'imprimerie de la Rochelle qu'à la société d'amateurs qui a fait les avances de l'impression.

» Un ouvrage aussi utile, qui, en rendant nos fastes publics, tire de l'obscurité une infinité de traits avantageux à la Rochelle que ses derniers malheurs avaient fait oublier, mérite de la part du Corps-de-ville des marques distinguées de sa reconnaissance en faveur de l'auteur, et M. le Maire pense qu'on ne saurait trop tôt la faire éclater. C'est sur quoi il demande qu'il soit délibéré.

» La matière mise en délibération, l'assemblée a été unaniment d'avis de recevoir le premier volume de l'Histoire de la Rochelle, que M. Arcère est dans le dessein de lui présenter, et de l'assurer de toute la gratitude et de la bienveillance du Corps-de-ville à l'effet de quoi M. le Maire a été prié de donner jour à l'auteur pour lundi prochain, à l'heure ordinaire de l'assemblée. Fait, etc. Signé : Pollart, Debeaupreau, J. Avrard, Valin, Jugolteau, Seignette, Gastumeau, J. Gigaux, Guillotin, Vincent Bureau, Destrapière.

» Et advenant le lundi seize dudit mois d'août, M. Arcère est entré dans la salle d'assemblée et a présenté au Corps-de-

ville le premier volume de l'Histoire de cette ville , et a fait en
cette occasion à la compagnie un compliment très-gracieux ,
auquel M. le Maire a répondu dans les termes les plus obli-
geants pour l'auteur.

» M. Arcère retiré , M. le Maire a représenté qu'il lui paraissait convenable de délibérer sur la manière dont la compagnie
témoignera sa reconnaissance à l'auteur, et qu'indépendamment
il estimait qu'il devait être pris chez Desbordes, imprimeur , un
certain nombre d'exemplaires de ce premier volume de l'Histoire pour en présenter à nos supérieurs et aux autres personnes que la compagnie jugera à propos. Sur quoi, la matière
mise en délibération , l'assemblée a accordé à M. Arcère , pour
marque de sa reconnaissance, une pension viagère de la somme
de six cents livres par an , à commencer du premier janvier
dernier : a été pareillement arrêté qu'il sera pris aux dépens
du Corps-de-ville , chez le sieur Desbordes , imprimeur de cette
Histoire , trente-quatre exemplaires qui seront présentés et
distribués aux personnes désignées dans la liste qui a été dressée
à cet effet.

» Fait et arrêté , etc... Suivent les mêmes signatures. »

Tout commentaire serait ici superflu. Le Corps-de-ville ne se
contenta pas de l'achat de trente-quatre exemplaires. Beaucoup
d'autres furent envoyés en présent à des personnages influents
ou aux autres villes du royaume, et pendant longtemps un
exemplaire de ce livre fut offert à toutes les personnes auxquelles
on voulait faire honneur.

Arcère reçut le titre d'historiographe de la ville et , dans la
suite , l'Académie des Inscriptions et Belles-Lettres lui donna
celui de membre correspondant.

Le succès ne fut pas moindre au dehors. Selon Dupont, dans
la préface de son Histoire de la Rochelle (p. 4) , 6,000 exemplaires ne suffirent pas , et il y eut plusieurs contrefaçons en

France et en Hollande. Je n'ai aucun moyen de vérifier ces assertions, dont Dupont ne cite pas la source, et qui me paraissent conduire à un nombre exorbitant. Cet ouvrage est encore recherché, et il y a quelques années des demandes simultanées en avaient considérablement élevé le prix. Il n'est pas assez rare toutefois pour motiver une réimpression dont on avait eu la pensée il y a trente ou quarante ans, et ce n'est pas sa disette qui a permis le succès de l'histoire de Dupont.

L'appréciation des critiques contemporains et de ceux qui ont suivi est généralement favorable à Arcère. Tout en lui reprochant de manquer de naturel et de simplicité, on s'accorde à trouver à son livre beaucoup d'intérêt et à le placer parmi les meilleurs ouvrages de ce genre. Il y a une vingtaine d'années, j'ai entendu M. Michelet exprimer à son égard une opinion très-favorable. Si toutefois, ne se contentant pas de ces éloges un peu vagues, on cherche un jugement plus précis, je ne sache pas qu'on le trouve nulle part motivé ou formulé avec quelques détails. Il incombe donc au biographe d'Arcère de déterminer quelle part lui revient dans son propre livre et quelle en est la véritable valeur. J'espère, en le faisant, ne pas beaucoup m'éloigner de l'opinion publique ; toutefois je dois dire que c'est la mienne seule que j'exprime et notamment qu'elle diffère sur presque tous les points de celle qu'a émise Dupont. (Préface , p. 4 ; Histoire , p. 531).

J'ai montré explicitement, dans ma notice sur Jaillot, quelle part ce laborieux préparateur avait prise au travail ; elle dépasse de beaucoup celle du plus habile secrétaire. Car celui-ci est toujours dirigé, et Jaillot avait conçu l'idée de toutes les recherches qu'il a faites. Mais j'ai dit aussi et je répète : Des matériaux ne sont pas un édifice. L'édifice, c'est Arcère seul qui l'a construit. Le choix définitif des matériaux , l'agencement des faits, la recherche des causes, le jugement sur les hommes, le tableau de leurs actions, tout cela, comme le style, appartien à Arcère. Jaillot est l'érudit, Arcère seul est l'historien. Il ne devait pas, il ne pouvait pas mettre le nom de son collaborateur à côté du sien à la tête de son livre.

Arcère a lu et relu, annoté, quelque peu enrichi les documents qui lui avaient été fournis : il ne s'en est pas toujours souvenu, et de là quelques erreurs. Ainsi il eût pu prévenir, par exemple, la discussion que nous avons vue éclater sur la nationalité de Guiton ; il avait entre les mains des renseignements suffisants sur les ascendants, sur le frère, sur les enfants de ce Rochelais. Je ne lui reproche pas toutefois ces erreurs qui ne portent guère que sur des détails. Je regrette davantage qu'il ait été si économe de pièces justificatives. Certes le sujet ne permettait pas qu'il fût un rival de dom Vaissette et de dom Morice ; il eût pu cependant les suivre d'un peu plus près. Enfin, il eût pu et dû apporter plus de soin dans la table et dans l'indication marginale de ses autorités, où il a souvent laissé du vague et de l'inexactitude.

Les proportions de son livre peuvent être attaquées. Le discours préliminaire, la description chorographique, le ix° livre appartiennent plutôt à la topographie et à la statistique qu'à l'histoire proprement dite. Mais je suis loin de partager l'opinion de ceux qui voient là un hors d'œuvre dans l'histoire spéciale d'une province et d'une ville. C'en est à mon gré une partie essentielle et quelquefois la plus intéressante. Arcère y a même mis de la sobriété. Il a des inexactitudes, des lacunes. En topographie, nos collègues MM. Callot et Jourdan pourraient lui apprendre bien des choses, mais ils conviendraient sans aucun doute qu'ils en ont beaucoup appris de lui.

Des huit autres livres, deux seulement, et les plus courts, embrassent tout le temps qui a précédé l'introduction de la réforme, c'est-à-dire l'histoire de la commune ; c'est peu. Il y a toutefois des causes atténuantes.

Les questions si intéressantes relatives à l'origine et à la première formation de la commune ne sont pas suffisamment traitées, parfois même ne sont pas indiquées. Je le regrette , mais au temps d'Arcère elles ne s'étaient pas encore posées ; et il y a une foule de connaissances vulgaires pour nous qu'il ne pouvait même pas soupçonner. Je ne prétends pas le moins du monde en faire un homme de génie qui ait devancé son temps.

Cette longue hésitation entre le souverain de la France et celui de l'Angleterre , cette habileté égoïste à étendre ses priviléges qui constituent la politique de la Rochelle pendant trois cents ans, ce patriotisme enfin si opposé à ce que nous entendons par ce mot , ne sont pas toujours éclairés d'une lumière suffisante : mais ils sont entrevus, et ce sont plutôt les appréciations exactes et les tableaux énergiques que l'indication des faits qui manquent ici.

Les luttes religieuses , voilà le véritable sujet d'Arcère. Pour juger l'esprit dans lequel il les a racontées , il faut voir quel but il se proposait. Il n'y a aucun doute à cet égard ; lui-même l'indique très-clairement. Il dit dans l'éloge de Jaillot : « Il fallait, en développant les ressorts des événements , faire voir à l'univers mal instruit que la révolte de la Rochelle n'avait été pour elle qu'un malheur ; que ce fut le crime des chefs dont le grand nom subjugua les esprits, dont l'autorité tyrannique opprima le peuple ; que ce peuple ne cessa d'être fidèle qu'en cessant d'être libre. » L'analogie , la presque identité de ce passage avec les éloges que le Corps-de-ville accorde à Arcère dans la délibération que j'ai rapportée n'échappera à personne.

Mettre l'histoire au service d'une thèse préconçue n'est contraire à la probité de l'historien qu'autant qu'il lui sacrifie ses convictions sur les principes ou sur les faits. Or , Arcère ne fait ni l'un ni l'autre. C'était très sincèrement qu'il exigeait des peuples l'obéissance et non pas seulement la fidélité à un contrat dont les clauses seraient également obligatoires pour les deux parties. A ses yeux, comme à ceux de presque tous les hommes de son temps , l'esprit d'indépendance est un grave tort dans les sujets. Mais ce tort, il ne l'impute pas à la réforme ; il en cherche l'explication où elle est très réellement, dans toute l'histoire des Rochelais. Non seulement il laisse voir très clairement dans son récit, mais il signale dès sa préface que les Rochelais ne croyaient pas seulement avoir obtenu des priviléges , mais avoir fait reconnaitre des droits. Il les plaint , il est vrai, d'avoir vécu dans des siècles assez peu éclairés pour concevoir de pareilles idées , mais il les excuse par la difficulté qu'il y avait à les réformer.

Nous pouvons à notre tour trouver bien étranges ces opinions d'Arcère. Il n'en résulte pas moins qu'il n'est même pas tenté de présenter les faits sous un faux jour pour les accommoder à sa thèse. On ne peut pas se fier à ses vues générales , à ses jugements ; on peut se fier à ses récits. Je ne crois pas qu'il ait une seule fois dissimulé ou déguisé sciemment la vérité. S'il se trompe dans le choix de ses guides , c'est bien moins par partialité que par la séduction qu'exerce sur lui ce qui ressemble à un appareil oratoire , à un effet dramatique, et d'ailleurs il ne commet pas communément d'erreurs dans l'exposition des faits.

Sa modération est du même genre. Contemporain de Voltaire, Arcère n'est pas ce que nous appelons un philosophe du dix-huitième siècle ; c'est un prêtre catholique très-orthodoxe. Il n'admet certainement pas cette tolérance qui veut qu'on laisse à Dieu d'apprécier la justesse des opinions religieuses et qu'on n'en tienne nul compte dans la vie civile. Mais tout en condamnant la réforme et les réformés , il présente leurs actions telles qu'il les voit ; il distingue les actes des croyances , les hommes des choses. Quant à l'expression , il s'interdit habituellement dans l'histoire ce qu'il ne se permettrait pas dans un salon, et sa modération est souvent de la faiblesse. Il sait mieux louer la vertu chez ses adversaires que flétrir le crime chez ses amis. L'indignation lui manque , et , en général, l'énergie.

Je dois toutefois restreindre ce jugement aux sept premiers livres de cette Histoire , qui la conduisent jusqu'à 1628. Arcère n'a même pas essayé de peindre l'agonie du parti protestant et l'état où la révocation de l'Édit de Nantes laissa la Rochelle. Il s'est borné à recueillir , sans même les joindre entre elles , quelques notes sur les années postérieures. Il n'a montré ni comment se forma une nouvelle population rochelaise , ni quels rapports la lièrent à l'ancienne. En réalité , son histoire finit en 1628.

Le style est la partie la plus attaquée et la plus attaquable de ce livre. Ce n'est pas qu'Arcère ne sache et ne manie assez habilement sa langue, mais sa prose paraît s'être formée , comme sa versification , à la mauvaise école des concours académiques. Sa recherche de l'élégance , son soin continuel à se draper ne lui laissent ni simplicité , ni concision , ni vigueur. J'ai montré ailleurs comment il a travesti le récit de Cauriana en rapportant les paroles de Castriotto blessé. La même page me fournit un autre exemple de cet affadissement. Il dit (t. Ier p. 511) : « Les deux partis s'attaquèrent avec une ardeur qui » tenait moins du courage que de l'acharnement des bêtes » féroces » ; il souligne ces derniers mots et les met sous la protection de la relation catholique du siége. Or, voici les mots qu'il traduit ainsi : « Ils ressemblaient chiens enragés , si fort » étaient envenymés les uns contre les autres. » (Mém. de l'Etat. p. 207). Cet assoupissement par l'expression est continuel chez Arcère.

C'est là , on le sent , un mal irréparable ; on ne corrige pas le fond même du style. Il est d'ailleurs douteux qu'un véritable écrivain voulût faire une histoire de la Rochelle, et , à vrai dire, elle n'est pas à faire. Malgré tous ses défauts, Arcère l'a faite. Ce qui reste , à mon sens , c'est de rectifier ou de compléter quelques détails par des monographies , en forme de notes , qui s'appuieraient d'un choix de pièces justificatives , et d'écrire , non pas comme suite , mais comme livre tout-à-fait indépen-

dant , une histoire de la Rochelle depuis 1628 , travail difficile ,
où l'on serait souvent obligé de substituer le tableau au récit.

Il faut mentionner , puisque les bibliographes les mentionnent,
deux petits écrits d'Arcère , l'un et l'autre de 4 pages in-4°.
*La relation des fêtes données le 1ᵉʳ et le 11 août dans la ville
de la Rochelle, à l'occasion de la prise de l'ile de Minorque ,
1756 , et l'Extrait du journal historique au sujet de la tentative
d'une flotte anglaise sur les côtes du pays d'Aunis.* Ces deux
relations , toutes deux un peu emphatiques , avaient le même
but que l'histoire même de la Rochelle , faire valoir le dévouement des Rochelais à la monarchie. On l'atteignit enfin. Le
maréchal de Sénectère obtint pour récompense du zèle courageux qu'ils avaient montré l'enlèvement des plaques que M.
Demuin avait fait placer , en 1675 , auprès de l'église des
Minimes et qui flétrissaient en termes fort durs les rebellions
des Rochelais. Elles furent enlevées avec grand appareil et
grandes fêtes , et le père Arcère fut l'organe de la reconnaissance publique dans une pièce de vers digne de l'événement. On
la trouve dans le 3ᵐᵉ recueil de l'Académie (p. 207, 210). A la
même occasion , M. Mariocheau de Bonnemort , receveur des
fermes , publia aussi des vers dont il y a deux éditions.

Tout cela se passait pendant qu'on imprimait le second
volume de l'Histoire de la Rochelle , et y trouva place , en
résumé , soit dans le texte , soit dans les additions , postérieures
au frontispice , et qui ne parurent qu'au milieu de 1758 , puisqu'elles mentionnent des faits du 7 avril de cette année.

Pour avoir publié l'Histoire de la Rochelle , Arcère ne cessa
pas de s'en occuper. Toute sa vie , au contraire , il recueillit ce
qui pouvait s'y appliquer dans ses lectures , et il le consignait
dans un cahier intitulé : *Additions et corrections pour l'Histoire
de la Rochelle,* qu'après sa mort , le père Gensé , son exécuteur
testamentaire , remit à l'Académie. Il en tira le sujet d'une
lecture faite à la séance publique du 8 mai 1765 sur quelques

points d'histoire et de géographie concernant la Rochelle , dont
on trouve un extrait dans le *Mercure* de juillet 1765. Ce ne sont
que des observations de détail. Elles ne manquent pas d'intérêt;
cependant ce manuscrit , qu'Arcère continua toute sa vie et dont
la dernière page contient des faits de septembre 1781 , ne
répond ni par son étendue (77 pages), ni par son importance, à
ce que feraient attendre ce laps de temps et le nom de l'auteur.

Les travaux historiques n'avaient jamais absorbé toute son
activité. Au moment même où il y devait être le plus livré , en
juin 1751 , il avait lu à l'Académie la *Préface d'une collection
de pièces importantes concernant un projet de réunion entre
les catholiques et les protestants de la confession d'Ausbourg ,
enrichie de notes historiques et critiques*. Le père Laborde de
l'Oratoire qui tenait de Bossuet, évêque de Troye , neveu du
grand Bossuet , les papiers de celui-ci relatifs à ce grand débat,
avait formé une collection des écrits de Molanus et de Leibnitz ,
avec les réponses de Bossuet et de Pélisson. Il était mort sans
la publier , la laissant à son frère Bernard. C'est pour celui-ci
qu'Arcère avait écrit une traduction française des *Règles touchant la réunion* de Molanus , et plus de 400 notes sur les 67
pièces de la collection. Quelques-unes , qui proposent des corrections de texte , s'adressent visiblement à un manuscrit. Les
autres sont des éclaircissements historiques ou des rectifications
théologiques.

La préface contient un exposé historique des phases de cette
discussion : elle est écrite d'un style un peu trop oratoire et
renferme des portraits tout-à-fait académiques des célèbres
controversistes. Du reste , Arcère l'avait préparée avec soin. Il
était lié avec Henri Otto Bosseck, professeur de médecine à
Leipsick , qu'il fit , en janvier 1752 , nommer associé de
l'Académie de la Rochelle, et s'était adressé à lui pour avoir
des renseignements sur les personnages qui avaient mis la première main à cet essai de réunion , conçu en Allemagne. Celui-
ci lui en fit envoyer de très-détaillés par Jean Erhard Kappius ,

professeur d'éloquence à Leipsick. Je trouve aussi une traduction latine de la vie de Molanus, écrite en allemand par Einem, ou transcrite ou plus probablement faite dans le même but.

La bibliothèque de la Rochelle possède en manuscrit cette traduction, les notes de Kappius, et les écrits d'Arcère; mais je ne pense pas que la collection pour laquelle ils avaient été rédigés ait été publiée. Du moins, je ne la trouve mentionnée dans aucune histoire des projets de réunion, et il semble qu'elle eût dû au moins être connue de Tabaraud, qui avait été supérieur de la maison de l'oratoire de la Rochelle, cinq ans seulement après la mort d'Arcère, trente-six, il est vrai, après l'époque de ce travail. Je m'y suis arrêté parce qu'il a de l'importance en lui-même, qu'il est le seul ouvrage théologique d'Arcère et . prouve son érudition dans cet ordre de connaissances.

On trouverait probablement dans le Journal ecclésiastique de 1761, des remarques sur une dissertation au sujet des antipodes, insérée dans ce journal en Janvier. Elles ont pour but d'établir qu'il s'agit réellement des antipodes, dans un passage de Virgile, prêtre irlandais du VIIIe siècle. L'autographe porte pour signature, par M..., de l'Académie de la Rochelle.

Nous n'avons que des indications très-sommaires sur les autres lectures qu'Arcère fit à l'Académie. Leur simple nomenclature fera voir la variété de ses études :

Réflexions sur la nature et l'essence de la comédie. (13 mars 1748).

Remarques sur quelques méprises échappées à des écrivains célèbres. (25 avril 1760).

Recherches historiques sur l'origine de quelques proverbes français. (8 avril 1761, 28 juillet 1762, *Mercure* de novembre 1762).

Réflexions sur les vertus sociales. (6 mai 1767). Arcère annonçait le dessein de les faire imprimer; mais je ne sache pas qu'il y ait donné suite.

Remarques sur l'ouvrage de Linguet, intitulé : *La théorie des lois.* (27 avril 1768).

Remarques contre l'éditeur du testament du maréchal de Bellisle. (15 mars 1769).

Observations sur le premier volume de l'Histoire de France de Vély. (12 avril 1769, *Mercure* de juillet 1769).

Observations sur l'origine des usages et réglements actuels du commerce. (17 avril 1771).

L'année 1762 ouvrit pour Arcère une nouvelle source de travaux. L'Académie n'avait pas exclu l'agriculture du cadre de ses études, et ses recueils contiennent des mémoires relatifs à cette science. Mais elle ne pouvait s'en occuper que théoriquement, elle ne pouvait recueillir les fruits de l'expérience des cultivateurs, qui écrivent peu. Cette pensée fit fonder la société d'agriculture, formée d'abord de peu de membres et non sans peine. Arcère, qui, dans l'Histoire de la Rochelle, avait parlé de l'agriculture du pays avec soin et avec intelligence, en fut tout d'abord le secrétaire et le secrétaire très-actif. Nous avons 130 pages in-folio de son écriture, droite, fine et serrée, sous le titre de : *Recueil de lettres et mémoires au nom de la société d'agriculture, de la généralité de la Rochelle.* M. Godineau, qui appelle Arcère l'âme de la société d'agriculture (Notice sur la société d'agriculture de la Rochelle), et lui rend pleine justice, s'est, je crois, trompé en prenant ces cahiers pour le registre même de la société. Ce sont les travaux propres à Arcère qu'il gardait pour lui ; lui-même indique, dans une note, qu'ils ont été transcrits sur les registres de la société.

Je n'en crois pas moins que son rôle ici se borne à celui de secrétaire, c'est-à-dire de rédacteur de la pensée commune. Les cinq premiers cahiers donnent, tantôt sous la forme de lettres, tantôt sous celle de mémoires communiqués manuscrits à des hommes puissants, une véritable histoire des travaux de

cette société , de 1762 à 1777. On y trouve traitées , habituellement avec netteté et à l'aide de faits précis , quelquefois avec
énergie, des questions du plus haut intérêt non seulement pour
l'agriculture, mais aussi pour l'industrie et le commerce du
pays. M. Godineau y a beaucoup puisé pour son intéressante
notice ; mais je pense qu'il y aura encore profit à les consulter
après lui.

Le dernier cahier , écrit lorsque l'activité de la société s'était
singulièrement ralentie, se compose principalement de recettes
qu'Arcère recueille minutieusement dans les journaux. Parfois
même , en lisant tout la plume à la main , le studieux vieillard
se trompe de cahier et à côté d'une note sur les pommes de
terre en écrit une sur les synonymes ou sur Sannazar.

Des mémoires qu'Arcère avait rédigés, un seul a été publié ,
le *Mémoire sur la nécessité de diminuer le nombre des fêtes.
Rochelle , Mesnier , 1763. In-8º.* La partie théologique est de
lui ; les faits qui en font le plus grand et le très-grand intérêt,
lui avaient été fournis par M. Mounier. Dans sa notice , M.
Godineau a donné des autres des extraits plus ou moins longs ;
mais avec une verve et une ardeur qui contrastent avec la
gravité un peu compassée d'Arcère , il en a tiré des conclusions
dont la hardiesse eût tant soit peu effrayé le bon oratorien.

C'est à cette même série d'études, mais telles qu'Arcère
pouvait les faire, c'est-à-dire à des travaux d'érudition appliqués
à l'agriculture, que se rapporte sa dissertation *sur l'état de
l'agriculture chez les Romains , depuis le commencement de la
république jusqu'au siècle de Jules César , relativement au gouvernement, aux mœurs et au commerce. Paris. Lottin. 1777.
In-8º.* Elle obtint un accessit de l'Académie des inscriptions et
belles-lettres , au concours de 1776. C'est M. Dumont qui eut
le prix. Il n'y faut chercher ni vues neuves ni déductions hardies,
mais des faits recueillis avec soin et classés méthodiquement.
Le style , généralement correct et clair , a le défaut ordinaire à
Arcère , la recherche d'ornements que n'appelle point le sujet.

Outre les ouvrages d'Arcère dont je viens de parler, les bibliographes lui en attribuent d'autres, dont je ne trouve pas de trace, mais que je dois citer d'après eux.

Tabaraud mentionne un *Journal historique de la prise de Mahon*. Ce n'est peut-être pas autre chose que la relation des fêtes données à la Rochelle à propos de cette victoire, que j'ai relatée plus haut ;

Un *Mémoire apologétique de la révolution de Corse*, en *1760.*

Et Barbier (anonymes, n° 11.256) met sous son nom un *Mémoire sur la nécessité de diminuer le nombre et de changer le système des maisons religieuses. 1755. In-12 de 26 pages.*

M. Rainguet dit qu'on trouve dans différents recueils les poésies latines d'Arcère. Arcère était un bon humaniste ; on en trouve la preuve dans quelques pages de ses leçons de philosophie ; mais je ne connais pas de lui de vers latins.

Son oncle Antoine Arcère , qui avait séjourné dans le Levant, lui avait laissé le soin de faire paraître un dictionnaire turc-latin-français ; l'affaiblissement de sa vue et son âge avancé ne lui ayant pas permis d'accomplir cette tâche , il légua le manuscrit à la Bibliothèque du Roi.

Enfin, il laissa en mourant quatre (selon Tabaraud), cinq (selon Quérard), volumes in-folio de notes et d'extraits , portant le titre d'*Arceriana* , et qui , déposés à la bibliothèque de l'oratoire de Marseille, ont passé dans celle de la ville. Comme tout ce qui concernait la Rochelle fut remis avec soin , à sa mort, à l'Académie , il est présumable que rien de spécial à notre pays ne se trouve dans ce recueil.

Malgré des occupations si variées , Arcère trouvait encore du temps à mettre à la disposition des autres travailleurs. Cet

échange de secours est un des principaux avantages des académies et il faut lui en tenir compte.

Ainsi, c'est une causerie littéraire entre lui, M. Dupaty, M.
Thilorier et M. Chassiron qui donna naissance aux dissertations
sur le comique larmoyant et sur la tragédie-opéra que ce
dernier publia avec succès. Ainsi M. Bourgeois, en écrivant ses
recherches sur Othon IV, puise dans ses portefeuilles et déclare,
en citant des pièces inédites, qu'il les doit *autant à l'amitié
qu'au goût de M. Arcère pour tout ce qui s'appelle recherches
historiques* (p. 51). Il étend plus encore ses soins; il gère la
bibliothèque donnée par M. Richard Desherbiers à la ville; il
gère celle de l'Académie; il y consacre son temps, quelquefois
son argent. L'Académie constate sa reconnaissance dans une
délibération expresse du 26 janvier 1763; quelques semaines
après, elle le dispense, malgré lui, de payer sa part d'une
dépense commune, en considération des services qu'il a rendus;
le 1er juin, à la mort de M. Gastumeau, elle le donne pour
collègue à Valin comme secrétaire. Cependant en réalité, ce
n'était ni Valin ni Arcère, c'était le plus souvent M. Seignette
qui faisait la besogne du secrétaire. Ce qui peint assez bien la
sérieuse exactitude d'Arcère même dans les petites choses, c'est
qu'il ne veut pas qu'il en soit ainsi; il donne sa démission, on
ne l'accepte pas, il insiste et la motive en ces mots : « *Je ne
m'accoutume point à ne prêter qu'un nom à ma place. Pourquoi
séparer le titre d'avec les fonctions qu'il exige ? Nous nous en
sommes plaints bien des fois. Comme je n'ai pas introduit
l'abus, je serais fort fâché de le perpétuer, et c'est par moi
qu'il doit finir.* »

Il ne jouissait pas de moins de considération dans son ordre
qu'à l'Académie. Il fut nommé supérieur de la maison de
l'oratoire de la Rochelle. C'est en 1769 que je lui vois pour la
première fois donner ce titre.

Cependant les infirmités vinrent troubler sa vieillesse si
active. Après le 12 mai 1773, je ne le retrouve plus aux séances

particulières de l'Académie. Pour les élections il envoie son suffrage par écrit. Il assiste encore aux séances publiques, mais le plus souvent il n'y lit plus lui-même, il y fait lire ses productions. Il mourut le 7 février 1782, âgé de près de quatre-vingt-quatre ans.

Ses poésies, sa dissertation sur l'agriculture des Romains, son Histoire de la Rochelle, parurent à ses contemporains des titres littéraires sérieux. La dernière est restée et, je crois, restera telle pour la postérité.

XIV.

DUPONT, ÉDOUARD.

1797 — 1839.

Né en 1797, à Mayenne, Dupont (Edouard) vint tout enfant
à la Rochelle, que son père ne quitta plus ; il y passa seulement
les années qui achèvent l'enfance et commencent la jeunesse.
Entré dans l'enseignement public, il professa différentes classes
à Rochefort, à Parthenay, à Saumur. Appelé en 1826 au
collége de la Rochelle, il y fit successivement la seconde et la
rhétorique. Partout il sut inspirer à ses élèves de la confiance et
de l'attachement. Il quitta la Rochelle en 1831 pour aller à Laval;
de là il passa, comme directeur de l'école normale primaire,
au Mans. Il y montra comme administrateur des qualités que les
plus bienveillants mêmes n'auraient pas osé attendre de lui.
Mais de cruelles infirmités l'avaient atteint dès sa jeunesse ; il
les supportait avec une gaieté énergique, mais il y succomba à
quarante-deux ans, en 1839.

C'est de 1826 à 1830 que fut conçue, composée et publiée l'histoire de la Rochelle, qui parut au commencement de cette dernière année. Dupont avait un esprit très-fin et très-cultivé, mais il n'apportait aucune vocation spéciale à l'histoire. En dehors des travaux que lui imposait sa profession, c'était surtout à la poésie qu'il s'était adonné. C'était autrefois une exception beaucoup plus rare qu'aujourd'hui qu'un ami des lettres qui ne fit point de vers. Dupont avait cultivé la poésie lyrique et surtout la poésie élégiaque. Très-sensible aux plaisirs de l'amour, qu'il comprenait un peu comme les anciens, relevant comme eux les jouissances sensuelles par les délicatesses de l'esprit bien plus que par la profondeur du sentiment, il avait quelquefois traduit, souvent imité Tibulle et Properce. Outre sa tendance naturelle, Dupont était de trop près le contemporain de M. de Lamartine pour en être le disciple.

En 1826, lorsque Dupont revint à la Rochelle, ces ardeurs de la jeunesse étaient déjà passées, aidées peut-être par des infirmités précoces, et déjà il composait plus volontiers des fables que des élégies. Il existait alors à la Rochelle, sous le nom de Société littéraire, une réunion d'hommes presque tous dans l'âge où l'on a beaucoup à apprendre, beaucoup à gagner, dont se souviennent la plupart de ceux d'entre nous qui ont des cheveux gris. On y travaillait un peu, on y causait beaucoup. La discussion y était animée, la critique franche, vive, pas toujours courtoise, mais toujours amicale et bien reçue. Dupont y avait naturellement sa place, comme il l'avait trouvée à la Société de littérature, sciences et arts de Rochefort. Ce n'était pas un des discuteurs les plus passionnés, mais il y montrait un rare talent de conversation. Réservé, gêné peut-être dans un cercle étendu, là, comme partout dans l'intimité, il s'abandonnait avec une grâce charmante. Fuyant le bruit, ne cherchant pas l'effet, il plaisait par une finesse singulière. Plein de malice, mais d'une malice qui effleurait sans blesser, parce qu'on n'y sentait jamais le désir de se faire applaudir aux dépens d'autrui, il y joignait une délicatesse insinuante : il était difficile de ne pas croire un peu ses éloges. Il se montrait sceptique surtout quand il fallait blâmer , et aimait à prendre le bon côté des choses , ce qui était une garantie d'indulgence plutôt que de constance dans ses opinions. Il manquait en effet à cet esprit si délicat quelque peu d'austérité.

Dans ses lectures à la Société littéraire , il développait sa sagacité par des fragments de critique littéraire , par des observations morales , par ses fables qui n'en étaient qu'une autre forme. Il fit imprimer , en 1828 , quelques-unes de celles-ci dans la feuille d'annonces de la Rochelle. Je n'en retrouve que cinq : *Le gui et le chêne* (22 février); *L'oranger de François I*er (28 mars) ; *Le tombeau du grand homme* (30 avril) ; *L'œillet et le pavot* (4 juillet) ; *La cigogne et le gouverneur de Fez* (13 juin). A l'exception de la dernière , elles ont peu d'action ; l'expression poétique y manque de force , quelquefois d'élégance , mais leurs affabulations marquent une direction bien dessinée de la pensée et les préoccupations du libéralisme de l'époque. Les voici, en effet :

> L'arbre utile est le seul qu'on respecte aux forêts.

> J'aime un beau souvenir ;
> Mais les fleurs et les fruits me plaisent davantage.

> L'estime est aux vertus et non pas aux grandeurs.

> Charmez les sens de nos voluptueux :
> Mon sort est assez beau, je marquerai ma vie
> En soulageant des malheureux.

> Peuple libre à ses rois peut donner de l'humeur,
> Mais aussi peuple esclave est mauvais défenseur.

On en trouve deux autres dans le Journal commercial : *Le philosophe et le pigeon* (13 novembre) . et *Le rouge-gorge et le moineau* (5 février 1829). La moralité en est dictée par le même esprit, mais ne peut guère s'en détacher.

Pendant que vivait à la Rochelle la Société littéraire, destinée à une mort précoce, l'Académie des belles-lettres, sciences et arts, achevait de mourir, et telle est chez nous la force de tout ce qui a une constitution publiquement reconnue que même dans cet état elle avait une certaine puissance d'action. Au mois de mai 1827, elle s'adjoignit cinq nouveaux membres, dont Ed. Dupont faisait partie. La transfusion de ce jeune sang la ranima, et sous l'impulsion d'un des meilleurs citoyens que j'aie connus, M. Plessis, elle fonda les cours industriels. C'étaient des cours du soir, destinés à donner aux ouvriers une instruction appropriée à leurs besoins. Les sciences appliquées y dominaient; mais on avait cru nécessaire d'habituer les ouvriers à une correction de langage suffisante pour rendre clairement leur pensée et de leur donner quelques notions sur l'histoire et la géographie de leur pays. C'était l'objet du cours de grammaire, et Dupont s'en était chargé. On marchait d'accord avec l'administration municipale; il fallait encore l'adhésion du pouvoir universitaire. Le recteur de l'Académie de Poitiers ne la refusa pas; mais il pensa, ou du moins il dit que ces fonctions compromettraient la dignité d'un professeur de rhétorique. Or, ces fonctions étaient entièrement gratuites, et les autres cours avaient pour professeur un ingénieur des ponts-et-chaussées, un capitaine et un colonel du génie, MM. Plessis, Duclos et Emy. Le recteur ajoutait en outre qu'il faudrait sans doute qu'un des professeurs fût muni d'un diplôme d'instituteur primaire, laissant voir de toutes manières son mauvais vouloir pour une idée libérale. C'est par de pareilles maladresses, moins criminelles, aussi nuisibles que des violences, que les agents de la monarchie d'alors lui aliénaient les esprits les plus désintéressés et la menaient rapidement aux journées de 1830. Dupont fut obligé de se faire suppléer dans son enseignement par un de ses jeunes collègues de la Société littéraire que n'en-

chaînait alors aucun lien et qui déclara en outre qu'au lieu de
renoncer à un projet utile et noble il était prêt à passer l'examen
d'instituteur primaire, ce qui, du reste, ne fut pas exigé.

J'ai dit ailleurs quelle part l'Académie avait eue à la concep-
tion de l'histoire de la Rochelle de Jaillot et Arcère ; elle s'en
occupait encore : on croyait qu'une nouvelle édition viendrait à
propos et une révision avait même été commencée et bientôt
abandonnée par M. Roy. Dupont et un de ses collègues dans
les deux réunions littéraires, le nôtre aujourd'hui, M. Labretonnière, conçurent le projet non pas de réviser l'histoire
d'Arcère, mais d'en donner une nouvelle. Soit que la patience
ait manqué au poète, soit tout autre motif, le travail commencé
à deux resta bientôt confié au seul Dupont.

La manière dont il juge le P. Arcère fait assez voir celle dont
il envisageait l'histoire. Il lui reproche « de ne s'être pas assez
» initié à la commune rochelaise, de l'avoir avilie et calomniée
» en faveur du pouvoir royal ; de s'être complu à faire de son
» ouvrage un vaste répertoire de topographie, de statistique,
» d'histoire naturelle, de critique littéraire, de biographie,
» plutôt qu'une peinture rapide et animée des événements, un
» tableau énergique des passions des hommes, et un exposé
» consciencieux de leur industrie. » Ainsi à ceux qui recherchent
les détails d'un intérêt spécialement local, il ne promettait rien ;
il n'avait pas, il n'approuvait pas peut-être ce goût, et il le
seconde d'autant moins que, n'alléguant jamais ses autorités,
il ne fait pas trouver ce qu'il ne donne pas. Ce qu'il veut
montrer, c'est surtout le rôle de la Rochelle dans l'histoire
générale de la France ; à cet égard même, il ne tient pourtant
pas toute sa promesse. Son histoire de la commune avant la
réforme est trop brève pour ajouter beaucoup à celle d'Arcère.
Il l'a mieux comprise toutefois ; il ne l'a pas écartée, et qui
n'a pas Amos Barbot ne peut guère lire que chez lui l'histoire
des troubles qui amenèrent en 1535 la suppression de la mairie
élective. Pour les guerres religieuses, il ne commente guère

son devancier qu'à l'aide des écrivains qui ont vu la Rochelle du dehors.

Il s'écarte souvent des jugements d'Arcère , et c'est là une suite naturelle de la différence des époques où ils écrivaient. Ils ont de commun un grand penchant à la modération. Dupont était optimiste en histoire comme dans le monde. J'ai fait voir d'avance combien son esprit était libéral , mais il n'y en avait pas de moins révolutionnaire. Ce qui dominait chez lui c'était la haine de toute violence , et peut-être détestait-il plus la tyrannie populaire que toute autre, parce que c'est celle qui est le plus ordinairement brutale. Rien ne se conciliait moins avec son caractère qu'un fanatisme quel qu'il fût. Sa pensée a été formée par un autre temps et à une autre école que celle d'Arcère , mais comme lui , il est de bonne foi , avec moins de conscience d'érudit cependant.

Ces caractères ne se rencontrent que dans la partie de son récit qui lui est commune avec son prédécesseur , c'est-à-dire celle qui finit en 1685. A son point de vue l'histoire de la Rochelle devait s'arrêter là ; car pour quelle part à partir de cette époque, la Rochelle compte-t-elle dans l'histoire de France ? Cependant les deux derniers de ses sept livres embrassent en 170 pages les deux siècles écoulés de 1628 à 1829. Mais alors force est bien à Dupont d'entrer dans ces minuties locales qu'il avait jusqu'alors évitées ; il mérite même bien plus qu'Arcère , le reproche qu'il lui avait fait peu justement , de mettre plus de noms propres que de faits historiques. Il les prodigue , bien que , par je ne sais quelle demi-mesure, il les rejette souvent en note. Cette bienveillance complimenteuse est peut-être ce qu'on lui a le moins pardonné. Il faut pourtant songer que ce temps ne comporte guère que l'histoire anecdotique et qu'on ne retrouverait qu'avec beaucoup de peine et qu'aux sources les renseignements que Dupont a recueillis.

Dupont reprochait à Arcère de ne pas offrir une peinture des événements , un tableau des passions des hommes : c'était promettre plus de coloris. Il faut donc se prononcer sur ses qualités littéraires.

Dupont déclare qu'il s'était laissé séduire à cette méthode mise en vogue par M. de Barante, qui consiste à s'effacer pour laisser voir les chroniqueurs contemporains. Elle a de grandes difficultés et M. de Barante lui-même n'y a pas été fidèle jusqu'au bout de son histoire des ducs de Bourgogne. Mais elle convient peu surtout à une histoire qui embrasse un long espace de temps, qui raconte des guerres civiles et qui ne veut pas prodiguer les pages. En pareil cas choisir ses témoins, c'est juger, et sans dire que l'on juge. Dans un récit serré, on ne peut pas laisser parler, on fait parler les chroniqueurs : c'est-à-dire qu'on les imite, qu'on les contrefait, qu'on fait du pastiche. Or, Dupont est tolérant et impartial, mais il n'est rien moins que naïf. En quoi ressemblerait-il aux chroniqueurs du moyen-âge ou de la renaissance ?

Les tons de couleur locale que, d'impatience, il prend sur sa propre palette ne sont pas toujours fidèles : les efforts impuissants pour s'effacer nuisent quelquefois à l'élégance et même à la correction qui lui sont propres. Il ne faut pas toutefois que les défauts nés de cette contrainte fassent méconnaître le talent de récit qui anime quelques pages d'élite. Dupont n'a pas les défauts de style de son prédécesseur, et le sien est certainement plus naturel, plus ferme, plus serré.

En fait, le succès n'a pas manqué à ce livre. Il existe encore dans le commerce, mais en petit nombre. Il est souvent lu. Plus de conformité avec les opinions acceptées de notre époque, plus de brièveté, plus de nouveauté le font en général préférer à celui d'Arcère par ceux qui veulent non pas étudier, mais parcourir l'histoire de la Rochelle.

XV

MASSIOU, DANIEL,

NÉ A ROCHEFORT, MORT A LA ROCHELLE,

1800 — 1854.

L'Histoire de la Saintonge et de l'Aunis de D. Massiou suivit de près l'Histoire de la Rochelle d'Ed. Dupont, et les deux auteurs ont été atteints prématurément par la mort. Ainsi cette série d'études me ramène une seconde fois en face du tombeau d'un contemporain que j'ai connu et aimé. Tant est grand le nombre des voix qui nous crient : *Vive memor lethi.*

Un de nos collègues, dont M. Massiou avait éprouvé la vive et constante amitié, a rappelé à la Société littéraire les qualités qui le distinguaient, une exactitude scrupuleuse dans l'accomplissement de tous les devoirs, une dignité aimable, un calme plein de courage, puisque son aménité cachait des souffrances variées et profondes. Mais M. Fournier n'a parlé des talents et des œuvres de l'écrivain que pour achever de peindre l'homme ; la tâche que je poursuis m'impose au contraire de ne parler de l'homme qu'autant qu'il le faudra pour faire connaître l'écrivain , l'historien surtout.

Daniel Massiou était né à Rochefort-sur-Mer , aux dernières heures du siècle dernier , le 30 décembre 1800. Elevé dans un village sur les bords de la Charente , à Lhoumée , il fit tard et rapidement les études de collége , moins étendues , il est vrai , alors qu'aujourd'hui , puis suivit , à Poitiers , ses cours de droit.

Il sentit de bonne heure le goût d'écrire , qu'il garda toute sa vie. Il était à peine reçu avocat qu'il avait rédigé en latin un manuel du droit romain , mis dans un nouvel ordre , sous ce titre : *Imperialium institutionum syntagma, quo ordine lucido et hactenus insolito principia Juris civilis Romani explanantur , ad usum cupidæ legum juventutis ;* avec cette épigraphe : *Tantum series juncturaque pollet.* — Je ne sache pas que ce volume ait été publié ; mais nous en avons le manuscrit , de cette belle écriture nette , rangée , égale , que M. Massiou a conservée jusqu'à son dernier jour. Il forme un volume in-12 broché avec ses tables des matières , tout prêt en un mot pour l'impression. Déjà les tendances de l'historien s'y font sentir. « L'histoire des lois d'un peuple , dit l'auteur en » commençant, est presque celle des vicissitudes que ce peuple a » éprouvées. Elles ont leur destinée. Elles naissent , vivent et » périssent. Avant donc que d'écrire une histoire abrégée du » droit civil romain , nous essaierons d'exposer brièvement les » diverses révolutions que , sous ses rois , ses consuls et ses » empereurs , a subies la cité romaine elle-même. » Et remontant à Romulus , il suit les lois romaines jusqu'à leur adoption en France.

En même temps , M. Massiou faisait insérer des articles littéraires dans les journaux de Poitiers , et comme il n'a jamais aimé à rien perdre des produits de sa plume , il les réunissait dans un petit volume de 100 pages , intitulé : *Mélanges de poésie et de littérature ,* qui offre cette singularité typographique

de porter au titre : Poitiers , imprimerie de Catineau , et au
dernier feuillet, Poitiers , imprimerie de Saurin ; d'être daté au
titre de 1828 et de contenir une pièce de 1830. — Évidemment
il se formait au fur et à mesure. Il renfermait des morceaux en
prose , d'autres en vers , d'autres mêlés de prose et de vers. On
y trouve sous le titre de : *Voyage historique et pittoresque dans
le département de la Charente-Inférieure* , cinq lettres qui ne
contiennent pourtant que des notes historiques sur Mauzé et
sur Surgères. Ce sont des préludes de l'historien de la Saintonge. Massiou a plus tard parlé fort durement de ses vers.
« Du jour , écrivait-il , où , parvenu à l'âge de discernement ,
» j'ai compris l'inanité de ce métier d'enfileur d'hémistiches et
» de quêteur de rimes , je me suis hâté d'y renoncer pour n'y
» plus revenir. » C'est reculer loin l'âge de discernement que
de le placer à trente ans. Ses vers sont médiocres , il est vrai ,
et sa réputation ne perd rien à ce qu'ils soient inconnus ;
mais cet exercice a contribué sans doute à l'élégance et à la
souplesse de sa prose.

En 1829 , Massiou , encore à Poitiers , rédigea un almanach
populaire , pour lequel la Société , pour l'enseignement mutuel ,
lui délivra , comme prix , une médaille de bronze. Il semble
naturel d'en conclure que cet almanach fut imprimé ; mais je ne
l'ai jamais vu et n'en ai nulle part trouvé la trace.

En même temps et déjà depuis 1826 , il préparait son histoire
de la Saintonge. C'est un fait que savent tous ses amis et qu'il
a déclaré publiquement en faisant , dans l'avant-propos de son
sixième volume , en 1840 , remonter à quatorze ans le commencement de son travail.

Avec de pareilles dispositions , si Massiou eût vécu à Paris ,
il eût sans doute fait des lettres son unique carrière. Mais il ne
connut que tard et peu cette grande séductrice. On ne vit pas
de sa plume en province , et M. Massiou qui n'avait pas de
fortune , dut chercher une profession.

Il essaya avec peu de succès de celle d'avocat à Poitiers, à la Rochelle, à Rochefort. Il en obtint davantage en ouvrant dans cette dernière ville un cours de droit commercial, dont les matériaux lui fournirent depuis le livre intitulé : *Cours élémentaire de législation commerciale*. Rochelle, Mareschal. 1838. In-8° de 728 pages. Après juillet 1830, son mérite et l'appui de M. Thibaudeau, oncle de sa femme, le firent appeler au parquet des Sables-d'Olonne. La Vendée était alors une école bien rude pour un magistrat d'un caractère aussi bienveillant, bien utile pour un historien, qui y retrouvait en action les passions qu'il avait à décrire. Là, comme partout, l'amour du devoir soutint M. Massiou au niveau de sa mission, mais sa santé fut moins forte que son caractère.

Il fut nommé d'abord, en 1835, juge d'instruction, puis, en juillet 1842, président au tribunal civil de la Rochelle.

Il n'avait pas perdu de vue un instant son histoire de la Saintonge, mettant à profit son séjour dans chaque ville pour recueillir les matériaux qu'elle lui pouvait fournir, s'affiliant aux Sociétés qui avaient l'histoire pour but, Institut historique de France, Société pour la conservation des monuments, Société des antiquaires de la Normandie, de la Morinie, de l'Ouest, etc., se créant des correspondants, se tenant surtout au courant de tous les travaux, de tous les progrès.

Il donnait aussi, dans plusieurs ouvrages périodiques, des fragments de ce grand ouvrage, appelant les regards de la critique, les lumières de la discussion et préparant ainsi doublement le succès. *Le Bulletin*, de M. de Caumont ; *La Revue de l'Ouest*, à Niort ; la *Revue anglo-française*, de M. de Lafontenelle ; les *Mémoires de la Société des antiquaires de l'Ouest*, l'*Art en province*, la *Charente-Inférieure*, peut-être d'autres que j'ignore, publièrent de 1833 à 1836, plusieurs morceaux, et à l'un d'entre eux, dans le tome v de la *Revue anglo-française* est jointe une vue de la tour d'Arundel, aux Sables-d'Olonne, qui montre que M. Massiou maniait habilement le

crayon. Des objections furent présentées, des controverses
soulevées ; Massiou les recueillait, mais en général répondait
fort peu.

L'ouvrage était à-peu-près terminé ; restait la difficulté très-
grande de le publier. La fortune de l'auteur ne lui permettait
pas d'en faire les frais ; sa position et la dignité de son caractère
lui interdisaient les démarches qui facilitent quelquefois ces
publications. La réputation qu'il s'était déjà acquise leva tous
les obstacles. Un libraire de la Rochelle, M. Lacurie, se fit son
éditeur. La rapidité avec laquelle il réunit un nombre suffisant
de souscripteurs me paraît aussi honorable pour l'auteur que
pour le public. Bien qu'un livre en six volumes in-8°, qui contiennent ensemble plus de 3,300 pages, exigeât des frais
considérables, la publication en fut promptement assurée. Le
prospectus avait paru en août 1835 ; les deux premiers volumes
étaient en vente en octobre 1836.

On avait commencé par la période qu'on croyait devoir
attacher le plus vivement le lecteur, celle des guerres religieuses, la troisième, dans l'ordre des divisions de l'ouvrage.
La seconde et la première, formant trois volumes, parurent
successivement en 1838. La quatrième et dernière, le sixième
volume de l'ouvrage, ne fut publiée qu'en 1840. Les deux premiers
tomes avaient été imprimés à Marennes, chez Raïssac ; les
suivants le furent à la Rochelle, chez Mareschal, et il ne fut
plus question de l'éditeur Lacurie, soit qu'il n'eût pu suffire
aux avances nécessaires, soit toute autre raison.

L'histoire de la Saintonge et de l'Aunis, qui avait été l'occu-
pation littéraire de toute la vie de M. Massiou, était désormais
une œuvre accomplie. Cependant l'auteur avait 40 ans ; le
malheur, qui devait si cruellement le frapper, ne l'avait pas
encore atteint, et laissait à ses brillantes facultés toute leur
activité et tout leur éclat : le goût de la solitude lui faisait de
nombreux loisirs.

La politique occupait alors tous les esprits : la province n'entendait plus rester témoin muet des événements ; elle ne se contentait plus de ses feuilles d'annonces et de leur littérature ; il lui fallait des journaux politiques ; le Gouvernement même y poussait, en rendant la vie fort difficile aux feuilles non cautionnées. Le journal de la Rochelle, la *Charente-Inférieure*, subit cette loi, et devint, en 1842, journal politique. Lié avec son rédacteur, qui avait été l'imprimeur des quatre derniers volumes de l'histoire de la Saintonge et du Cours de législation commerciale, et à qui il avait déjà prêté un concours tout littéraire, Massiou l'encouragea par la promesse de sa coopération. Cette coopération fut singulièrement active pendant trois ans. Fort à son aise derrière ce demi-anonyme, parfaitement sûr d'être couvert au besoin par la fermeté loyale du rédacteur en chef, mais plus couvert encore par sa haute raison et sa réserve, M. Massiou, de 1842 à 1844, ne laissa guère passer sans la traiter aucune question de quelque intérêt.

Dix ans après, en revoyant ces articles, il les rangeait sous ces quatre titres : *Polémique gouvernementale; Economie politique; Philosophie sociale; Histoire, littérature et art.* C'était, comme on le voit, un assez beau champ. Il ne se sentait plus disposé à soutenir la vérité de ce qu'il avait défendu avec toute la chaleur de la conviction ; le froid du scepticisme l'avait envahi lui aussi ; car il ne se reposait pas dans une autre foi : « Je ne » suis pas bien sûr de voir plus sainement aujourd'hui que je » voyais il y a dix ans, » disait-il ; mais il regardait encore ces pages avec complaisance. « Si je fais bon marché de mes pré- » tentions de penseur, ajoute-t-il avec ce demi sourire du » mourant, je tiens à ma valeur d'écrivain : et ce n'a pas été, » je l'avoue, sans un secret sentiment de mérite littéraire, qu'en » transcrivant ces pages, pour la plupart improvisées, je me » suis rendu ce témoignage que, sauf quelques exceptions, je » n'ai jamais rien écrit de mieux. »

M. Massiou a été bon juge , même dans sa propre cause : ces

articles joignent en effet , pour la plupart, beaucoup d'animation et de vie à beaucoup de fermeté et d'élégance.

Il n'en avait pas moins continué à reprendre , pour leur donner , par l'imagination , la vie et la couleur , quelques épisodes de l'histoire de la Saintonge ou du Poitou. En 1844 , il réunit en un volume in-8° de 318 pages (Rochelle, imprimerie de Mareschal; Caillaud , éditeur) sous le titre peu intelligible de *Pasticcio*, Pâté, cinq de ces nouvelles historiques. M. Em. Labretonnière avait écrit pour ce livre une introduction , qu'il a publiée depuis, mais que l'auteur n'accepta pas, la trouvant trop louangeuse pour lui.

C'est de cette même année 1844 qu'est datée une traduction des lettres du cardinal Bentivoglio , mises dans un nouvel ordre , qui avait été transcrite et mise en état pour l'impression , mais qui est restée inédite.

En 1845, la création de la Société des *Amis des Arts* lui offrit une occasion différente d'employer ses talents. Il y fit pour ses collègues. en petit comité . un cours d'archéologie appliqué aux arts. où il exposait avec une élocution facile et élégante les idées qui régnaient alors sur les monuments des diverses époques.

Dans ce laps de temps , M. Massiou avait été frappé du premier et du plus grand des malheurs dont il ait souffert , la mort d'une charmante fille , dont il soignait lui-même l'éducation avec la plus vive sollicitude. D'autres inquiétudes , de la gêne pécuniaire, des souffrances physiques venaient s'y joindre. Il semble qu'il cherche avec obstination un remède à tout dans le travail.

Je retrouve dans ses papiers un véritable traité des jugements de Dieu , dont une partie seulement a été publiée en 1846 et 1847 , dans l'*Art en province*. — Une nouvelle intitulée *Champ dolent et Champ fleuri*. — Un recueil commencé sous le nom de *Glanes historiques* , qui devait contenir les particularités qui nous paraissent les plus bizarres , dans les coutumes judiciaires de la vieille France.

En 1849 , reprenant les errements de sa jeunesse , il composa , pour le concours institué par maître Jacques Bujault , un
almanach de l'agriculture. Dans une lettre au juge du concours ,
il pose nettement ce principe très-juste que , s'il faut en parlant
au peuple , conserver un langage très-simple , on ne saurait
éviter avec trop de soin tout ce qui est burlesque ou trivial.
Massiou fut moins heureux qu'il ne l'avait été vingt ans auparavant. Je ne crois pas que ce nouvel almanach ait non plus été
publié.

Il commença une histoire des comtes du Poitou.

Il commença une histoire spéciale de la Rochelle , sous ce
titre : *La Rochelle et sa banlieue ; fastes historiques, esquisses
monumentales.* L'ouvrage devait former deux volumes in-octavo ;
le traité avec l'éditeur était préparé. Comme science , ce ne
devait être qu'un extrait de l'*Histoire de la Saintonge et de
l'Aunis* ; comme forme, ce devait être moins une histoire suivie ,
qu'un choix des événements saillants de cette histoire , décrits
de manière à plaire à l'imagination , sans dénaturer en rien les
faits. L'ouvrage fut repris à deux fois avec des développements
inégaux et , à chaque fois , conduit jusque vers le siége de 1573.
Pendent interrupta !

On ne saurait voir sans attendrissement cette énergie avec
laquelle Massiou essaie de lutter par le travail contre la douleur.
A bout de forces , il ne s'abandonne pas encore ; ne pouvant
plus composer, il se retourne vers son passé ; il réunit ses
fragments sous le titre de *Mélanges* ; il se recopie , et trouve
encore de la gaîté pour railler ses prétentions comme calligraphe,
trop souvent trahies par un fétu engagé dans le bec de sa
plume , et pour maudire l'effronterie des industriels qui intro-
duisent dans la fabrication du papier toute autre chose que ce
qui devrait honnétement y entrer. Cette préface est datée du
11 avril 1854. Sept mois après, le 7 novembre 1854 , Massiou
avait cessé de vivre.

Ces courageux efforts ne seront bientôt plus connus de

personne ; la polémique de la *Charente-Inférieure*, l'élégance
des récits du *Pasticcio*, ne les sauveront pas de l'oubli. Si
Massiou obtient de la postérité ce souvenir qu'il ambitionnait,
il le devra uniquement à l'*Histoire de la Saintonge et de l'Aunis*.
C'est donc ce livre qu'il faut tâcher d'apprécier.

Quand cette histoire parut, plusieurs Revues en parlèrent, et
la plus imposante de toutes, la *Revue des Deux-Mondes*, lui
consacra une mention détaillée ; mais toutes se bornèrent à
signaler l'importance de l'œuvre et à en relever le mérite par
des éloges un peu vagues : aucune n'entra dans une critique
motivée. A la Rochelle, la discussion fut plus vive ; il y eut
attaque et défense, mais sur un seul point ; les passions religieuses avaient pris l'éveil, et on soutint avec une égale animation que l'auteur n'avait pas ou avait été suffisamment res-
pectueux pour l'église catholique. Depuis même, ce point de
vue a trop prévalu. La réputation de M. Massiou était faite
avant que son œuvre fût publiée et on l'a jugée sur cette réputation plus qu'en elle-même ; de sorte que le critique qui veut
sortir des généralités ne peut guère s'appuyer sur une opinion
autorisée, il faut qu'il émette sa propre opinion, à ses risques
et périls. Je ne prétends pas m'affranchir de cette nécessité ;
mais j'ai dû la faire ressortir, pour ne pas laisser plus d'autorité
qu'elles n'en méritent aux restrictions assez sévères que je me
crois forcé de mettre aux éloges.

L'ouvrage porte pour titre : *Histoire politique, civile et religieuse de la Saintonge et de l'Aunis, depuis les premiers temps
historiques jusqu'à nos jours ; précédée d'une introduction.*

« La Saintonge et l'Aunis, disait M. Massiou, dans une note
insérée dans le journal la *Charente-Inférieure* du 20 septembre
1835, mise sous le nom de son éditeur, mais bien certainement
de lui, « la Saintonge et l'Aunis n'ont formé, pendant long-
» temps, qu'une seule et même province, comme ils ne forment
» aujourd'hui qu'un seul et même département. » Il en concluait
que leur histoire ne devait pas être séparée, que cette séparation

avait nui au livre d'Arcère qui ne renferme « qu'une fraction détachée d'un tout homogène. » La première assertion est exacte ; mais je suis très-éloigné d'en admettre la conséquence.

Il y a un temps où la Saintonge comprend l'Aunis, et alors elle l'entraîne dans son histoire ; il y a un autre temps, et il vient de bonne heure, où la Rochelle se fait un rôle spécial, qu'elle a payé assez cher pour qu'on ne le lui conteste pas, et alors elle a son histoire à part. Des pays beaucoup plus étendus que la Saintonge et l'Aunis réunis, la Lorraine, le Languedoc, forment une province qui n'a qu'une histoire, parce qu'ils ont une même tête, un même maître, un même intérêt, les mêmes passions : parce qu'ils n'ont rien de tout cela, la Saintonge et l'Aunis sont deux. S'il fallait des preuves à l'appui de cette remarque, je ne les chercherais pas loin. Je prends la réunion de sommaires qui forment la table chronologique du livre de Massiou et j'y lis dès les premières années : « 1174. Soulève-
» ment de la Gaule méridionale. Les deux populations de la
» Saintonge jouent un rôle différent dans ce grand drame. —
» 1200. Condamnation de Jean-sans-Terre. Attitude politique
» des deux populations de la Saintonge. — 1259. Partage de la
» Saintonge. Son effet moral au sud de la Charente. » Qui oserait dire d'ailleurs que la Rochelle soit la capitale de la Saintonge, ou Saintes la capitale de l'Aunis, du pays rochelais. L'histoire résiste tellement à cet égard que, bien qu'un département ne soit pas une unité, que cette division tout administrative ne soit que le dénominateur d'une fraction, il n'a jamais été aisé de faire décider à l'unanimité quel doit être le chef-lieu de la Charente-Inférieure.

Massiou ne comptant pour rien Maichin, et, avec raison, s'applaudissait d'avoir le premier établi cette unité, et moi je crois que cette unité factice a été une difficulté et une source de fautes, qu'elle l'a entraîné à ce qui est le tort le plus grave de son livre, à faire moins une histoire de la Saintonge et de l'Aunis qu'une histoire des faits dont la Saintonge et l'Aunis ont été le théâtre. De là un soin excessif à mettre en saillie les enseignements généraux de l'histoire, ceux surtout que vers 1826 on regardait comme des acquisitions récentes de la science ; de là la préférence habituelle accordée aux documents émanés de militaires ou d'hommes d'état sur ceux qui viennent des bourgeois du pays ; de là enfin une tendance générale à regarder la Saintonge et l'Aunis du dehors plutôt que du dedans.

Une analyse plus détaillée du livre ne nous en fournira que trop de preuves. J'avertis seulement que je ne prendrai mes exemples que dans l'histoire de la Rochelle ; ce choix exclusif qui fait porter l'examen sur une seule partie , et sur celle que les explorations antérieures avaient laissée la moins neuve est certainement défavorable à l'historien ; il est juste de lui en tenir compte ; mais enfin ce sont les historiens de la Rochelle que j'étudie.

Les quatre périodes dans lesquelles se divise l'ouvrage sont précédées d'une introduction , destinée à faire connaître les lieux ; la description du théâtre , avant le récit de l'action. Elle est elle-même partagée en quatre sections : Topographie et hydrographie. — Géographie ancienne. — Archéologie monumentale. — Statistique actuelle. M. Massiou remonte haut , puisqu'il étudie même la constitution géologique du pays : il est partout au niveau de la science ; seulement il l'accepte sans la juger. Il semble qu'il ait eu cette faiblesse de respecter trop les notes une fois prises, de ne vouloir rien perdre ; de sorte qu'au lieu de les fondre il les juxtapose quelquefois , rejetant même au bas des pages un document qui aurait dû modifier le texte. Dans ses travaux préparatoires , il ne se bornait pas à indiquer et résumer ses lectures ; il transcrivait ce qui avait rapport à sa future histoire ; il ne se l'assimilait pas assez et s'en laissait dominer. De là parfois un manque de critique. Je m'explique. Ce n'est pas le jugement qui manque à Massiou ; quand il se pose une question , il la résout généralement bien : mais il oublie souvent de se la poser. Son chapitre sur l'archéologie monumentale est d'un homme instruit et intelligent, et pourtant il laisse passer des fautes qui seraient graves dans un écolier ; un anachronisme d'un siècle et demi , par exemple , sur un monument qu'il voyait tous les jours, le palais de justice de la Rochelle.

Cette section sur l'archéologie est de beaucoup la plus étendue, soit que l'auteur la considérât comme plus nouvelle ou comme appartenant plus directement à l'histoire. Les autres sont un peu brèves : mais on y est surtout frappé d'une lacune ; nulle indication du commerce ou de l'industrie du pays , et cette lacune se retrouvera dans toute l'histoire. On aura lu six volumes sur l'Aunis, sans entendre parler une seule fois des relations de la Rochelle avec Saint-Domingue.

Cette introduction occupe les 230 premières pages du premier volume. Les 300 suivantes sont consacrées à la première période de l'an 60 avant J.-C. à l'an 1152 après J.-C. Les faits connus sur cette époque sont peu nombreux, peu liés. Massiou n'en laisse guère échapper , les coordonne et les présente avec une incontestable habileté.

La Rochelle ne paraît que dans la seconde période, de 1152 à 1548, que l'historien détermine ainsi : Depuis l'établissement de la domination anglo-normande sur le continent , jusqu'au commencement des guerres du calvinisme. Cette désignation n'est pas exacte. Les anglo-normands n'ont pas établi leur domination sur le continent ; par suite du mariage d'Éléonore avec Henri de Plantagenet , et de l'avénement de celui-ci à la couronne d'Angleterre , la Saintonge a reconnu la même domination que les Anglais et les Normands , mais elle obéissait à Henri comme héritier des comtes du Poitou et non pas comme roi d'Angleterre. Cette confusion sur l'origine des choses pouvait entraîner des erreurs.

Ici encore , qu'on regarde la province du dedans ou du dehors , il n'y a guère d'autres matériaux à recueillir que les documents

généraux , les livres imprimés. Massiou les connaît à merveille
et s'en sert bien. Toutefois les faits varient d'importance selon
celle qu'on attribue aux intérêts locaux, et il y en a sur lesquels il passe rapidement qui auraient arrêté davantage un
Rochelais. Les différents points de vue du siége de 1224 sont
indiqués , peut-être parce qu'ils avaient, avant la publication
du volume , donné lieu à une polémique. Mais la délivrance des
Rochelais du joug anglais , en 1372, est un fait capital dans
leur histoire, un fait sur lequel roulera toute la controverse de
droit avec les écrivains de la cour au moment du dernier siége.
Massiou adopte le récit de Froissard ; mais sans indiquer même
qu'il y a là une question , que ce récit est contestable et sera
contesté. Même négligence sur le caractère des serments de
Louis XI en faveur des priviléges des Rochelais , et lorsque
François Ier substitue à la mairie annuelle un office viager, à
l'élection son caprice, l'historien ne songe même pas à citer
exactement l'année de cette révolution.

Je ne discute pas tous ces faits, je ne relève pas des dissidences , j'indique seulement les tendances et la direction de
l'écrivain.

J'ai dit, et c'est un fait, que presque tout ici est recueilli des
documents imprimés ; c'est la suite d'une nécessité , non d'une
préférence de l'auteur. Il en avait même professé une tout
opposée en prenant pour épigraphe de son livre cette phrase
d'Elie Vinet : « Je n'ay pas recueilli cela des auteurs imprimés
» seulement ; mais y a des choses que j'ay retirées de vieux
» livres, anciennes pancartes et mémoires, que les rats, souris et
» teignes, l'eau et la poudre avaient fort endommagés.» Il avait
trouvé à Poitiers dans la collection de dom Fonteneau , reçu de
ses correspondants, recueilli par des hasards heureux , un assez
grand nombre de chartes et titres inédits : seulement ils n'avaient
pas ici une grande importance , moins dans son plan que dans
un autre et, comme il n'aimait à rien perdre, il en rejette un
certain nombre à la fin de son livre. Mais des pièces inédites

ont peu de valeur quand la source n'en peut être connue et discutée : aussi je regrette que M. Massiou n'ait pas toujours assez nettement établi la provenance des siennes. Ce n'était même pas toujours assez de l'indiquer et ce n'eût pas été trop d'une note particulière pour expliquer comment se sont formées ces archives de la maison Guiton, possédées par M. l'abbé Videlon de la Tranche en Montanel, que plusieurs circonstances pouvaient rendre suspectes.

La troisième période contient les années 1548 à 1685 , c'est-à-dire toute l'histoire des luttes religieuses. Si l'unité de la Saintonge et de l'Aunis eût été réelle auparavant, elle se fût brisée à cette époque. Il ne s'agit plus ici de passions et d'intérêts différents, mais de passions et d'intérêts opposés. On en peut dire autant de la France , il est vrai. La Rochelle elle-même a ses partis et si elles conservent leur unité c'est qu'à la Rochelle, comme en France , ces partis tendent à se dominer l'un l'autre et non pas à se séparer. Mais il n'y a rien de semblable entre la Saintonge et l'Aunis.

La Rochelle vivant de sa vie propre, son histoire devrait être écrite d'après ses propres documents. Arcère ne l'avait pas fait assez , Massiou le fait bien moins encore. Il suffit pour s'en assurer de parcourir les citations qui terminent ses pages. On y rencontre en tout temps tous ceux qui sont venus autour de la Rochelle, presque jamais ceux qui y ont vécu. Il en résulte qu'on trouve dans ce livre bien des choses propres à peindre les mœurs du temps , mais qui ne tiennent à l'Aunis que pour s'être passées sur son territoire , tandis qu'on y en chercherait en vain beaucoup qui lui sont propres. Ainsi les démêlés de Colin et de Guiton y sont très-inexactement rappelés dans une seule ligne, tandis que le très-inutile débat de Pontis avec Canaple y occupe plusieurs pages. Je n'insiste pas , tant l'indication me paraît ici facile à vérifier et à suivre.

La quatrième période, objet du dernier volume , devrait commencer en 1686 pour aller jusqu'en 1830. Massiou, bien que les matériaux qu'il avait recueillis allassent au moins jusqu'en 1826, a cru devoir s'arrêter à la seconde restauration, en 1815, et je crois qu'il a bien fait. Mais ce que je ne saurais accepter, c'est que ce volume commence à l'année 1789, laissant ainsi une lacune d'un siècle. Je ne crois pas qu'il y eût d'exemple d'une pareille solution de continuité dans une histoire complète. Ce n'est pourtant qu'une conséquence extrême du système que l'auteur avait adopté. Dans ce laps de temps, en effet, la Saintonge et l'Aunis sont le théâtre de bien peu d'événements. Ils vivent cependant. La Rochelle développe son commerce des pelleteries; elle devient désireuse de la vie littéraire et fonde son académie; elle était en disgrâce, et elle retrouve les faveurs ou du moins l'indulgence du pouvoir; elle était démantelée et 1789 la retrouve place forte. Les protestants devaient s'y dissimuler et 1789 les retrouve en possession d'un état-civil. Comment, pourquoi, par qui, à quelle occasion ces faits, et mille autres, à la Rochelle et sur les autres points des deux provinces, se sont-ils accomplis? Cette histoire complète n'en dit rien. Sans doute cette époque était difficile à traiter; elle demandait plus souvent un tableau qu'un récit; elle ne pouvait peut-être pas recevoir un grand intérêt; c'était une raison pour l'abréger, non pour la supprimer, et rien à mes yeux ne saurait excuser une pareille faute.

Ce n'en est pas une compensation que le développement extraordinaire qu'ont reçu les 26 années de 1789 à 1815, qui remplissent à elles seules le plus gros volume de l'ouvrage, comme si la Saintonge et l'Aunis eussent joué un plus grand rôle dans cette révolution que dans les guerres de religion. Massiou n'a pas su se défendre contre l'abondance des matériaux que lui avaient offerts les journaux et les pamphlets du temps. La plus grande proximité des faits, l'intérêt qu'excitent des noms et des souvenirs contemporains, expliquent sans doute, mais ne motivent pas assez à mes yeux ce défaut de proportions. Encore moins motivent-ils des omissions assez

étranges dans un volume si détaillé, le passage de Napoléon
dans le département, à son retour d'Espagne, par exemple. et
la translation du chef-lieu de préfecture, qui en fut la suite.
C'étaient des faits à noter pourtant dans une histoire de la
Saintonge et de l'Aunis.

J'ai longuement signalé l'influence d'une manière que je crois
dangereuse et fausse, de concevoir l'histoire d'une province. En
cela je subissais les conséquences du point de vue tout Rochelais
d'où ces études sont écrites. Il serait injuste de ne pas se placer
aussi au point de vue où s'est mis l'auteur. Peut-être , même
alors, lui reprochera-t-on de juxtaposer sans les fondre des matériaux de sources différentes, de laisser dans l'hésitation sur le
jugement qu'il porte des choses et des hommes. Ceci se rattache à la manière dont il envisageait son rôle d'historien.
L'historien, à son sens, devait être plus un rapporteur qu'un
juge, et il se reprochait même de n'avoir pas toujours gardé
une neutralité suffisante. Ce passage d'un de ses derniers écrits,
la préface inédite de ses mélanges, est trop important pour
ne pas être rapporté en entier.

« L'historien, dit-il , n'est et ne doit être qu'un fidèle écho
» des doctrines et des idées du passé : son premier devoir est d'im-
» poser silence aux opinions de son temps et à ses impressions
» personnelles. Ce devoir, si difficile à remplir, je ne m'en suis
» que trop souvent écarté avec la volonté de ne m'en départir
» jamais ; et, pour le dire ici en passant, j'ai risqué, sur les
» hommes et sur les choses d'autrefois, bien des appréciations
» qui, si elles étaient à refaire, changeraient bien de significa-
» tion sous l'influence de mon point de vue actuel. »

C'était donc de parti pris , autant que par son naturel, qu'il
avait plus d'érudition que de critique, qu'il se montrait plus
écrivain que penseur. Je n'approuve pas , j'expose.

Mais son érudition est patiente et étendue ; il a eu par le bénéfice même du temps des documents inconnus de ses devanciers ;

il n'a rien dédaigné , rien négligé , même de ce qui a paru pendant le cours de sa publication. Son talent d'écrivain est réel. Et je n'entends pas parler seulement de l'expression ; je parle aussi de la composition. Il se meut avec aisance au milieu de ses matériaux divers, il les agence avec habileté, les consolide l'un par l'autre. Son livre est bien rangé , ses tables chronologiques si bien faites qu'on s'y retrouve sans aucune peine. Son style proprement dit, comme sa manière de concevoir l'histoire , se sent de l'époque où il écrivait; il est un peu appris, et il y a des formes qui, après trente ans, ont déjà vieilli. Mais il a pourtant de l'aisance ; il a beaucoup de correction et d'élégance : il se fait toujours lire avec plaisir.

Que le mot de Buffon , le style c'est l'homme , est souvent vérifié ! Il ne s'applique pas seulement aux écrivains originaux , mais à tous. Une dignité calme était un trait saillant du caractère de Massiou ; dans ses écrits aussi , son cachet propre c'est cette égalité d'âme , je dirais presque cette insouciance , si le mot pouvait être pris en bonne part , qu'il garde en faisant comparaître et parler tour à tour des adversaires si passionnés.

Il avouait pourtant un vif désir, un *impérieux besoin de laisser après lui un vestige de son pélerinage ici bas.* Ce désir sera-t-il satisfait ? L'histoire d'une province n'est peut-être pas un sûr moyen d'arriver à la postérité. Pour les hommes jaloux de recueillir tous les détails locaux , Massiou ne fera pas oublier Arcère. En projetant son livre , *La Rochelle et sa banlieue ,* il semblait déclarer lui-même qu'il n'avait pas fermé la carrière. Il est pourtant peu probable qu'on refasse après lui l'histoire de la Saintonge et de l'Aunis ; encore moins qu'on la fasse avec autant de charme. Sa valeur littéraire doit lui conserver des lecteurs, et l'on peut compter qu'il trouvera auprès d'eux , moins sans doute qu'auprès de ceux qui l'ont connu personnellement, mais encore à un haut degré , estime et sympathie.

APPENDICE.

Outre les chroniques et les mémoires, l'historien consulte d'ordinaire les documents graphiques, les monuments et les médailles. Pour indiquer tout ce que l'histoire de la Rochelle peut puiser aux sources rochelaises, il faudrait donc dire aussi ce qu'elles ont donné par ces trois canaux.

Cette partie de la tâche est la moindre en importance, mais non pas en difficulté. Ici point de documents généraux, rien d'analogue aux grands catalogues de Lenglet-Dufresnoy, de Lelong, de la Bibliothèque impériale. Point de travaux prépatoires ; pas de collections ; celle des médailles de la Bibliothèque de la ville est à peine un noyau. Que de connaissances spéciales il faudrait pour combler une lacune si complète ! et elles me manquent totalement. Persuadé cependant qu'il importe de commencer, même mal, pour qu'un autre fasse bien, j'ai placé à la suite de la Bibliographie rochelaise une liste ébauchée des cartes, des gravures, des tableaux, des médailles, des jetons, de quelque provenance que ce soit, qui se rapportent à notre histoire.

J'ai dit, à l'article de M. Masse, ce qu'il avait fait et recueilli de cartes, de plans, de vues, de dessins. Jaillot avait aussi fait copier ou dessiner quelques vues de monuments, qu'il nous a laissées sous ce titre : *Plans de la Rochelle*. Les deux siéges de 1572 et de 1628 firent naître au dehors beaucoup de cartes et de vues de la ville et quelques tableaux parmi lesquels il y en a qui sont signés par des maîtres. Il n'entre pas dans le plan de cet opuscule de les énumérer. Ce qu'il y a de pis c'est que, faites trop souvent sur des descriptions ou sur des croquis infidèles, ces cartes ne peuvent être accueillies qu'avec défiance et doivent être contrôlées avec grand soin. Si M. E. Jourdan, qui a su les employer avec habileté, nous donnait une analyse raisonnée de son Album, en y ajoutant ce qu'il pourrait rencontrer ailleurs de pièces qui lui manquent, nous aurions tout ce qu'on peut faire à cet égard.

Bien que dans sa prospérité la Rochelle ait été surtout commerçante et bourgeoise, elle a eu ses monuments religieux et militaires ; mais elle a été ravagée par le zèle iconoclaste des protestants avant de l'être par le canon des catholiques en 1573 et par la politique de Richelieu en 1628, et il est probable que si on pouvait évoquer quelque vieux Rochelais et, lui montrant sa cité, lui demander ce qui reste de sa splendeur ou de sa gloire, de ses monuments ou de ses familles, il répondrait par ce seul et triste mot : *Etiam periere ruinæ*. Après l'Hôtel-de-Ville, quelques clochers, quelques tours, quelques vieux pans de murs éveilleraient seuls ses souvenirs ; mais peut-être en parcourant la rue des Merciers, la face tournée vers les numéros impairs, se sentirait-il attendri en reconnaissant encore quelque maison amie. Ce qui nous reste de monuments a souvent été reproduit par le crayon. Peut-être a-t-il trop négligé quelques maisons du XVIᵉ siècle que caractérisent et leur architecture et leurs sculptures au vigoureux relief. Mais ces restes, il faut bien l'avouer, ajoutent assez peu de lumières à l'histoire.

Il y a, au moins pour les faits de détail, plus à attendre des médailles et elles sont moins connues, plus sujettes à se perdre. C'est ce qui m'engage à publier l'essai d'écolier qui va suivre, tel à peu près qu'il fut lu en 1856 à la Société littéraire, sans même lui ôter le ton familier que permettait cette intimité.

D'UNE NUMISMATIQUE ROCHELAISE.

CAUSERIE.

Cur nescire, pudens prave, quam discere malo ?

Étranger à la science numismatique, je viens parler de sceaux, de monnaies, de médailles, de jetons. Plusieurs motifs m'y déterminent.

Personne ne nie l'importance de ces documents pour l'histoire ; mais ceux qui regardent la Rochelle n'ont ni par leur antiquité, ni par leur valeur au point de vue de l'art, assez d'importance pour attirer les regards des numismatistes : aussi tendent-ils rapidement à disparaître. Ceux qui ont été mentionnés çà et là par des écrivains ne se retrouvent plus ; le hasard m'en a mis sous les yeux quelques-uns qui ne sont mentionnés nulle part, et beaucoup ont déjà dû se perdre.

J'essaie de sauver ces pièces en attirant l'attention sur elles. Je ferai tout ce que je peux faire, en donnant la nomenclature de celles que je connais, et en indiquant les sources qui me les fournissent.

Je n'ai, que je sache, été devancé dans cette tentative que par deux opuscules de M. Seignette.

I.

SCEAUX.

Cet utile ami de son pays et des lettres lut, en 1775, à la séance publique de l'Académie, des *Réflexions sur un ancien sceau de la Rochelle.*

Il ne connaissait pour sceau de la ville que le navire qui forme ses armoiries, lorsqu'il avait rencontré sur des lettres de bourgeoisie, accordées en 1594 à J. Mimaud par le maire Jean Dujau, une empreinte du *scel de la commune* de deux pouces et demi de diamètre, qui lui offrait « l'effigie d'un chevalier armé » de toutes pièces, portant sur son bras gauche l'écu de la » Rochelle, tel que nous le connaissons. On voit une légende » mal formée et dont je n'ai rien pu déchiffrer. »

Ce sceau lui rappela qu'il avait lu autrefois cette phrase dans l'histoire de la maison de Montmorency, par Désormeaux : « On prétend que l'effigie du chevalier que la Rochelle conserve » dans le sceau de ses armes est celle du connétable Mathieu » II. » Il écrivit donc à Désormeaux pour lui demander quelles raisons lui avaient dicté cette assertion que rien alors ne semblait motiver. Désormeaux répondit qu'il n'avait parlé que d'après la tradition. M. Seignette recherche et expose dans cette dissertation les circonstances historiques qui peuvent venir à l'appui de cette tradition, n'offrant du reste ces *réflexions* que comme une conjecture hasardée. Il n'est pas tout-à-fait inutile de rappeler ici que la Rochelle avait alors un Montmorency pour gouverneur et que son académie mit au concours, en 1782, l'éloge du connétable Anne de Montmorency.

Quelle que soit la valeur qu'on accorde à la tradition alléguée par Désormeaux et aux conjectures dont l'appuie M. Seignette, il reste à celui-ci le mérite d'avoir signalé et décrit ce sceau lorsqu'on songeait assez peu à ce genre de recherches.

Le Trésor de numismatique (sceaux des communes, communautés, etc., pl. XIX), a publié un double sceau de la commune de la Rochelle, d'après une pièce de 1427. Le contre-sceau est le navire connu, mais le sceau lui-même, à l'effigie d'un chevalier, diffère de celui que M. Seignette avait sous les yeux.

Les éditeurs du Trésor le décrivent ainsi : « Le Maire de la Rochelle, la tête nue, revêtu d'une cotte de mailles sur laquelle il porte une tunique, monté sur un cheval marchant à droite, tient une massue en guise d'épée. » Il faut avouer qu'ici l'absence de casque et d'écu, la masse substituée à l'épée, l'allure pacifique du cheval qui va au pas semblent peu convenir à un Montmorency.

Il serait intéressant de recueillir sinon les sceaux eux-mêmes, qui sont probablement détruits, au moins des empreintes anciennes sur des pièces authentiques, tant des sceaux au cavalier, que de ceux au navire. Notre collègue M. Jourdan en a copié plusieurs : ses dessins, quelle que soit sa fidélité ordinaire, ne sauraient tenir lieu de pièces scellées et datées ; mais enfin ils peuvent fournir quelques renseignements et je fais ici appel à ses lumières. (1)

Dans le catalogue général des documents français qui se trouvent en Angleterre, publié par M. Delpit, tome 1er, no 206, on lit : « 14 juin 1367. Enregistrement du dépôt fait à l'échiquier par Guillaume de Seriz de deux sceaux d'argent attachés par une chaîne du même métal et dont on se servait dans la

(1) Cet appel a été entendu. M. E. Jourdan a lu, en 1856, à la Société littéraire un mémoire sur les sceaux de la commune et des maires, sur ceux des officiers du roi établis à la Rochelle, sur les sceaux ecclésiastiques et monastiques, sur ceux des diverses corporations d'artisans de notre ville. — Ce mémoire, où il a donné le blason de trente maires, qu'il a peut-être accru depuis, lui fournirait, ce me semble, des lettres rochelaises dont ne rougiraient pas leurs aînées. — M. Marchegay, dans la Bibliothèque de l'école des chartes de 1858, a publié quelques sceaux de la Rochelle provenant des archives de l'Empire.

ville de la Rochelle avant que cette ville eût été donnée au prince d'Aquitaine. » Il est possible que ces sceaux se trouvent encore à Londres.

La planche déjà citée du Trésor de numismatique contient un sceau de la sénéchaussée de Saintonge séant à la Rochelle, extrait d'une pièce de l'an 1273. Il représente au milieu d'une rosace ornée de pampres un écu aux armes de France ancien, c'est-à-dire semé de lis, et porte pour légende : *Sigillum senescalie Xantonensis apud Rupellam.*

Le sceau de l'assemblée de la Rochelle en 1621 a donné lieu à des discussions où l'on en a beaucoup exagéré l'importance. On savait qu'il représentait un ange appuyé sur une croix, marchant sur un squelette, c'est-à-dire, à mon sens, la religion, foulant aux pieds la mort, emblème souvent reproduit comme vignette sur le premier feuillet des livres calvinistes ; mais on discutait pour savoir s'il portait pour légende : *Pro Christo et grege,* ou *pro Christo et rege.* La société pour l'histoire du protestantisme français après de longues recherches a enfin retrouvé une empreinte authentique de ce sceau, et c'est la seconde légende qui y figure. Qu'il reste donc établi qu'en préparant la guerre civile, les Protestants obéissaient au Christ comme au roi ; je n'ai rien à y redire, quant à moi. Malgré la publication de cette Société (Bulletin de janvier 1856, p. 472), il est clair que la découverte de nouvelles empreintes de ce sceau, et surtout leur dépôt dans un lieu où tout le monde pût les voir aurait encore de l'intérêt : elle est peu à espérer, mais elle n'est pas impossible.

Il ne serait pas sans intérêt non plus, et il serait probablement beaucoup plus facile, de réunir les sceaux de l'archidiaconé d'Aunis, du chapitre de la cathédrale, des différents évêques de la Rochelle. Je n'en connais nulle empreinte ni à la Bibliothèque, ni dans aucun autre dépôt public, quoique peut-être plusieurs d'entre eux servent de vignettes au livre intitulé : *Bulles, lettres patentes et arrêts pour l'établissement du chapitre de l'église cathédrale de la Rochelle , etc., depuis 1631 jusqu'en 1721. —* Rochelle, 1721 , in-4º.

Nous avons au contraire le sceau de l'Académie de la Rochelle, ainsi que la planche gravée qui fournissait l'étiquette qu'elle plaçait sur ses livres. L'un et l'autre représentent un bras frappant la terre d'une lance et en faisant sortir l'olivier, avec cette devise : *Victrice Minerva ,* et la légende : *Regia litterarum academia Rupellensis instituta 1732.*

Il est superflu , sans doute , de parler des sceaux des sociétés et des institutions encore vivantes , généralement dépourvus , du reste, comme il convient à notre époque, de tout cachet l'individualité.

II.

MONNAIES.

L'histoire de la monnaie de la Rochelle est toute à faire. Arcère (11,545) ne remonte pas plus haut que 1360. M. Barthélémy (numism. mod., p. 65) lui assigne pour date 1326. Il est pourtant certain qu'elle était en activité avant 1215, puisque, le 8 décembre de cette année, le roi Jean-sans-Terre adresse aux Rochelais des lettres patentes (Dufus-Hardy, p. 160) pour leur recommander de ne faire fabriquer dans leur ville sa monnaie poitevine que par son monétaire Emery , qu'il a seul autorisé. Quatre marcs différents étaient usités en France , les marcs de Troie , de Limoges, de Tours, de la Rochelle. Celui-ci qui pesait treize sous quatre deniers esterling (Ducange , mot *Marca*) s'appelait aussi marc d'Angleterre. Il y avait aussi des sous rochelais. De ces faits, de cette synonymie , ne semble-t-il pas résulter que l'atelier de la Rochelle tint un des premiers rangs parmi ceux que les rois d'Angleterre eurent sur le continent.

Depuis, quelque suzeraineté que reconnût la Rochelle, la fabrication des monnaies n'y fut jamais interrompue. Les Rochelais furent de ceux qu'irrita le plus l'altération des monnaies si effrontément pratiquée par Philippe-le-Bel ; de ceux qu'il convoquait l'année même où il mourut (1314) pour les faire délibérer sur cette grave matière et sur la fixité à établir dans les poids et mesures. L'activité de leur atelier de monnayage fut une des séductions qu'essayèrent sur eux les monarques anglais pendant leur courte domination du XIVe siècle. Nous savons (Delpit, p. 169) qu'outre la monnaie noire et la monnaie d'argent, on y frappait de la monnaie d'or.

C'est à cette époque que remontent, je crois, les plus anciennes pièces émanant de la Rochelle qu'on ait conservées. Elles ont pour différent monétaire un R, et, au moins depuis la fin du règne de Charles VI jusqu'à 1539, un point sous la neuvième lettre de la légende.

On peut faire à cet égard une remarque singulière. C'est en 1838 seulement qu'a été publiée dans la Revue numismatique la liste des points secrets. Or, il semble que quatre-vingts ans auparavant on fût déjà sur la voie de ce document. Une note d'Arcère (11,547) signale en effet, d'après un manuscrit du temps de Louis XI, conservé à la Bibliothèque Saint-Germain-des-Prés, qu'aux monnaies de la Rochelle il y a un point sous l'*e* de *Dei* et sous l'*X* de *Xrs regnat*. En pressant cette observation et en cherchant à l'éclaircir, on serait arrivé à la découverte complète. Mais là, comme en d'autres matières plus importantes, on n'a pas su tendre la main pour saisir la vérité dont on était voisin.

Le Bulletin de la société des antiquaires de l'ouest (1848, p. 294) signale des Hardis du prince noir frappés à la Rochelle. Les deux catalogues des monnaies féodales et nationales de la collection Jean Rousseau énumèrent un bon nombre de pièces soit au type des princes anglais, soit au type des rois de France, sorties de la même ville. Nulle n'a plus d'intérêt qu'un grand Blanc qu'on a quelque temps cru unique et qui est du moins fort rare. Je l'ai vu il y a quelques années dans le cabinet de notre compatriote M. Ledoux. Cette pièce qui porte le nom d'Edouard et le titre de : *Monnaie de la Rochelle*, n'en reproduit pas moins exactement le type des monnaies d'argent du comte de Flandre, Louis de Male. A l'avers, en effet, la légende circulaire *Moneta Rupellæ*, entoure un lion et est elle-même entourée d'un cercle formé de trèfles. Le revers porte une croix fleuronnée qu'entourent ces mots : *Edovardus rex*, entourés eux-mêmes par une seconde devise, seule partie peu lisible de cette belle monnaie, mais qui semble bien être : *Sit nomen domini benedictum*. Le traité de Brétigny est de 1361 ; c'est en 1362 que le Prince noir prit possession de l'Aquitaine et en 1372 que la Rochelle se remit aux mains de Duguesclin. C'est sans doute dans cet intervalle qu'a été frappée cette pièce dont le caractère s'explique assez par les relations commerciales de la Rochelle avec la Flandre. Elle a été récemment publiée par M. Fillon, page 79 de ses études numismatiques, avec un demigros d'Edouard III, également du cabinet de M. Ledoux, et qui paraît aussi attribuable à la Rochelle.

En 1372, la Rochelle obtint de Charles V de frapper monnaie comme auparavant et d'avoir coings pour forger florins et monnaie blanche et noire de telle forme et alloy qu'ont ceux de Paris. (Froissart, 1er vol. ch. 310). M. Avril de la Vergnée a publié (Bull. ant. Ouest. 1848, p. 358) une pièce frappée à la Rochelle pendant le court règne en Aquitaine de Charles, frère de Louis XI, sur laquelle le léopard prend la place d'une des fleurs de lys. A partir de 1472, la monnaie de la Rochelle n'a plus rien qui la sépare des autres monnaies de France. Par l'édit de 1539 elle reçut la lettre H pour signe monétaire : on y frappa jusqu'en 1794 ; fermés alors, les ateliers furent rouverts en 1803, pour se fermer définitivement en 1836.

On voit dans Arcère que l'hôtel des monnaies fut successivement situé auprès de la cour des Grolles, sur la place du Château et auprès de la tour de la Lanterne, dans la rue qui a gardé le nom de rue de la Monnaie.

J'aurais voulu savoir si la monnaie à l'effigie de Louis XIII y avait été frappée en 1628 ; sur une vingtaine de doubles tournois au nom de ce monarque, marqués de la lettre H , je n'en ai pas trouvé un seul qui portât cette date.

Peut-être ces notes suffisent-elles pour montrer que l'histoire de la monnaie de la Rochelle offrirait quelque intérêt ; mais, si je n'ai pas plus ignoré encore que je ne le crois , elles justifient du reste ce que je disais : cette histoire est toute à faire.

III.

MÉDAILLES ET JETONS.

Je ne séparerai pas ici les médailles des jetons. La distinction qu'on met entre eux, d'ailleurs assez peu déterminée, disparaît entièrement quand on ne les considère que comme des documents historiques.

Mais il y a une distinction plus essentielle à faire , entre les médailles contemporaines des événements et celles qui ont été frappées longtemps après. On a fait , je crois , à deux ou trois reprises , des sortes d'histoires de France par les médailles ou les jetons. Ces pièces peuvent avoir leur intérêt , mais il serait dangereux d'y chercher des renseignements.

C'est certainement à cette espèce qu'appartient , si elle existe, la médaille citée par M. Rainguet (biographie saintongeaise , p. 397) d'après le père Théodore (histoire de Rochefort, p. 19), frappée à l'occasion de la reddition de la Rochelle à Louis VIII, en 1224. « On y voit la Rochelle sous la figure d'une femme qui » présente des clés à Louis VIII, ayant le sceptre en main et » la couronne sur la tête. On lit dans la légende : *Rupella* » *obsidione cincta et deditione recepta.* Et au bas : *Clementia* » *victoris.* » Une médaille qui correspond tout à fait à cette des-·cription a été gravée dans les Annales de la monarchie française de Limiers. J'ignore si cet ouvrage, dont je n'ai jamais eu en main que des feuillets détachés, a gravé des médailles réelles ou seulement offert dans ses planches des projets de médailles ; mais, quand on ne saurait pas qu'il n'y a pas de médailles du XIII⁰ siècle, on verrait au premier coup-d'œil que celle-ci n'en est pas.

Le même livre donne, sous le n° 17, le dessin d'une médaille du même genre, relative à la victoire navale de Charles V sur les Anglais devant la Rochelle en 1372 ; elle représente une flotte, avec cette légende : *Anglis prælio navali superatis*, et porte pour exergue la date MCCCLXXII.

C'est au contraire une médaille authentique, et la première qui se rapporte à notre histoire, que celle que Jeanne d'Albret fit frapper en 1569, dont les devises peignent si bien son caractère énergique et dont Olhagaray parle ainsi : « Elle ne » vit pas le fruit de douze médailles qu'elle avait fait faire à la » Rochelle, avec cette inscription : *Paix asseurée, victoire » entière, mort honnête.* » La fabrication de cette pièce est une preuve, et il y en a d'autres, de l'habileté des orfèvres de la Rochelle à cette époque. Lapopelinière dit que ces *douze plaques* étaient en or, *retirant à une Portugaise.* Peut-être en fut-il frappé d'autres en argent. C'est d'après un exemplaire en argent, qui existe au cabinet des médailles de la bibliothèque impériale, que le Trésor de numismatique l'a reproduite. (méd. fr. pl. 25.) Il la décrit ainsi :

« La légende forme deux lignes circulaires.

» 1ʳᵉ ligne (l'extérieure) Seule. et. avec. les. autres. pour » D (Dieu) le R (roi) les L (lois) et la P (patrie).

» 2ᵐᵉ ligne : Jehanne p. la G. D., Royne de Navar. »

» Un écusson aux armes de Jeanne d'Albret, surmonté de la couronne royale. Cet écusson entouré d'une couronne de laurier, au milieu de laquelle on distingue un sceptre, est mi-partie aux armes d'Antoine de Bourbon et de Jeanne d'Albret

« R. Trois couronnes enlacées l'une dans l'autre. Dans l'intérieur de celle qui est placée en haut : Ou victoire entière. Dans
celle à gauche : Ou paix asseurée. Dans celle à droite : Ou
mort honneste. »

C'est apparemment à l'époque du siége, à 1573, qu'il faut
rapporter, comme une sorte de bravade, la médaille satirique
dont parle Baudelot (Réponse à M. G. où l'on examine
plusieurs questions d'antiquité, et entre autres la dissertation
publiée depuis peu sur le Gallien d'or du cabinet du roi. 1698.
In-12) : « Ce furent ceux de la Rochelle, si je ne me trompe,
» qui frappèrent une monnoye où le prince était gravé avec une
» roupie au nez ; cette médaille où tous les personnages qui y
» sont, ont des oreilles d'âne. » (Page 48).

Le recueil d'estampes formé par Fontette et dont le catalogue
termine la bibliothèque historique de la France , mentionne un
médaillon frappé pour le duc d'Aumale, tué au siége de la
Rochelle en 1573 : j'ignore si ce médaillon existe réellement en
métal.

J'ai cité ailleurs l'inscription gravée sur une plaque de cuivre
rappelant les principales circonstances de ce siége. Ce monument
épigraphique , qui, du reste , ne saurait être assimilé à une
médaille, n'existe probablement plus.

Il faut aller ensuite jusqu'au siége de 1628 pour retrouver des
médailles relatives à la Rochelle.

Luckius, dans le recueil dont j'ai déjà parlé en donne treize
sur le siége, trois sur la prise de la ville. Sous les réserves que
j'ai faites , j'en donnerai la description. Toutes supposent pour
face l'effigie de Louis XIII, et elles donnent les revers suivants :

N° 85. Un guerrier à cheval , l'épée haute, franchissant un
fossé. Légende : *Generosior. Hostibus. Obstat.* 1626. — Sur la
défaite du duc de Soubise

N° 86. Un guerrier sur un cheval ailé. *Improvisus adest.* — Pour la reprise des îles de Ré et d'Oleron sur le duc de Soubise.

N° 87. Colonne rostrale à six proues, surmontée d'une statue, la lance en main. *Fusa classe rebellium.* 1626.

N° 88. Louis XIII entre deux suppliants. *Libertas redditur armis.* 1626.

N° 89. Neptune nu sur ses chevaux marins, la couronne sur la tête, le trident à la main. *Motos præstat componere fluctus.* 1627.

N° 90. Un dauphin, une couronne sur la tête, jouant sur les eaux. *Pacatis ludit in undis.* 1627.

N° 91. Une tour avec un feu au-dessus. *Terram perlustrat et undas.* 1627.

N° 92. Une colonne à quatre proues, une statue la surmontant, un trophée d'armes au pied, une flotte derrière. *Victis, fusis, fugatis terra marique Anglis.* 1627.

N° 93. Un aigle tenant dans ses serres quatre épis de blé et une fleur. Au bas, s. c, traversé par deux palmes. Légende : *Posito jam fulmine vincam.* Pas de date.

N° 94. Sur une planche, un limaçon sortant de sa coquille, percé d'une flèche. *Esto domi.* 1628.

C'est une raillerie contre Bunckingham.

N° 95. Vue de l'entrée du port de la Rochelle. La digue et des bateaux. *Contracta pisces æquora sentiunt.* 1628.

N° 96. Un lion enfermé dans un parc. Au loin des navires *Laqueis jam stricta parebit.* 1628.

N° 97. Pégase en liberté. *Quo gloria sceptri.* 1828.

Il y a très-probablement des dessins analogues de médailles vraies ou supposées sur le siége de la Rochelle dans la France métallique de De Bie, in-folio, 1636, et le catalogue de Pevron de Fontette en indique plusieurs sous les années 1627 , 1828 , 1629.

Je n'ai vu nulle part indiqués les quatre jetons suivants, dont le premier se rapporte certainement , dont les trois autres me semblent pouvoir se rapporter au même événement. Le premier appartient à M. Jourdan ; les trois suivants sont au médaillier de la bibliothèque de la Rochelle.

1º Bronze. Armes de France. *Ludov. XIII D. G. Francorum rex.* — R. Vue de l'entrée du port de la Rochelle, très-reconnaissable par la chaîne qui joint les deux tours , la tour de la Lanterne, sur laquelle souffle un Borée. Légende : *Lucerna impiorum extinguetur.* Pas de date.

2º Cuivre. Armes de France. *Ludovicus XIII D. G. Francorum et Nav. rex.* — R. Une couronne dont deux chiens poursuivent l'ombre dans l'eau. Légende : *Avidi falluntur in umbra.* 1627.

3º Bronze. Un soleil et un oiseau , que je crois être un phénix. Légende : *Alit et illuminat.* 1628. — R. Un cerf fouillant la terre. Légende : *Invitos extrahit angues.*

4º Cuivre. Tête de Louis XIII : *Hoc vinci victore juvat.* — R. Un lion s'élançant sur un renard prêt à saisir une poule. Légende : *Formido rapacis.* Sans date.

L'attribution du premier de ces jetons est incontestable. Je n'ai d'autre raison pour maintenir celle des autres que leur date et la facilité d'appliquer leur devise au siége de la Rochelle , à peu près le seul événement qui occupât alors la France. Le dernier n'a pas de date , il est vrai ; mais la devise qui entoure la tête de Louis XIII semble désigner le siége de la Rochelle et le revers pourrait bien être une allusion aux desseins e l'Angleterre.

Il y a également , non plus comme menace à la Rochelle , mais comme triomphe sur sa prise , des médailles douteuses et des médailles certaines.

Fontette, dans le recueil cité, en désigne une ainsi : *Victoria Rupellana*, petit médaillon avec revers. *Mich. Lochom.*

Limiers en donne trois :

1° La digue avec un navire. Légende : *Saxis in procurrentibus hæsit.* Exergue : *Rup. domita.* 1629.

2° L'entrée du port de la Rochelle et la digue : *Claudo. sed ut reseram.* Exergue : 1629.

3° Un guerrier à cheval, l'épée haute, que des suppliants à genoux accueillent à la porte d'une ville. Légende : *Prodest Victoria victis.* Exergue : 1629.

Les deux dernières des médailles ainsi décrites se retrouvent sur des jetons d'un module plus petit que ces dessins, l'un en argent, qui est à notre Bibliothèque ; l'autre en cuivre, qui fait partie du cabinet de M. Guillemot.

Faut-il de cette rencontre conclure que tous les dessins de Limiers correspondent à des médailles métalliques ? Je ne l'oserais dire.

Le Trésor de numismatique (médailles françaises, 1re partie, pl. 28, n° 2, 5 et 6) reproduit trois médailles relatives, l'une à la prise de l'ile de Ré, les deux autres à celle de la Rochelle.

1° Buste à droite de Louis XIII, couronné de laurier. *Ludovic. XIII, rex christianiss. pius felix, aug.* 1627. — R. Une colonne rostrale, au milieu de navires, surmontée d'une statue. Légende : *Victis, fusis, fugatis terra marique Anglis.* 1632. On peut remarquer cette singularité de deux dates sur la même médaille. C'est un indice entre mille de la méfiance avec laquelle il faut accueillir ces monuments, aussi souvent sources d'erreurs que témoignages de vérité.

2° Même buste, à gauche ; même légende, sur un plus grand module. Sans date. — R. Hercule foulant au pied l'hydre. Légende : *Herculi Galliæ pacatori.* Exergue : *Rupella capta.* 1628.

3° Buste à droite, de Louis XIII, couronné de laurier, revêtu d'une armure. Légende : *Lud. XIII Fr. et Nav. regi Ruppell. anarch. domitori.* — R. Vue de Châlons-sur-Saône. Suite de la légende : *Cabillunum ad ararim.* Exergue 1629.

Il y a probablement bien d'autres médailles sur cet événement tant célébré en vers et en prose, par le burin, sans doute, comme par le crayon ; mais je n'en ai pas vu d'autres, en métal ni en dessin, si ce n'est celle proposée par Bertius et qui sert de frontispice à son livre *De aggeribus et pontibus ad mare extructis.* Un article du *Magasin pittoresque* de janvier 1851 a rendu fort connue cette médaille qui porte pour revers un plan de la Rochelle et des lignes de circonvallation, avec l'exergue *Rupella capta, 28 octob.*, et pour légende ce verset d'Ezéchiel, où la réunion des lettres numériques, prises avec leur valeur en chiffres romains, donne la date 1628 : *Omnes qui te vident e gentibus obstupescent super te.* Le revers représente Louis XIII recevant du grand prêtre Achimelech le glaive de David, avec ces mots en exergue : *Non est alter huic similis.* 1 Reg. 21.

Les détails par lesquels Bertius retrouve là une prédiction précise de la prise de la Rochelle sont curieux, mais trop longs pour que je ne doive pas renvoyer à son livre ou aux articles que j'ai publiés sur ce sujet. Je ferai seulement remarquer que cette planche est signée de Mic. Lochom, l'auteur de la médaille indiquée par Fevret de Fontette, sous le nom *Victoria Rupellana.*

Les pièces que j'ai énumérées jusqu'ici se rapportent toutes à de grands événements : elles témoignent de l'impression qu'ils ont produite, mais sans rien apprendre à leur égard. Celles dont je vais parler sont au contraire les seuls témoins de faits très-peu connus et se couvrent d'un voile.

Arcère en donnant la liste des Intendants de l'Aunis rapportait à propos de M. Gaspard Coignet de la Tuilerie, intendant de 1628 à 1632, un article du *Mercure galant*, de décembre 1696, où est décrit un jeton que les Rochelais firent frapper à sa gloire. Sur un des revers, dit le *Mercure*, on voit ses armes avec une légende contenant son nom et ses qualités : sur l'autre est la ville de la Rochelle dans un enfoncement, sans murailles, ayant au-devant d'elle une justice qui les couvre, tenant sa balance dans une main et son épée dans l'autre, et pour légende ces mots latins : *Hæc mihi murus erit,* et dans l'exergue 1629. — Je ne pense pas que ces détails laissent le moindre doute sur l'existence de ce jeton ; mais il ne m'est jamais tombé sous les yeux et je ne l'ai jamais vu mentionné ailleurs.

On n'en connaissait pas d'autre, je crois, lorsque M. Seignette, dans une dissertation lue à l'Académie le 6 mai 1767, en signala deux qu'il décrit ainsi : « Jeton de cuivre d'un peu plus d'un pouce de diamètre. Sur une des faces est un vaisseau désemparé prêt à entrer dans le port de la Rochelle qui paraît dans l'enfoncement ; pour légende : *Capiet rursus hoc auspice portum,* et dans l'exergue, 1632. Au revers on voit les armes de M. de Villemontée, avec cette légende : Messire François de Villemontée, chevalier, seigneur de Montaiguillon et de Villenauxe, conseiller d'État, maître des requêtes et intendant de justice, police, finance et marine à la Rochelle, provinces et isles d'entre Loire et Garonne. — Ce jeton est le monument des vœux et des espérances de la ville de la Rochelle, dès qu'elle se crut permis d'en former après les malheurs de 1628.

» Le second jeton est de même grandeur et n'est pas aussi bien conservé. On voit sur l'une des faces une femme debout ayant une épée dans la main droite ; le bras gauche est effacé, un peuple nombreux est à genoux devant elle, et paraît recevoir avec reconnaissance des instruments d'agriculture qui sont aux pieds de la figure. Derrière elle une figure très-petite paraît à quelques-uns dans l'attitude d'un homme qui fuit : mais il faudrait un jeton moins fruste pour s'en assurer. La légende est : *non ensis sed mentis opus,* et l'exergue 1637. Au revers sont les armes de M. de Villemontée et la légende est, quant à l'essentiel, la même que la précédente. »

Remarquons-le , en passant , le premier de ces jetons rectifie une date erronée. Arcère et M. Gautier ne font venir M. de la Villemontée à l'intendance du Poitou et de l'Aunis qu'en 1634 ; le premier de ces jetons est de 1632.

Ces deux jetons sont aujourd'hui au médaillier de la Bibliothèque. A côté d'eux il y en a un autre, également aux armes de M. de la Villemontée. Il a pour revers cette légende : *Nunc victa quiesco*, et porte pour date, 1633.

Il est impossible de ne pas remarquer qu'une même pensée semble avoir dicté ces quatre légendes : *La justice sera ma muraille* (1629). *Sous ces auspices mon navire trouvera un nouveau port* (1632). *Vaincue, je retrouve le repos*(1863). *C'est de la pensée, non de l'épée qu'il faut attendre ces biens* (1637). Dans les quatre on retrouve les avantages de la paix, la félicitation de la défaite à cause des biens qui l'ont suivie. Qu'elles émanent tant qu'on voudra des Rochelais , il est difficile de ne pas croire qu'elles fussent inspirées, tout au moins, par l'autorité , et de n'y pas voir une sorte d'appel à l'opinion , qui ne laisserait pas d'être curieux sous le despotisme de Richelieu.

J'ai voulu n'appuyer ces réflexions que sur ces quatre jetons qui sont incontestablement rochelais. Mais il me paraît difficile, à cause de la similitude de pensée , de ne pas placer à côté d'eux, même sans indication précise , les deux jetons suivants :

Notre collègue , M. Jourdan , vous a montré un jeton en bronze portant l'effigie de Richelieu, avec la légende : *Armand. Jo. car. dux de Richelieu* ; au revers un navire voguant ; pour légende : *Hoc duce tuta* , et pour date : 1630. Quoique le navire soit les armes de la Rochelle , c'est un emblème si souvent employé pour l'état lui-même, qu'on peut contester que ce jeton se rapporte à notre ville. Toutefois, si on le rapproche des précédents, si l'on songe que c'est en 1630 que le cardinal reçut ou prit le titre de gouverneur de la Rochelle et du pays d'Aunis, la tentation deviendra forte.

Ce même jeton est gravé dans le Trésor de numismatique (œuvre de Varin, pl. XIII, n° 1) qui le donne comme œuvre du célèbre Varin, mais il y porte la date de 1634. Depuis, M. Em. Racaud a donné à notre Bibliothèque un jeton tout à fait semblable, avec la date de 1635.

Enfin la Bibliothèque possède un jeton en cuivre, où le même revers, sans date, est opposé à un avers que j'ai déjà cité pour un autre jeton, la tête laurée de Louis XIII, avec cette devise : *Hoc vinci victore juvat.* Si c'est une erreur de rapporter cette pièce à la Rochelle, il faut avouer que l'erreur est séduisante. La flatterie, ou peut-être un calcul de l'intrigue attribuait souvent au puissant Richelieu une gloire que le cardinal, aussi habile courtisan qu'habile ministre, s'empressait de rapporter à son maître. N'en serait-ce pas ici une nouvelle preuve ?

M. de Chamilly, qui commandait à la Rochelle dès 1701 et qui y reçut en 1703 le bâton de maréchal, mit la ville en défense contre une descente présumée des Anglais. — On voit par les registres du Corps de ville (n° 7. p. 53) que le 11 décembre 1719, ce corps décréta qu'il lui offrirait 200 jetons, à ses armes et à celles de la ville, avec une devise sur laquelle on le consulterait; et au 9 mars 1725 (Reg. n° 8, p. 8) que 51 de ces jetons qui n'avaient, au poids, que peu de valeur, furent distribués entre les officiers du Corps de ville. C'est sans contredit cette médaille que M. Seignette indique ainsi à la fin de la dissertation que j'ai déjà citée : M. de Villars, avocat du roi, a un jeton d'argent de 14 lignes de diamètre. Sur une face est un écu de gueules à la fasce d'argent ; pour légende : *Fr. comes de Chamilly, in Aquit.* 2ᵃ *proconsul.* Au revers un petit vaissseau dans un cartouche, sans chef ; au-dessous : *Rupe...... bo*

Et.......... nsuli

Bene....... tissimo
Sponte obtulit
1720.

Je n'ai jamais vu ce jeton.

Je ne connais d'autre médaille rochelaise qui ait quelque rapport avec l'histoire générale que celle gravée par Sanier et frappée en 1824, pour le passage de la duchesse d'Angoulême. On sait que ce médaillon d'un grand module représente d'un côté la duchesse passant sur le pont Maubec, avec l'exergue 16 septembre 1823, et, de l'autre, l'entrée du port de la Rochelle.

Mais il me reste à énumérer quelques médailles plus spécialement locales, relatives les unes à quelques édifices de la ville, les autres à quelques institutions ou quelques compagnies.

La Bibliothèque possède une petite plaque carrée en argent, trouvée le 2 messidor an XI, qui porte d'un côté les armoiries de l'évêque Henri de Laval, et de l'autre cette inscription : *Hunc lapidem posuit ill. et rev. Henricus de Laval, II ep. Rupell. 8 aprilis 1677 in œde sanctimonalium hospitaliarum sub titulo S. Caroli Borromœi.* On sait que les religieuses hospitalières demeuraient dans la rue Rambaud. Cette plaque est un petit monument épigraphique plus qu'une médaille.

On trouve au même établissement un énorme médaillon de 9 pouces de diamètre et d'un pouce d'épaisseur, qui s'ouvre, mais dont l'intérieur est vide, portant pour obvers les armes, le nom et les titres de M. Charles Colbert du Terron, intendant d'Aunis, et pour revers une vue de Saint-Barthélémy, avec ces mots au-dessus : *D. O. M. Templum divi Bartholomœi,* et en exergue : *Qui hanc dissipabit sepem, mordebit eum coluber,* jeu de mots sur le nom de Colbert et la couleuvre qu'il porte dans ses armes. On lit sur la tranche : *Anno reparatœ salutis millesimo sexcentesimo octavo, mense augusto ;* inscription où il y a évidemment un mot omis. L'église Saint-Barthélémy fut consacrée en 1678. M. Colbert de Terron avait été remplacé, en Aunis, en 1674, par M. Demuin. Il y a donc là une petite difficulté à éclaircir. Probablement ce médaillon provient des fondations de l'église et y avait été déposé dix ou vingt ans avant la consécration. L'omission de ce mot est fâcheuse ; mais les médailles donnent trop souvent des regrets analogues.

Cette même église en offre une autre preuve.

On trouve dans le Trésor de numismatique (médailles f^ses, 3e p., pl. XLVI, n° 5), la gravure d'une médaille représentant la façade de ce temple rebâti et consacré à Saint-Louis. Or, il serait difficile de la reconnaître. Cette face porte pour légende : *Religioni ac urbi*, et en exergue : *Templum Rupell. sub invoc. S. Ludov. inchoatum an. d.* MDCCXLII. Le revers porte pour légende circulaire : *Nisi Dom. ædific. domum in vanum laboraverunt qui ædific. eam*, et dans le champ : *Lud. XV reg. et largiente A. H. de Fleury reg. adminis. optimi principis munificentiam promovente, Augustino Rocho de Menou sedente. J. B. de Matignon urb. et pro. moderante, Car. Am. Hon. de Barentin rei ærar. polit. et jud. præfecto nec non ord. impetr. procurante.*

J'ai entendu dire que M. le curé de la cathédrale et M. Guillemot possèdent cette médaille. M. Ledoux en possède un exemplaire gravé en creux, comme pour servir à l'impression en taille douce.

Le 10 juillet 1713, le Corps de ville (v. ses registres n° 6, p. 104) vota en faveur du sieur Dumoutier, officier des canonniers, pour les soins donnés à un feu d'artifice, 120 jetons d'argent aux armes de la ville, ayant au revers telle devise qu'il lui plairait.

Les deux suivants se trouvent à la Bibliothèque :

1° Un jeton en argent : face : une muse et des attributs musicaux. Légende : École du monde. R. L'aspect d'une scène

de comédie , et en exergue : Académie de drame et de musique
de la Rochelle. 1766. — Il y avait en 1766 une société d'action-
naires du théâtre , qui donnait aussi des concerts.

2º En bronze : Vue du port de la Rochelle avec la Jetée.
Légende : *Ditat et Ornat.* Ex. Chambre de commerce de la
Rochelle , 1771. — R. Dans le champ : *auspiciis Gab. Senac
portus restitutus.* J'ai vu chez feu M. Rasteau cette même
médaille en or , portant pour revers au lieu de l'inscription ci-
dessus, l'effigie de Louis XV , ce qui lui ôte beaucoup de son
intérêt historique.

Le médaillier de M. Ledoux contient une médaille qui a pour
obvers la vue d'un pont , avec l'exergue : 10 mètres , et pour
revers ces mots dans le champ : Pont de la Porte-Neuve à la
Rochelle , démoli en 1816. Ces deux faces ont été réunies arti-
ficiellement par leur possesseur. Habituellement, derrière le
pont on trouve l'effigie de Louis XVIII ; mais je n'ai vu qu'en
plomb cette médaille ainsi formée.

Des corps particuliers dont l'existence a été signalée par des
jetons de présence , dont quelques-uns au moins sont d'assez
belles médailles , le plus important par sa numismatique , c'est
sans contredit la chambre de commerce. Elle compte, en y
comprenant la médaille relative à la construction de la Jetée ,
sous M. Senac de Meilhan , au moins quatorze variétés.

1º Tête de Louis XV enfant. — R. Un vaisseau à pleines
voiles. Légende : *Favente ditabo.* Exergue : Chambre de commerce de la Rochelle. Sans date.

2º Tête de Louis XV homme fait, même revers.

3º Tête de Louis XV. — Revers semblable, mais avec un
navire un peu différent.

4º Tête de Louis XV. — R. L'entrée du port, avec un navire
au-dessus. Légende : *Favente ditabo.* Exergue . Chambre de
la Rochelle. 1727.

5º Tête de Louis XV. — R. Entrée du port, des navires devant. Légende : *Ditat et ornat.* Exergue : Chambre de commerce de la Rochelle, l'an 1754.

6º Tête de Louis XV. R. Un navire voguant. Légende : *Ditat et ornat.* Exergue : Chambre de commerce de la Rochelle. 1754.

7º La médaille décrite ci-dessus, avec mention de M. Senac de Meilhan.

8º La même : avec la tête de Louis XV.

9º Tête de Louis XVI. — Revers du nº 6, avec la date 1774.

10º Tête de Louis XVIII. 1823. — R. La Rochelle vue du Bassin à flot. Légende : *Ditat et ornat.* Chambre de commerce du département de la Charente-Inférieure.

11º Tête de Charles X. 1825. — Même revers.

12º Tête de Louis-Philippe I. — Sans date. Même revers.

13º Dans une couronne de chêne · Jeton de présence. — Même revers.

14º Tête de Napoléon III. — Même revers.

Je crois que les médailles sous les nᵒˢ 4, 5 et 8 n'ont été frappées qu'en or, et qu'elles n'étaient remises qu'aux présidents de la chambre. Les coins des revers antérieurs au XIXᵉ siècle sont encore dans les archives de la chambre de commerce.

On y trouve aussi le coin du revers d'un jeton dont un exemplaire en argent existe à la Bibliothèque. Il représente toujours le navire, avec la légende : *Arte et labore ;* et l'exergue : Hôtel-de-Ville de la Rochelle. La face est un buste de Louis XV, homme mûr. Le registre du corps de ville nº 19, page 21, sous les dates du 16 et 17 novembre 1733, mentionne l'établissement de jetons pour le Corps de ville et d'une médaille d'or pour le maire, et le prélèvement de 3,000 francs sur les deniers d'octroi pour être consacrés à cette fin ; 300 de ces jetons sont donnés à M. de Matignon en présent, le 16 août 1734.

Le tribunal de commerce a-t-il eu ses jetons de présence ? On n'en peut guère douter à la vue d'un jeton d'argent portant l'effigie de Louis XVI, roi très-chrétien, et au revers une Thémis ailée, avec cette légende : *Insuper alas addidimus*, et cette exergue : Juge et consuls de la Rochelle. 1776. On sait qu'un médaillon semblable est peint dans la grande salle de la Bourse. Du reste, la Bibliothèque, qui possède un de ces jetons, a reçu de M. Fournier, un jeton d'un dessin tout autre, mais frappé aussi pour les prieurs et juges-consuls de la ville de Rouen, en 1712.

Tout le monde connaît les jetons très-modernes du conseil municipal, portant d'un côté : Conseil municipal de la ville de la Rochelle; et de l'autre, une vue de l'Hôtel-de-Ville, avec l'exergue : Caqué f. 1836.

L'Académie de la Rochelle n'eut pas de jetons; mais quelques médailles s'y rapportent. J'ai déjà mentionné son sceau et la plaque avec sa devise gravée pour ses livres. La Bibliothèque possède un exemplaire du médaillon qui porte le buste d'Henri IV, avec cette légende : Henri IV, roi de France et de Navarre, le bien bon ami des Rochellois, et au revers : Prix adjugé par l'Académie de la Rochelle à l'éloge d'Henri IV, en 1768. On sait que ce prix fut remporté par Gaillard et que les fonds en avaient été faits par Dupaty, depuis président à Bordeaux, qui fit présent à l'Académie de cet exemplaire en argent.

L'Académie avait reçu au contraire en 1835 une médaille d'honneur décernée par la Société de statistique, avec son nom d'Académie des sciences et arts de la Rochelle et la date 1835 gravés en creux, tandis que la médaille porte en relief, le nom et les attributs de la Société de statistique.

La chambre des notaires de l'arrondissement de la Rochelle a aussi ses jetons. La Bibliothèque en doit à M. Fournier trois modèles différents. Tous portent au revers, dans le champ : Chambre des notaires; et en légende : Arrondissement de la Rochelle, Charente-Inférieure. Mais des obvers le premier offre la tête du roi Louis-Philippe Ier; l'autre la tête emblématique de la République ; le troisième un emblème plus spécial, les tables et la balance de la loi, avec cette devise, noble engagement du corps des notaires : *Probitas suprema lex nostra*. L'exergue 1835 est la date non pas des jetons, mais de leur fondation.

L'exposition des arts et de l'industrie qui a eu lieu à la Rochelle au mois de septembre 1856 et qui a coïncidé avec la tenue dans cette ville de la 23e session du congrès scientifique de France, a donné lieu à une médaille frappée en vermeil, en argent et en bronze, et qui relate ces circonstances et cette date, avec deux couronnes de chêne pour seul emblème.

Il y a à la Bibliothèque deux jetons, l'un avec la tête de Louis XV, l'autre avec celle de Louis XVI, ayant pour revers un balancier avec la légende : *Et lege et pondere*, et à l'exergue, Monnoye. et la date, pour l'un 1723, pour l'autre 1780. Rien ne rend ces jetons spéciaux à la Rochelle ; ils sont cependant donnés comme ayant été des jetons de présence pour les administrateurs de la monnaie de cette ville.

M. Morin a donné à la Bibliothèque un jeton en plomb portant à l'avers trois fleurs de lys couronnées ; pour légende : Monois de la Rochelle. — R. Trois étoiles surmontées de deux couronnes. Légende : Voiage pour la monois. La grossièreté du métal et de l'orthographe me portent à ne voir là que des méreaux donnés aux portefaix qui faisaient des voyages pour la monnaie. Les étoiles sont peut-être les armoiries du Directeur.

Je sais encore moins à quel corps attribuer un jeton assez commun à la Rochelle, mais qu'aucun signe spécial n'y rattache, quoiqu'il ait été donné à la Bibliothèque comme se rapportant à la ville. Il porte la tête de Louis XVI, roi très-chrétien, et pour revers un navire que des ouvriers sont occupés à décharger, et à l'exergue : *Vigent fide*.

La Bibliothèque tient également d'une famille rochelaise deux jetons qui semblent complètement étrangers à la ville. L'un porte

la tête de Louis XIV ; au revers : Une ruche d'abeilles. Légende :
Par donis armisque. A l'exergue : *Ærarium regium*, 1694. —
L'autre : l'effigie de Louis XV ; au revers : La vue d'un palais.
Légende : *Nunc quoque regia solis.* Exergue : Bâtiments du roy
1723.

Je n'ai pas voulu passer ces jetons sous silence , par cette
pensée : les jetons de la Banque ne portent rien de spécial au
comptoir de la Rochelle ; si cependant , plus tard, de leur présence dans quelques familles de la Rochelle , on concluait que la
Banque a eu une succursale dans cette ville, on conclurait juste.

En terminant cette aride nomenclature , qui vous a fatigués ,
mais non pas plus que moi, j'ai besoin de répéter ce que je
disais en commençant. J'ai voulu attirer votre attention sur des
documents qui tendent à disparaître. La démonétisation des
sous a détruit beaucoup de jetons qui circulaient comme tels.

La collection très-imparfaite de la Bibliothèque s'est presque
toute formée de dons de M. de Chabaud, de Lavau, Callot, Méneau,
Rasteau , Fournier , Racaud. Ils peuvent trouver des imitateurs
qui l'augmentent.

Des collectionneurs moins généreux, mais d'autant plus actifs
qu'ils agiront pour eux , peuvent conserver à l'histoire des pièces
qui se perdraient , et leurs renseignements peuvent du moins
compléter ce catalogue.

Dans tous les cas, j'aurai fait ce que j'aurai pu.

Et maintenant , adieu , mes chers morts. En évoquant votre
souvenir je m'étais pris d'un vif intérêt pour vous , et j'ai fait
connaître votre nom à cinq ou six personnes. Vous m'avez,
vous, pendant quelques heures distrait de la vie. Merci, et , en
attendant que je vous rejoigne , adieu.

TABLE ALPHABÉTIQUE.

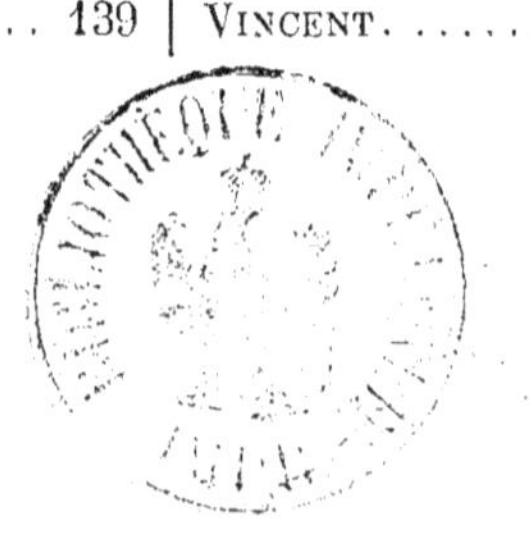